U0682130

首都经济贸易大学科研规划项目（2014XJG002）
北京市教委社科计划项目（SM201510038001）

信息服务业对
首都经济的带动作用

周伟◎著

知识产权出版社
全国百佳图书出版单位

图书在版编目(CIP)数据

信息服务业对首都经济的带动作用/周伟著.—北京:知识产权出版社,2015.9

ISBN 978-7-5130-3621-4

Ⅰ.①信… Ⅱ.①周… Ⅲ.①信息服务业—影响—区域经济发展—研究—北京市
Ⅳ.①F127.1

中国版本图书馆 CIP 数据核字(2015)第 154673 号

内容提要

本书遵循"理论分析—现状问题分析—比较借鉴分析—实证分析—政策建议"的思路,以国内外对信息服务业的相关研究和产业经济理论为基础,从信息服务业的概念、内涵和特点出发,研究现代信息服务业与产业结构优化升级、国民经济发展的相互关系与作用,理论联系实际,分析北京信息服务业发展的现状与条件,构建信息服务业评价指标体系。广泛收集相关数据资料,对北京信息服务业进行了全面的 SWOT 分析,借鉴美国等信息服务业发达国家的经验,同时对比国内一些城市信息服务业发展的特点,对北京市信息服务业发展水平进行纵向、横向的对比分析研究与评价;运用计量经济学模型与方法,在实证分析与规范分析、统计分析与比较分析相结合的基础上,提出北京发展现代信息服务业的路径选择与对策建议。

责任编辑:李　瑾　　　　　　　　　　**责任出版:孙婷婷**

信息服务业对首都经济的带动作用

周　伟　著

出版发行:知识产权出版社有限责任公司	网　　址:http://www.ipph.cn
社　　址:北京市海淀区马甸南村 1 号	天猫旗舰店:http://zscqcbs.tmall.com
责编电话:010-82000860 转 8392	责编邮箱:lijin.cn@163.com
发行电话:010-82000860 转 8101/8102	发行传真:010-82000893/82005070/82000270
印　　刷:北京中献拓方科技发展有限公司	经　　销:各大网上书店、新华书店及相关专业书店
开　　本:787mm×1092mm　1/16	印　　张:16.5
版　　次:2015 年 9 月第 1 版	印　　次:2015 年 9 月第 1 次印刷
字　　数:300 千字	定　　价:49.00 元

ISBN 978-7-5130-3621-4

出版权专有　侵权必究

如有印装质量问题,本社负责调换。

前　言

　　信息服务业是利用计算机、通信和网络等现代信息技术从事信息的生成、收集、处理加工、存储、传递、检索和利用，向社会提供各种信息产品或服务，从而实现信息价值增值的行业集合体。信息服务业是生产性服务业的重要组成部分，是国民经济的基础性和先导性产业，是可持续发展的战略性产业，具有知识密集、技术密集、附加值高等特点，是推动经济发展方式转变的催化剂，参与国际竞争的主力军，维护社会稳定和谐的重要支撑。信息服务业已经蓬勃发展成为当今世界上科技与经济相结合的最活跃的领域之一，其发展水平已成为衡量一个国家和地区综合实力的重要尺度。

　　党的十八大报告明确提出：要"着力增强创新驱动发展新动力，着力构建现代产业发展新体系"，"坚持走中国特色新型工业化、信息化、城镇化、农业现代化道路，推动信息化和工业化深度融合、工业化和城镇化良性互动、城镇化和农业现代化相互协调，促进工业化、信息化、城镇化、农业现代化同步发展"。信息服务业是现代产业体系的重要组成部分，在同步发展的"新四化"中，信息化是新增加的内容，表明信息化已被提升至国家发展战略的高度。当前，信息化已经覆盖了国民经济的所有行业，正有力地推进其他"三化"，而大力发展信息服务业正是实现信息化的重要保证。信息服务业的发展不仅仅是一个行业、一个产业的问题，它关系到国民经济与社会发展的全局。

　　当前，全球信息产业"服务"化的趋势愈来愈明显，信息服务业在国民生产总值中所占比例也不断提高，其增长率远高于经济平均增长率，其在国民经济中的地位日益重要，已经成为国民经济新的增长点。信息服务业作为服务业和信息产业中快速发展的组成部分，是信息社会中城市经济的重要增长点，许多城市都将信息服务业看作城市发展的战略产业加以扶持和推动，其发展程度也已成为衡量各地区经济水平的重要指标之一。北京作为全国的政治文化中心，拥有丰富的科技人力信息资源、雄厚的高新技术产业发展基础、优良的创新创业环境与教育环境、先进的电信基础设施，发展信息服务业具备良好的竞争优势。目前北京的信息服务业已经开始向集聚化、融合化和开发战略方向发展，产业规模和发展水平全国领先，对全市经济的影响日益增强。但同时也要看到，与发达国家和地区的总体水平相比，北京市信息服务业的发展仍然存在很多制约因素，产业结构和布局有待调整，信息服务业发展的潜力仍需挖掘。因此，对北京市信息服务业的发展状况进行研究、分析和评价，找出发展中存在的问题，指明正确的发展路径，提出有效的发展措施，对实现北京市信息服务业的又好又快发展具有重要现实指导意义，同时对丰富信息产业经济学也具有重要的学术价值。

全书由八章内容组成：

第一章，导论。介绍了本书的写作背景和重要意义；总结、归纳和梳理了国内外学者对信息服务业概念、范围、分类、影响因素和发展模式等问题的不同观点；介绍了课题的研究思路、主要研究方法和研究视角。

第二章，从信息、信息经济、信息产业和信息服务业的内涵出发，研究了这些概念之间的联系与特征，探讨了信息服务业的分类、信息服务业发展的影响因素及其对区域经济增长和国民经济发展的重要作用。

第三章，介绍信息服务业的相关理论，作为全书的理论基础。产业结构理论，包括马克思的两大部类理论、李斯特的产业结构阶段论、配第－克拉克定理、霍夫曼定理、库兹涅茨的人均收入影响决定论、霍利斯·钱纳里的研究成果、罗斯托的主导产业理论、莜原三代平的动态比较成本理论和两基准理论、赤松要的雁行形态理论、产业集聚和产业布局理论等；产业竞争力的相关理论，包括比较优势理论、要素禀赋理论、需求相似理论、迈克尔·波特的"钻石模型"理论等；产业发展与经济增长理论，包括产业关联理论、古典政治经济增长理论、哈罗德－多马经济增长模型、新古典经济增长理论和内生经济增长理论等。

第四章，信息服务业发展模式。首先论述产业发展模式的内涵与影响因素，然后介绍了产业发展的三种主要模式，即要素推动型发展模式、投资推动型发展模式和创新推动型发展模式；探讨了美国技术创新推动型、日本投资与创新混合推动型、印度投资和要素推动的国际加工服务型、以色列要素推动的出口贸易型产业发展模式，并研究了各国信息服务业发展模式的借鉴意义；最后，阐述了信息服务业发展模式体系、信息服务业融合发展的机理与路径。

第五章，发达国家和地区信息服务业发展的特点与经验借鉴。主要研究美国、日本信息服务业的特点与经验借鉴；同时了解印度、英国、新加坡发展信息服务业的经验做法，对发达国家和地区发展信息服务业的政策措施进行分析。

第六章，国内一些城市发展信息服务业的经验特点。介绍上海信息服务业的战略规划与定位特点；论述天津信息服务业发展战略、广州信息服务业集群发展过程、深圳信息服务业发展路径，以及苏州、长沙、大连信息服务业发展模式，并对国内主要城市发展现代信息服务业的经验进行总结。

第七章，重点对北京发展信息服务业进行 SWOT 和实证分析。首先介绍北京发展信息服务业的经济与社会环境背景，分析北京信息服务业的发展现状，然后对信息服务业的重点领域产业链，特别是北京发展信息服务业的优势、劣势、机会与威胁进行全面分析；本章通过建立计量经济学模型，对北京信息服务业发展水平进行实证分析，通过拟合优度检验和变量的显著性检验，认为信息服务业增加值越高，北京国内生产总值越高，在 5％的显著水平下，相关性达到 99％；最后对北京信息服务业的未来发展趋势进行了分析，提出了北京发展信息服务业的路径选择。

第八章，提出了北京发展信息服务业的基本原则，构建了北京信息服务业发展的评价指标体系；论述了北京信息服务业的分类，研究了北京发展信息服务业的战略目标与重点领域，提出了北京发展信息服务业的政策措施。

综上，信息服务业既是国家重点发展的战略性新兴产业，也是北京市在全国处于领先地位并具有全球化发展潜力的重要产业。做大做强信息服务业，对于进一步提升北京信息产业的国际竞争力、转变经济发展方式、实现信息化与工业化的有效融合具有重大意义。发展信息服务业是北京进入后工业化社会阶段的必然产物，是建设世界城市的迫切需要，符合"服务主导、科技主导"的产业高端化趋势，符合"三个北京""四个服务""五个之都"的要求及全国政治中心、文化中心、国际交往中心和科技创新中心的首都功能定位，大力发展信息服务业必将对首都经济社会的发展起到重要的引领和支撑作用。

目　录

第一章　导论 ·· 1
　第一节　课题研究的背景与重要意义 ······························ 1
　第二节　国内外学者对信息服务业的文献研究综述 ········· 6
　第三节　研究思路、内容与方法 ···································· 15
第二章　信息经济、信息产业与信息服务业 ················· 19
　第一节　信息与信息经济 ·· 19
　第二节　信息产业与信息服务业 ··································· 25
　第三节　信息服务业与区域经济增长的关系 ·················· 37
　第四节　现代信息服务业对国民经济发展的促进作用 ····· 43
第三章　信息服务业的相关理论 ································· 50
　第一节　产业结构相关理论 ··· 50
　第二节　产业竞争力相关理论 ······································ 63
　第三节　产业发展与经济增长理论 ······························ 72
第四章　信息服务业发展模式 ··································· 80
　第一节　产业发展模式选择 ··· 80
　第二节　世界主要信息服务业国家发展模式 ·················· 86
　第三节　信息服务业发展模式体系 ······························ 89
　第四节　信息服务业融合发展模式 ······························ 92
第五章　发达国家和地区信息服务业发展的特点与经验借鉴 ····· 109
　第一节　美国信息服务业的特点与经验借鉴 ·················· 109
　第二节　日本信息服务业的特点与经验借鉴 ·················· 123
　第三节　印度、英国、新加坡发展信息服务业的经验做法 ····· 135
　第四节　发达国家和地区发展信息服务业的政策措施分析 ····· 140
第六章　国内一些城市发展信息服务业的经验特点 ········· 147
　第一节　上海信息服务业 ·· 147
　第二节　天津信息服务业发展战略 ······························ 151
　第三节　广州信息服务业 ·· 158

第四节　深圳信息服务业发展路径 ················· 164

第五节　苏州、长沙、大连信息服务业发展模式 ········· 170

第六节　国内主要城市发展现代信息服务业的经验总结 ···· 174

第七章　北京发展信息服务业的 SWOT 与实证分析 ········· 179

第一节　北京发展信息服务业的经济与社会环境背景 ····· 179

第二节　北京信息服务业的发展现状 ··············· 187

第三节　北京发展信息服务业的 SWOT 分析 ·········· 193

第四节　北京信息服务业发展水平的实证分析 ········· 202

第五节　北京信息服务业的未来发展趋势分析 ········· 211

第六节　北京发展信息服务业的路径选择 ············ 216

第八章　北京发展信息服务业的战略目标与政策措施 ······· 225

第一节　北京发展信息服务业的基本原则与指标体系 ···· 225

第二节　北京信息服务业的分类 ·················· 230

第三节　北京发展信息服务业的战略目标与重点领域 ···· 234

第四节　北京发展信息服务业的政策措施 ············ 243

参考文献 ··· 253

后　记 ··· 256

第一章　导　论

第一节　课题研究的背景与重要意义

一、理论与实践意义

信息服务业是利用计算机、通信和网络等现代信息技术从事信息的生成、收集、处理加工、存储、传递、检索和利用，向社会提供各种信息产品或服务，从而实现信息价值增值的行业集合体。信息服务业是生产性服务业的重要组成部分，属于新兴的知识密集型产业，是国民经济的基础性和先导性产业；是可持续发展的战略性产业，具有知识密集、技术密集、附加值高等特点；是推动经济发展方式转变的催化剂；是参与国际竞争的主力军；是推动经济发展方式转变、维护社会稳定和谐的重要支撑。信息服务业分为信息传输服务、信息技术服务和信息内容服务三大领域。信息服务业已经蓬勃发展成了当今世界上科技与经济相结合的最活跃的领域之一，其发展水平已成为衡量一个国家和地区综合实力的重要尺度。

在全球经济一体化和信息化进程向纵深推进的背景下，信息服务业已成为信息产业中发展速度最快、技术创新最活跃、增值效应最大的组成部分。信息服务业的发展关系到一个国家产业结构的优化升级乃至工业社会向信息社会过渡的进程。信息技术的运用促进了技术的进步和知识的积累，可以减少物质资源和能源的投入和消耗，缓解资源的匮乏；可以通过改造传统产业，催生新兴部门，优化和提升产业结构，这两股合力共同推动了经济增长。因此信息服务业发展程度已成为衡量一国现代化程度和综合国力的重要标志之一。

信息资源是现代社会的重要战略资源。充分利用信息资源对能源、材料等资源的节约和增值作用，优化资源利用结构，是实现经济增长方式根本转变，建设资源节约型、环境友好型社会，推动可持续发展的重要途径。信息资源作为生产要素、无形资产和社会财富，已成为全球化形势下国际竞争的重点。提高信息资源开发利用水平，是增强我国综合国力和国家竞争力的必然选择。现代信息服务业正是实现信息资源上述作用的主要渠道之一，正像石油的利用必须通过炼油厂和输油管道才能够实现一样，信息资源的作用也必须通过信息服务业才能实现。随着人类社会走向新的时代，物质资源的有限和匮乏已经越来越明显，竞争的焦点已经转移到信息领域。现代社会中谁能用好信息，谁就能占有优势、掌握主动，这是信息服务业在现代经济社会中发挥越来越重要作用的根本原因。

党的十七大报告明确提出，要"发展现代产业体系，大力推进信息化与工业化融合，促进工业由大变强，振兴装备制造业，淘汰落后生产能力；提升高新技术产业，发展信息、生物、新材料、航空航天、海洋等产业；发展现代服务业，提高服务业比重和水平"。十八大报告进一步提出，要"着力增强创新驱动发展新动力，着力构建现代产业发展新体系"，"坚持走中国特色新型工业化、信息化、城镇化、农业现代化道路，推动信息化和工业化深度融合、工业化和城镇化良性互动、城镇化和农业现代化相互协调，促进工业化、信息化、城镇化、农业现代化同步发展"。信息服务业是现代产业体系的重要组成部分，在同步发展的"新四化"中，信息化是新增加的内容，表明信息化已被提升至国家发展战略的高度。当前，信息化已经覆盖了国民经济的所有行业，正有力地推进其他"三化"，而大力发展信息服务业正是实现信息化的重要保证。信息服务业的发展不仅仅是一个行业、一个产业的问题，它关系到国民经济与社会发展的全局。

信息服务业已成为当今世界信息产业中发展最快、技术最活跃、增值效益最大的一个产业。在欧美等许多发达国家中，经过多年的发展，信息服务业体系完备、产业规模庞大，已经成为经济发展的重要组成部分。特别是随着信息化进程的加快和现代科学技术的进步，国际信息服务业更是保持持续的高速增长，已成为新兴的战略性产业。目前，全球信息产业"服务"化的趋势愈来愈明显，信息服务业在国民生产总值中比例也不断提高。近年来，我国政府也不断出台相关的政策扶持信息服务业的发展，因而信息服务业得到快速发展，其增长率远高于经济平均增长率。在我国，信息服务业的发展虽然起步较晚，但是仍然取得了长足的发展，基础设施不断完善，新市场不断开拓，互联网应用多样化，发展机遇和环境不断改善，信息服务业开始逐渐迈入理性、务实、快速发展的新阶段。信息服务业整体规模扩大，发展速度加快，对经济发展的支撑和促进作用更加明显，作为我国战略性、基础性和先导性产业，其在国民经济中的地位日益突出，已经成为国民经济新的增长点。

信息服务业作为服务业和信息产业中快速发展的组成部分，是信息社会中城市经济的重要增长点，许多城市都将信息服务业看作城市发展的战略产业加以扶持和推动，其发展程度也已成为衡量各地区经济水平的重要指标之一。北京作为全国的政治文化中心，拥有丰富的科技人力信息资源、雄厚的高技术产业发展基础、优良的创新创业环境与教育环境、先进的电信基础设施，发展信息服务业具备良好的竞争优势，目前北京的信息服务业已经开始向集聚化、融合化和开发战略方向发展，产业规模和发展水平全国领先，对全市经济的影响日益增强。但同时也要看到，与发达国家或地区总体水平相比，北京市信息服务业的发展仍然存在很多制约因素，产业结构和布局有待调整，信息服务业发展的潜力仍需挖掘。因此，对北京市信息服务业的发展状况进行研究、分析和评价，找出发展中存在的问题，指明正确的发展路径，提出有效的发展措施，对实现北京市信息服务业又好又快发展具有重要现实指导意义，同时对丰富信息产业经济学也具有重要的学术价值。

二、课题研究背景

从信息服务业的产生与发展的过程看，信息服务业是信息产业高度发达的产物，是信息产业未来发展的主体。

（1）科技领先催生信息服务业。产业的生成与发展是人类生产与生活需求拉动及科技要素推动的结果，产业成长的特性体现为科技成长与产业成长的互动性，即科技发展直接影响产业生成的性质、发展方向和发展规模，不断成长的产业体系反过来扩大对科学技术的需求，吸纳高科技进入诸产业部门，增强诸产业的经济效益与市场竞争力并改造原有产业，促进其产业结构高级化及引导新的产业部门创立。所以，科技发展是产业生成、发展与产业结构演变的根本动力与依据。

（2）对信息服务产品的需求是信息服务业成长的动力。从满足需求角度看，随着经济社会的发展、社会生产力的不断提高和人们收入的增加，人们在满足于丰富的衣、食、住、行等基本需要后，开始向提升精神生活和思维创新方向发展。科技产业的发展正好为这种需要提供了产品载体，使人们较高层次的需求得到满足，开启了人们创新思维的可能性，信息服务业产品的出现恰好与需求层次的提升相吻合。北京作为首都，无论是社会经济的发展，还是精神文明的发展都居于全国领先地位，居民消费结构的升级随着产业结构的变化也领先于同期其他大多数城市，对产品的需求也呈现出多样化的趋势。而信息服务业的发展立足于满足经济和社会多样化的信息需求；满足第一、二次产业的生产与生活服务需求；满足经济社会发展对管理和决策服务的需求；满足提高劳动者素质、节省资源和能源以及提高服务效益的发展需求。因此，第一、二、三次产业自身发展需求成为信息服务业成长的基础。政府服务市场、服务社会、服务民众亦依赖公开透明的信息服务；政府与市场的互动亦离不开信息服务；国际竞争更仰仗信息服务。因此，信息服务产品的需求决定了独立的、专门的、专业化和集约化的信息服务业生成与发展。

（3）专业化分工推动信息服务业加速发展。计算机技术及信息与网络的高速发展，使专业化分工趋势加剧，信息服务业日趋独立化和专业化，有需求有条件逐渐从其他行业分离并不断组合，呈现出产业化的趋势，信息服务业不断发展壮大。因此专业化分工是产生信息服务业的又一基本依据。随着信息服务业的发展，本产业内部又进一步细化分工，推动信息服务业的快速发展。信息服务工作包括信息的采集、加工、存储、查询、传递和提供服务。其综合性和专门性特征要求按照技术分工协作来组织各项工作。一方面，由于服务范围广泛、服务对象众多，要求信息服务综合化，能满足社会多方面、多层次的信息需求；另一方面，就各项信息工作而言，它又具有专门性，各有其特点和要求，特别是计算机技术极大地提高了信息处理与信息检索的容量和效率，使信息采集范围不断扩大，信息加工层次不断深化，信息服务质量不断提高。由于服务产品种类不断增多，服务技术不断专业化，根据服务载体的不同，信息服务业逐渐分化为软件服务、信息咨询和互联网信息服务，三部门随着经济和科技的发展以及分工的持续细化，规模日渐扩大。在信息服务业外部，专业化的加剧，也使各行业间普遍趋于独立化，信息成为它们之间交流和共享的载体，对信息服务产品的需求随之增多，信息服务业的发展随之加快。

从国外信息服务业发展的实践看，美国硅谷正在打造产学研高度结合、投融资一体化的世界一流科技创新聚集地；印度班加罗尔建立政府鼎力支持的亚洲信息科技之都；日本实行政策先行、法规落实的"引进、消化、赶超"型模式；英国发展体系成熟、中小企业推动信息服务业发展的创意中心；新加坡努力成为信息技术应用广泛的数字化国家。发达国家的经验和做法值得我们借鉴。信息技术是当今最先进生产力的代表，是带动经济社会发展的主要动力。以计算机、互联网、个人通信设备的推广和普及为代表，信息化发展已进入高平台期，但在技术融合、应用创新的推动下，以移动互联网、云计算、物联网等为代表的技术、产业、应用的新一轮突破正在孕育之中。

第一，世界和中国经济由繁荣期进入调整期，为北京信息服务业的发展提供了重要契机。从2008年开始，世界和中国经济由繁荣期进入调整期。由于经济调整的负面影响，全球信息产业市场需求已明显放缓，进而导致中国信息服务业的发展增速放缓；正面的影响是产业投资增速周期性调整见底后，将在未来几年逐步加速，为新一轮宏观经济、产业发展做准备。未来几年是北京市信息服务业扩大投资，为产业中长期发展奠定坚实基础的关键时期。

第二，金融危机加大全球、中国信息产业技术升级和结构调整压力，科技创新成为摆脱金融危机影响的根本途径。20 世纪 90 年代后，产业发展逐渐由技术创新驱动转变为成本下降和 IT 技术应用双轮驱动为主。这一方面导致全球信息产业成本压力加剧，另一方面也倒逼 IT 技术应用向基础设施建设、工业、服务业等领域渗透的力度。其结果是在全球 IT 产业面临巨大的结构调整压力的背景下，信息产业结构软化的趋势明显。同时，国际主流 IT 企业开始通过直接投资或外包的方式向发展中国家进行产能转移，以降低成本。在全球 IT 技术创新放缓，成本压力上升的大背景下，金融危机的冲击加大了全球产业结构调整、技术升级的压力，科技创新成为摆脱金融危机影响的根本途径。

第三，全球产业结构软化趋势深入发展，要求北京顺势而为，进一步巩固在软件和信息服务业领域的优势。近年来，全球信息产业结构软化进一步深入发展，产业和市场的竞争重心正逐步由"产品和技术"向"应用和服务"转变。主要表现为：①软件及 IT 服务在全球信息产业中的比重上升。全球信息产业结构逐渐从以硬件为核心向以软件和服务为主导的方向过渡，形成产业发展的服务化趋势。②发达地区大力发展软件及 IT 服务业，不发达地区获得承接制造业转移的机遇。从全球来看，欧美已经将部分的电子制造业，特别是其中的制造环节，转移到日本、韩国和中国，进而大力发展软件及 IT 服务业。从国内来看，上海、深圳等信息产业发达城市，都把软件及 IT 服务作为产业发展重点，而低端的制造业则逐步转移到周边地区。③电子信息企业也正在将"应用和服务"置于战略重点地位。电子信息领域中的知名企业大多将 IT 服务作为重点发展方向，以 IBM、惠普为代表的跨国巨头已实现了从传统硬件制造商向软件与服务企业的转型，由此进一步提升了自身的竞争实力与市场地位。

第四，信息服务业和软件业支撑作用稳步提升，已成为北京市高技术产业发展的重要推动力量。从信息产业未来的发展趋势看，电子制造业高端化趋势日益明显，战略性新兴产业崛起将成为北京市信息产业实现结构调整和技术升级的关键。北京信息产业的一些深层次、结构性问题是制约信息服务业持续、快速、健康发展的瓶颈因素。当前，信息产业发展正处于关键阶段，战略性新兴产业的发展得到国家政府的高度重视，科技创新成为推动结构调整和技术升级的根本动力，北京的市场和资源优势为信息服务业的发展提供了机遇，信息产品和信息服务市场规模日益扩大，城市经济社会发展对信息化的依存度日益加深，因此必须把握机遇，采取有效措施，加快产业优化升级，加强技术创新，大力推动北京信息产业领域的战略性新兴产业的突破性发展，从而促进北京信息服务业平稳较快发展。

总之，信息服务业是国家重点发展的战略性新兴产业，也是北京市在全国处于领先地位并具有全球化发展潜力的重要产业。做大做强信息服务业，对于进一步提升北京信息产业的国际竞争力、转变经济发展方式、实现信息化与工业化的有效融合具有重大意义。2012年北京信息服务业产值达到1 940.9亿元，占当年北京GDP的比重为10.9%，是北京重要的战略性支柱产业。目前北京信息传输、计算机服务和软件业增加值在现代服务业中位居第二，仅次于金融业，信息化已经渗透到社会生活和经济发展的各个方面。发展信息服务业是北京进入后工业化社会阶段的必然产物，是贯彻落实科学发展观的内在要求；是赢得新一轮经济增长主动权、建设世界城市的迫切需要；是增强综合竞争实力、建设创新型城市的必然选择；符合"服务主导、科技主导"的产业高端化趋势，符合"三个北京""四个服务""五个之都"的要求及全国政治中心、文化中心、国际交往中心和科技创新中心的首都功能定位，大力发展信息服务业必将对首都经济社会的发展起到重要的引领和支撑作用。

国内外学者对信息服务业的前期研究成果为本书研究奠定了丰富的理论基础，具有重要的参考价值。本书将在梳理信息服务业相关理论，并对国内外信息服务业发展状况进行深入研究的基础上，概述信息服务业的发展模式，构建反映信息服务业发展水平的评价指标体系，实证分析北京市信息服务业的发展水平，对北京市信息服务业的优势、劣势、机会与威胁进行全面分析，从而准确把握北京信息服务业的整体发展水平和发展进程，找出信息服务业发展过程中存在的差距和问题，提出相应政策建议，为北京制定科学的信息服务业发展政策提供科学依据，因此本研究具有重要的实践指导意义。

第二节　国内外学者对信息服务业的文献研究综述

一、国内学者对信息服务业问题的研究

1. 对信息服务业概念、范围、指标体系等基础理论研究

（1）学者们依据产业链理论，从信息服务业的活动内容、实现方式及其与信

息产业的关系方面对其概念进行了阐述。彭斐章（1996）认为信息服务业是指从事信息的收集、存储、加工、传递和交流，并向社会各部门以信息产品的形式提供服务的各种行业，他将信息服务分为传统信息服务和电子信息服务两大类。马费成（2001）则认为信息服务业是指与信息服务的生产、流通、分配和消费直接相关的产业的集合，将信息服务业分为信息开发经营、信息传播报道、信息流通分配、信息咨询服务和信息技术服务业五个类别。孙大岩（2006）指出应从产业链的角度全新界定信息服务业，注重前后各个行业间的联系及其影响。他将信息服务业界定为专门提供信息产品与技术的产业环节以及提供信息中介服务的产业集合。李南南等（2007）认为信息服务业的活动内容由信息产品的生产，信息的发布与传输，信息源的收集、组织、管理及为用户提供信息服务等诸多环节构成；信息服务业的实现方式既包括传统手工服务方式，也包括以计算机、通信、网络技术为代表的现代服务方式；信息服务业应包括在信息产业的框架内，其范围近似于信息产业中涵盖的所有服务性行业。

（2）探讨了信息服务业的统计范围及其指标体系。邬华明等（2006）认为信息服务业的统计核算范围包括信息传输服务、网络与数字增值业务服务、信息技术服务、软件服务和其他信息相关服务，其统计指标体系由一系列反映其规模、水平、结构、效益的统计指标组成。哈进兵、陈双康（2007）依据信息服务业的发展背景和基本特征，界定了现代信息服务业的范畴，认为现代信息服务业包括软件业、数据库业、系统集成业、网络信息服务业和信息咨询业，并构建了现代信息服务业发展水平评价指标体系，包括行业发展规模、从业人员素质、科学技术水平、行业规范程度、服务形态多元化、客户满意度六个方面。匡佩远（2009）提出信息服务业具体内容分为信息网络、信息技术和信息内容服务业，构建了"信息服务业—信息化—经济"分析框架体系，认为统计应该包含经济意义上反映信息服务业的直接经济效益评价和信息化意义上支持信息服务业的信息化带动效果评价的投入与产出比较。邬华明、熊俊顺（2006）在《信息服务业及其指标体系研究》中定义了信息服务业的内涵和范围，并以年度数据为基础建立了信息服务业统计指标体系，从信息服务业的投入、产出及结构、效率效益的角度分为投入指标群、产出指标群以及结构、效率和效益指标群三个组成部分，为开展信息服务统计提供了有效的评价指标体系。

2. 对信息服务业管理与发展模式的研究

国内学者主要从供应链管理模式、质量管理、绩效评估等方面进行研究，探讨了信息服务业管理的可持续发展及其发展模型。王冬艳等（2003）指出信息服务业供应链管理是以现代技术为基础的一种战略管理模式，通过信息服务核心企业对业务流程进行改造和集成，进而对供应链上的信息流、服务流、资金流、增值流进行控制，即从信息的采集、整合、制成信息产品到把信息产品和服务传递给用户，直到信息用户满意，实现用户价值与信息的增值。熊凡（2006）指出供应链管理模式构建了一个高度集成化的服务系统，将供应链条上相互协作的几个信息服务企业看作业务模块，组合形成网络，每个业务模块实现体系的一项或几项功能，每个模块又与其他模块协调运作，形成战略伙伴关系的信息服务集成模式。何绍华（2001）指出信息服务业质量管理体系的关键要素包括管理者职责、资源管理、服务质量体系结构和顾客以及顾客的接触，它的结构主要有服务质量环、质量文件和内部质量审核。他还介绍了适合信息服务业的绩效评估方法包括投入评估法、系统评估法、综合评估法、360度绩效评估法等，指出了典型绩效管理流程的主要步骤。吴晓燕（2004）指出应从信息服务业为"信息化带动工业化"服务，用先进信息技术提供精品信息，开拓新的信息服务业务模式，提供宽带内容和服务，研究开发面向知识服务的信息技术，加强基础研究和学科建设，培养新型信息人才七方面寻求可持续发展。徐建平等（2005）运用信息服务业理论、大系统的理论与方法，构建了信息服务业协调发展多级递阶结构，其中最高级为其协调发展评价调控模型，中间级为其协调控制模型，最低级为其应用子系统模型。周婷婷（2010）在详细分析了英、美、日、法的信息服务业发展模式后，认为我国在经济基础薄弱、市场经济不是很发达的条件下，发展信息服务业不能一味照搬别国的模式，要从我国特色、强项入手，重点发展现代信息服务业领域中的公益数据库，政府投资要向与我国国家安全相关的信息领域倾斜。丁玲华（2011）基于产业布局视角从我国长三角、珠三角、环渤海地区的信息服务业布局现状入手，分析得出我国信息服务业布局应沿"东—中—西"走向，形成信息服务业价值链由高到低的梯度分布格局，高端产业应聚集在我国东部，低端产业则应聚集在西部地区。

3. 对信息服务业发展现状、问题及对策的研究

国内学者从信息市场运行机制，信息服务业发展阶段及其管理体制，信息人才、信息技术和信息服务理论等方面研究了信息服务业的发展现状、问题及对策。姜雪榕（2005）指出信息服务业的发展趋向普及化、商业化、精品化、国际化；存在制度、法规不健全，信息资源贫乏，服务欠佳，信息语言和技术不兼容等问题。应抓好创新工程以形成新的经济增长点，整合共享信息资源，制定相关法规以提高服务质量，强化智能管理，培养人才队伍。赵民（2008）认为我国信息服务业存在信息市场的运行机制不完善、管理体制与信息产业化的发展不相适应、信息服务业人才短缺、技术力量薄弱、服务理论缺乏等问题，对策在于积极探索和建设信息市场的新格局，保证信息服务业的投资经费，加强人才培养，提高信息服务人员的综合素质，探索新的信息服务技术和建立相关信息指引库。张俊明等（2008）判定我国信息服务业还处于成长期即高投入期，信息资源建设相对落后，与国际相比还有很大差距，缺少现代信息服务高级技术和管理人才，没有健全的信息服务管理体制和组织协调机制，行业法律法规不健全，环境不完善，没有真正建立起合理高效的运行机制；其对策在于完善信息市场体系，提高社会信息意识和信息技术应用水平，制定法律法规和产业政策，建立有效管理机构及其监管机制。

4. 信息服务业发展战略与竞争力研究

学者李敏（2006）指出信息服务业发展战略内容主要包括战略思想、战略目标、战略规划和战略对策等。曹汝贤（2002）指出信息服务业战略目标是实现现代化、电子化和网络化，向高级化和国际化方向发展。徐冬芳等（2004）指出信息服务业的战略对策在于建立多层次、多渠道、多形式的完善的信息市场体系，实现信息服务业的产业化，实现信息服务机构的联合协作，坚持"三分技术，七分管理"，以知识管理重塑信息服务企业。

王九云等（2002）指出未来企业的竞争主要是核心竞争力的竞争，信息服务业应运用核心竞争力理论，从树立全新管理理念、加强核心技术和产品开发、注重人才培养和使用、建立创新机制和重视文化建设这五方面培育核心竞争力。石宝军（2009）基于产业竞争力与信息服务业相关理论，采用线性加权法计算2004—2007年河北省信息服务业竞争力指数，结果表明自2004年以来，河北省信息服务业竞争力持续提升；通过采用结构模型法（简称ISM分析法）对河北信息服务业竞争力的影响因素进行分析，得出信息基础设施建设情况、信息化建设水平、法律和制度体系及监管机制健全程度、政策环境是影响河北信息服务业竞争力的关键因素。王天耀（2009）基于经济社会协调发展的视角，在分析天津信息服务业发展现状的基础上，提炼行业竞争力模型指标，运用层次分析法得出天津、北京、上海的信息服务业竞争力指数并提出天津信息服务业的发展策略。王龙（2010）在信息服务业集群的视角下，采用波特的"钻石模型"，基于粗糙集的产业集群竞争力评价模型比较分析了广州、上海的信息服务业集群的竞争力特点，分析得出二者信息服务业集群在全国均具有竞争优势，但广州较上海稍弱，并据此提出提高广州信息服务业集群竞争力的政策建议。宋静等（2011）构建了包括市场占有能力、生产盈利能力、产业发展规模、技术投入强度 4 个一级指标及下设 11 个二级指标的信息服务业区域竞争力指标体系，采用因子分析法，对上海市的 19 个区县信息服务业竞争力进行评价，结果表明上海市各区县信息服务业竞争力差距较大，发展不均衡，并提出实行区县错位竞争、协调发展的决策建议。综上所述，目前对于信息服务业竞争力的研究还处于初期阶段，对信息服务业竞争力指标评价体系的建立还处于探索阶段。

5. 信息服务业的影响因素、政策及国内外比较研究

学者们主要论述了网络环境、信息市场和知识经济对信息服务业的影响，并从税收和法律角度进行了政策研究。吴风华（2005）指出网络环境下信息共享性增强、服务效率提高、时效性增强、单条信息性价比大为提高、用户满意度提高，信息服务业将呈现出精品化、专业化、品牌化、企业化趋势。关晓红（2003）指出完善的信息市场可以改善信息资源的自由流通环境，扩大信息市场容量和经营范围，从而在信息市场一体化的基础上实现信息服务业的良好发展。张春英（2002）指出知识经济使信息服务业的地位得到提高，服务手段更加现代化，它提供深层次、全方位的服务，更加注重知识产权的保护。郭兰英等（2009）提出应提高税收优惠政策效率，适当放宽优惠政策条件，建立多样的税收优惠形式，实行信息服务业人力资本税收优惠政策。张成武（2008）认为应明确信息服务业的法律要求、立法原则及其基本内容（包括信息产品法、信息市场法、信息服务机构法、信息服务业从业人员法）。

由于我国信息服务业的发展水平与美国、日本等信息服务业发达的国家相比还有很大的差距，因此，国内很多学者对这些国家信息服务业的发展状况进行研究，以期对我国信息服务业的发展提供指导。其中有代表性的为：杨艺（2006）对美国信息服务业的发展进行了分析，认为美国信息服务业的发展以重视数据库资源建设、建立了具有特色的农业市场信息服务业体系、完善的风险投资机制和信息服务业行业协会为特征，并对我国信息服务业的发展提出完善法制建设、发展特色数据库等建议措施。杨含斐、刘昆雄（2008）对日本信息服务业的现状和产业建设进行分析后，认为政府对信息服务业的高度重视、制定有效的产业政策并采取有效措施、培养高素质人才对于信息服务业的发展至关重要。周伟（2012）分析了美国、印度、日本、英国和新加坡这五个国家的城市信息产业发展特点、经验，以及我国苏州、长沙、大连三个城市的信息产业发展特点，比较得出了北京与国内外城市信息产业发展的差距，并提出在"十二五"期间北京信息服务业的发展重点应为突破关键核心技术、拓展信息产业应用领域、培养信息服务业核心竞争力等内容。

6. 信息服务业对产业结构和经济增长的作用研究

胡昌平、赵扬（2008）在《创新型国家建设中的信息服务业投入产出实证研究》一文中根据编制国家创新体系中信息服务业投入产出表，构建了信息服务业投入产出模型，定量反映我国信息服务业与创新主体之间的投入产出关系，进一步分析信息服务业与创新主体的关联效应和波及效果，并对国家创新体系结构的调整进行了预测。

袁丁（2009）在《信息服务业对湖南经济增长的作用研究》中把信息作为一个经济增长源加入到社会总产值的考察，建立新的 CD 生产函数模型并进行回归分析，结果表明信息服务业与经济增长的相关关系显著，信息服务业对经济增长的拉动作用虽然次于资本投入，但却远大于劳动投入对经济增长的作用。杨海余、袁丁（2009）在《信息服务对湖南省经济增长的作用探析》一文中，利用 1999—2007 年湖南省信息服务业相关统计数据，采用协整检验的方法，定量分析出湖南省信息服务业与湖南省 GDP 之间存在着长期稳定关系，信息服务业的对数值每增加 1%，GDP 的对数值将增加 0.599；此外，信息服务业能够促进产业机构向第二、三产业转换，具有优化经济结构的作用。曹顺良等（2010）在《信息服务业对上海市三大产业贡献的实证研究》中，从静态和动态两个角度实证分析了上海市信息服务业对三大产业的贡献，研究结果表明信息服务业与第二产业、第三产业存在着显著的正相关。信息服务业的发展将直接带动产业结构软化，有利于产业结构的调整。提出应该加强产业支持力度，完善信息服务业发展环境，加快进行两化融合工作的推进，培育信息服务业的新业态、新模式、新应用、新增长点的建议，从而推动信息服务业快速健康发展。倪明，胡晓艳（2010）运用灰色系统关联分析法和信息产业对我国经济增长贡献的模型测算，对我国 1998—2006 年的统计数据进行分析，得出我国信息产业对带动经济增长的作用突出的结论，并揭示了我国信息产业发展中存在的问题及其产生的原因，最后提出了使我国信息产业持续发展的建议。温春龙、胡平（2011）运用面板数据研究方法，考察了我国 29 个省市 2000—2008 年信息服务业对经济增长的贡献以及信息服务业发展所存在的阶段和地区差异，并将我国大陆分为长三角、环渤海、西部、中部和珠江三角洲五大区域，研究结果表明，信息服务业产值每增加 1%，国内生产总值就增加 0.578%，2000—2005 年信息服务业对经济增长的促进作用明显高于 2006—2008 年，而且，在 2000—2005 年这一阶段，五大区域信息服务业对当地经济增长的弹性相差不多，但 2006—2008 年这一阶段则相差明显。史秋云（2011）采用扩展的生产函数法研究上海市信息服务业对经济增长的贡献，并用灰色关联法、投入产出法分析信息服务业与房地产业、物流业、金融业之间的关联关系。研究结果表明上海市信息服务业对生产总值的直接贡献稳中有升，信息服务业对上海经济增长的贡献程度小于金融业、房地产业和物流业，但信息服务业对其他部门产出的拉动作用在增强。

7. 关于信息服务业发展水平评价的研究

信息服务业发展水平的综合评价是近年来我国学者研究相对较多的一个领域，但由于信息服务业自身不断发展变化，对于其发展水平综合评价指标体系的建立和评价方法的应用仍处于探索阶段。程少锋、郑初悦（2007）在分析了信息服务业发展水平评价的目的和原则的基础上，构建了信息服务业发展水平评价指标体系，包括总量指标、效益指标、结构指标、潜力指标4个一级指标和28个二级指标，运用线性加权法对宁波市11个县（市）的信息服务业发展水平进行了综合评价，结果表明宁波市信息服务业创新力度不够，产业规模偏小，各地发展优势不突出，并对此提出了相应的建议措施。

龚花萍、夏琼（2010）从现代信息服务业的投入资源、产出价值、基础设施、发展环境四个方面入手，构建了现代信息服务业绩效水平指标体系，采用因子分析法对江西、广东、河南、湖北、四川进行了综合比较评价，结果表明江西现代信息服务业绩效与沿海发达省份相比差距明显，且在中部地区也处于靠后位置，并提出相应的建议措施。陶思远（2010）从产业规模、产业效益、产业结构、发展潜力这四个层面构建现代信息服务业发展水平评价指标体系，采用因子分析与层次分析相结合的方法对广东、北京、上海、辽宁、黑龙江、陕西、重庆、吉林这八个地区的现代信息服务业发展水平进行了综合比较评价分析，结果表明辽宁省信息服务业发展初具规模，产业效益仍需提高，产业结构较为落后，但发展潜力较好，并提出应多方筹集资金扩大产业规模，加快信息服务业产业结构调整，扶持软件业发展，加大创新力度提高发展潜力等对策。夏琼（2010）把评价对象和评价目标分为产业资源、产品应用、产业效益、产业政策、产业人才等6个准则层和27个细分的指标层，构建了现代信息服务业绩效的综合评价指标体系，同样也采用了层次分析与因子分析相结合的方法对包括江西省在内的12个省市进行了综合评价，结果表明中部地区现代信息服务业发展水平远远落后于东部地区，江西甚至低于全国平均水平。在此基础上还利用系统动力学的成长上限基模，构建了现代信息服务业的动力机制模型，描绘了系统中的人才、政府、资金、技术创新这些变量对现代信息服务业发展的影响和作用。李超

（2011）采用熵值法、聚类分析及区域分布图对我国 31 个地区的现代信息服务业发展水平进行了综合评价，结果表明我国东、中、西部现代信息服务业发展差距较为明显，各地区发展水平差距较大。张茜（2011）则是采用指数评价法，对北京信息服务业发展水平进行了纵向和横向的综合评价，纵向评价采用了北京市 2005—2009 年的统计数据，结果表明北京市信息服务业在产业发展规模逐年扩大的同时发展水平却呈下降趋势，横向比较评价了北京、天津、上海的信息服务业发展水平，研究表明北京信息服务业发达程度较高，产业发展规模遥遥领先。刘遵峰、吴红霞、张春玲（2012）从农村信息服务业的基础设施建设水平、发展技术应用、信息资源这三个方面构建农村信息服务业发展水平评价指标体系，将层次分析法与模糊评价法相结合对河北省农村信息服务业发展水平进行了综合评价，并针对评价结果提出要推进省、市、县信息平台和乡镇信息服务站建设，实现农村信息资源供需平衡等建议。

二、国外学者对信息服务业问题的研究

国外关于信息服务业研究集中在三个方面，一是在概念界定上，信息服务业的概念和信息产业的概念基本是一致的；二是以定量研究为主，大致可以归为用计量经济学方法从某个侧面或广义角度进行研究和用投入产出法进行系统研究两大类；三是以研究信息服务业（信息产业）对国民经济的影响为主要内容。

国外关于信息产业对国民经济增长的计量经济研究，主要集中在信息化水平对国家或区域经济增长的贡献等领域。Charles J（1983）在研究信息经济增长理论的基础上，建立了测度信息资源与经济生产率相互关系的计量模型，具体讨论了信息部门规模与经济生产率之间的相互关系。Romer（1986）建立了内生经济增长模型，并认为信息化促进了技术进步，在此基础上，信息产业以其较高的生产率、广泛的适应性和极强的渗透力促进了自身和其他产业的产出增长，对经济的增长起到了巨大的推动作用。Dholakia（1994）对美国的经济发展与设施能力进行了经济计量相关分析，认为 1990 年美国电信基础设施与国民经济发展的相关作用程度最大。Gurmukh Gill 等（1997）对美国 58 个行业中共有的 11 个交叉领域 1983—1993 年的数据，用生产函数对数法分析了信息化的贡献率。Dewan 和 Kraemer（2000）就生产函数中 IT 对 GDP 的影响问题，用 36 个国家 1985—1993 年的数据进行了关联度分析，发现发达国家和发展中国家的 IT 投资结构有着明显的不同，讨论了 IT 投资在发达国家和发展中国家对经济增长贡献的差异。Christopher Gust 和 Jaime Marquez（2004）通过对 13 个工业国家 1992—1999 年

的数据进行分析，认为信息技术对美国的经济增长起到了加速的作用，但对其他的工业国家并没有同样大的作用。R. M. Hayes、T. Erickson 和 H. Borko 等人对美国信息系统和信息服务的利用进行了广泛调查，用柯布-道格拉斯计量经济模型研究信息系统的最佳投资，他们将模型中的资本分解为资本投资、信息投资和其他外部资源三种要素，该模型被广泛用于检验 1967 年和 1962 年美国 50 个行业的信息投资利用状况。Tilly、Welfens 和 Heise（2007）比较分析了欧盟与美国信息产业对经济增长的贡献，他们认为美国的信息产业对经济增长的贡献程度高于欧盟。此外，美国商务部从 1998 年开始几乎每年发布一份研究报告《The Emerging Digital Economy》，这些报告不仅测算出了信息技术产业产值在美国 GDP 中所占的份额，而且还测算了信息技术和信息服务业对美国经济实际增长的贡献。

国外信息产业投入产出分析研究的主要代表是马克·波拉特（1997）的信息产业测度法。马克·波拉特依据自己对美国信息产业的独特划分，建立了一个以信息部门占国内生产总值（GDP）的比例为指标体系的模型，即利用投入产出表和部门分类，分别对第一和第二信息部门的信息增加值加以测度，然后依据信息经济占 GDP 的比重、信息劳动就业比重来衡量信息产业的规模与信息经济发展的宏观测度，并利用美国国家统计数据具体地测算了美国信息经济的国民生产总值（GNP）和就业人数，使人们对美国的经济结构和性质有了比较清晰的认识。

三、对信息服务业研究的评述

我国信息服务业研究已经取得了一系列可喜成果，但肯定之余尚有如下不足之处。

（1）基础理论研究缺乏广度与深度。学者们的研究内容大多是在研究信息服务业的现状、问题与对策，研究视角基本上一致，大家找出的问题基本一样，提出的对策也几乎是相似的，使得研究的内容得不到深入拓展，理论得不到创新，基础理论内容得不到有效的丰富和发展，研究出现徘徊状态，这必然导致理论研究缺乏广度与深度。另外，从研究主题上看，学者们所研究的理论缺乏系统性，即主题之间既有严重的交叉，又有理论之间脱节的现象。由于信息服务业的实践性比较强，因此在研究时有必要紧密结合信息服务业的实际来做深入的研究，以避免理论与实践的脱节。

（2）对国外信息服务业的研究偏少。从研究成果来看，学者对国外的研究也仅是介绍国外信息服务业的整体情况，但对国外信息服务业研究理论的研究较少。发达国家无论是信息服务业的实践还是理论研究都走在我们前面，因此更多地关注研究国外的信息服务业理论与实践，紧密跟踪前沿研究，避免走不必要的弯路，这对我国信息服务业的跨越式发展具有重要的战略意义。

总之，国内外学者分别运用不同学科的专业知识和方法从各自的角度对信息服务业进行了较为广泛的研究。从总体上来看，国外学者对于信息服务业的定量研究比较多，但是没有把信息服务业与信息产业有效区别开来进行分析，而且研究主要集中于对于国民经济的影响这一领域；国内学者则主要以定性研究信息服务业为主，基本都是从宏观层面上进行把握和分析，缺乏具体的微观数据分析给予支持，关于信息服务业的定量研究相对较少而且还处于起步阶段，近几年才开始逐渐有学者涉足进行实证分析。因此，现有的关于信息服务业的研究都有待于进一步深入。通过这些分析都可以让我们更清楚地看到我国信息服务业发展中存在的不足之处，为今后信息服务业的发展指明方向。

第三节 研究思路、内容与方法

一、课题的研究思路

本书遵循"理论分析-现状问题分析-比较借鉴分析-实证分析-政策建议"的思路，以国内外信息服务业的相关研究和产业结构理论为基础，从信息服务业的概念、内涵和特点出发，研究现代信息服务业与产业结构调整、产业融合、国民经济发展的关系与作用，分析北京信息服务业发展的现状与条件，构建信息服务业评价指标体系。广泛收集相关数据，在对北京信息服务业进行SWOT分析的基础上，借鉴美国等信息服务业发达国家的经验，同时对比国内一些城市的信息服务业发展特点，运用计量经济学模型与方法，对北京市信息服务业发展水平进行纵向和横向的比较、分析与评价，提出北京发展现代信息服务业的路径选择与对策建议。研究思路见图1-1。

二、研究内容

（1）研究信息服务业的内涵、特征与作用。研究国内外学者对信息服务业定义与分类的不同观点；研究信息服务业的内涵、特征与分类；研究信息、信息经济、信息产业与信息服务业之间的关系；研究信息服务业对区域经济增长的促进作用；探讨信息服务业的影响因素及其在国民经济发展中的重要地位与作用。

```
┌─────────────────────────────────┐
│ 课题研究背景、国内外学者对信息      │
│ 服务业问题的研究综述              │
└─────────────────────────────────┘
```

```
┌──────────────┐  ┌──────────────┐  ┌──────────────┐
│ 信息服务业的含义、│  │ 国内一些城市信息服│  │ 国外信息服务业发展的│
│ 特点与作用     │  │ 务业的经验和做法  │  │ 特点与借鉴（美、日等）│
└──────────────┘  └──────────────┘  └──────────────┘
```

```
┌─────────────────────────────────┐
│ 信息服务业的相关理论与信息服务业的发展模式 │
└─────────────────────────────────┘
```

```
┌─────────────────────────────────┐
│ 北京发展信息服务业的现状及SWOT分析 │
└─────────────────────────────────┘
```

```
┌──────────────────────────────────────────┐
│ 北京发展信息服务业的战略目标与政策措施（指导思想、 │
│ 基本原则、指标体系、发展思路、重点领域、保障措施） │
└──────────────────────────────────────────┘
```

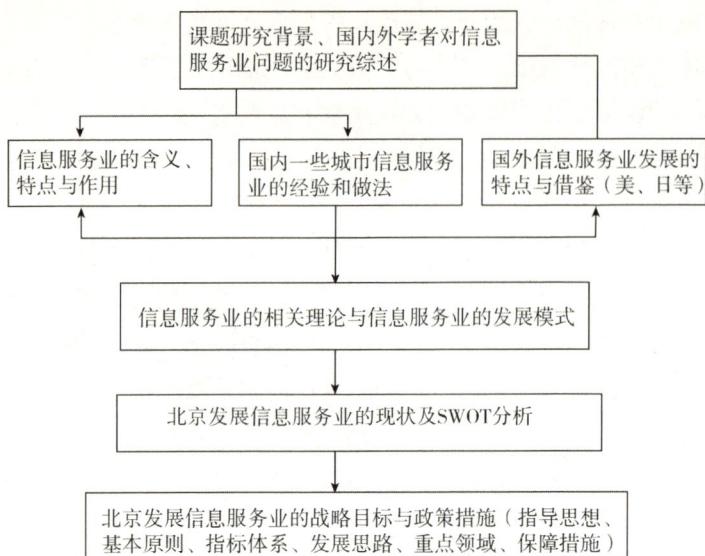

图 1-1　研究思路框架

（2）在总结、归纳与信息服务业相关的产业理论的基础上，论述信息服务业的发展模式，包括要素推动发展模式、投资推动发展模式和创新推动发展模式；在此基础上进一步阐述信息服务产业融合发展模式及其路径。

（3）研究世界城市信息服务业的发展趋势，研究发达国家和地区信息服务业的发展模式。重点研究美国、日本、印度、英国、新加坡等世界主要信息服务业发达国家发展模式，研究这些模式对我国信息服务业发展的借鉴作用。

（4）研究国内特大城市的信息服务业的发展情况。研究上海、天津、广州、深圳、苏州、长沙、大连等地信息服务业的发展状况，并与北京的信息服务业进行对比分析。

（5）研究北京信息服务业的现状、存在问题、机遇与挑战；研究北京信息服务业与首都经济的关联性，对首都经济发展的带动作用，其在构建首都现代产业体系中的地位；研究北京发展信息服务业的市场需求、潜力与辐射力；研究北京发展信息服务业的基本原则。

（6）研究确定北京信息服务业的发展思路、重点，北京信息服务业的产业布局、发展战略与政策措施。如何深化信息化与工业化的融合，构建现代产业体系；怎样培育信息化经济的新业态、创造首都发展新增长点；如何加快电子商务创新发展，增强经济网络辐射能力；研究怎样坚持依法推进，创新引领、统筹规划、市场运作、需求主导、以人为本，绿色低碳，安全可信的原则；研究如何不断强化产业自主创新能力，优化产业结构，提高产业核心竞争力。

三、研究方法

1. 实证分析和规范分析相结合

实证分析是产业经济分析的基本方法，它主要通过对历史和现实的诸多现象和变化的具体考察，从中总结出规律性的结论。规范分析是依据一定的价值判断标准，通过分析与推理，研究事物发展的规律性。本书结合我国信息服务业的发展现状，构建北京市信息服务业发展水平评价指标模型，并运用指数综合评价分析方法加以实证分析，基于实证的基础再对信息服务业的发展进行规范分析，为促进北京信息服务业合理化、高效化发展提供意见和建议。

2. 定性分析和定量分析相结合

定性分析的重点是深入分析经济现象的本质，推论演进的机理；定量分析是通过数学模型及函数曲线使复杂事物抽象化和简化，以展现各个因素间的内在关系。本书在研究信息服务业时将定性分析和定量分析结合起来，首先对北京市信息服务业发展现状进行定性分析，接着在数据的基础上进行定量分析，使信息服务业的研究更具有应用价值。

3. 比较分析方法

比较分析法是将属于同一范畴的两个以上的事物进行对比研究，分析它们的共性和区别，研究事物存在、变化的共同条件以及不同特点。本书对北京市信息服务业的研究运用比较分析方法，通过对北京市信息服务业不同年度发展水平的纵向比较以及与国内外其他发展环境近似的城市的横向比较，从而发现北京市信息服务业发展存在的各类问题，以更好地提出解决问题的措施。

四、研究视角与特色

研究视角：从北京建设世界城市的战略高度和京津冀一体化的角度，在总结发达国家和地区信息服务业发展规律的基础上，探寻北京信息服务业发展的有效途径。世界城市要有若干对全球有影响力、辐射力和控制力的产业，北京科技信息资源丰富，实力雄厚，发展信息服务业符合建设世界城市的长远目标，也有利于实现京津冀一体化发展。

研究特色：在把握一般规律、总结国内外实践经验的基础上，突出国情特色、地区特点、北京后工业化社会的时代特征和北京地区的资源禀赋、功能定位，实现宏观战略分析与发展阶段分析的有机结合、理论研究与应用研究的相互融合。

　　研究方法：研究方法上主要从信息服务业的市场结构、市场行为和市场绩效角度，运用 SCP 分析框架，进行信息服务业的产业组织分析，计算北京信息服务业的市场集中度；运用 E-views、SPSS 软件，通过多元回归、因子分析、聚类分析、结构方程模型等方法，对北京信息服务业与首都经济发展的关联性进行测度，研究北京信息服务业的影响因素，在研究方法上、理论与实践的结合上实现创新。

第二章 信息经济、信息产业与信息服务业

第一节 信息与信息经济

一、信息的含义与特征

信息与物质材料和能源一样，是人类社会生存和发展的基础，是指音讯、消息、通信系统传输和处理的对象，泛指人类社会传播的一切内容。"信息"一词在英文、法文、德文、西班牙文中均是"information"，日文中为"情报"，我国台湾称之为"资讯"，我国古代用的是"消息"。作为科学术语最早出现在哈特莱（R. V. Hartley）于 1928 年撰写的《信息传输》一文中。1948 年，数学家、信息的奠基人香农（C. E. Shannon）给出了信息的明确定义，此后许多研究者从各自的研究领域出发，给出了不同的定义。香农（Shannon）在题为"通信的数学理论"的论文中指出："信息是用来消除随机不确定性的东西"，这一定义被人们看作是经典性定义并加以引用。控制论创始人维纳（Norbert Wiener）认为"信息是人们在适应外部世界，并使这种适应反作用于外部世界的过程中，同外部世界进行互相交换的内容和名称"，它也被作为经典性定义加以引用。经济管理学家认为"信息是提供决策的有效数据"。人通过获得、识别自然界和社会的不同信息来区别不同事物，得以认识和改造世界。在一切通信和控制系统中，信息是一种普遍联系的形式。创建一切宇宙万物的最基本万能单位是信息。

信息作为一种资源，具有区别于其他资源的特征。信息的基本特征包括：①传递性。信息作为一种资源，表现在传递过程中，没有传递性，就没有信息。现代通信技术的发展，将信息的传递性表现得淋漓尽致。②时效性。信息的价值随时间变化而变化，最新的信息才最有价值。③共享性。信息的消费具有共享性，与物质材料和能源不同，后两者的消费具有独占性。因特网的出现和高速发展，可以最大限度地实现信息共享。④无限性。信息资源永不耗竭。

二、信息经济的内涵与特点

1. 信息经济的含义

信息经济又称资讯经济，IT 经济。作为信息革命在经济领域的伟大成果的信息经济，是通过产业信息化和信息产业化两个相互联系和彼此促进的途径不断发展起来的。信息经济，是以现代信息技术等高科技为物质基础，由信息产业起主导作用，基于信息、知识、智力的一种新型经济。

最早提出"信息经济"概念的是美国学者马克卢普（F. Mahchlup）教授。他在信息经济的经典论著《美国的知识生产与分配》中首次提出了"知识产业"，包括教育、科学研究与开发、通信媒介、信息设施和信息活动五个方面，并以大胆而富有创新精神的工作测算出"知识产业"（即信息产业）在美国国民经济中的比例。据他的估计，在 1958 年美国国民生产总值（GNP）中有 29％来自信息产业，整个劳动者的投入 32％以上来自信息生产和活动。

如果说在工业经济中，钢铁、汽车、石油化工、轻纺工业、能源、交通运输、电话通信等传统产业部门扮演着重要的角色，那么在信息经济中，居重要地位的则是芯片、集成电路、电脑硬件和软件、光纤光缆、卫星通信和移动通信、数据传输、信息网络与信息服务、新材料、新能源、生物工程、环境保护、航天与海洋等新兴产业部门，同时，科技、教育、文化、艺术等部门通过产业化而变得越来越重要。信息经济的发展，不仅不会否定农业经济、工业经济和服务经济的存在，反而会促进这三种经济的素质通过信息化后大为提升，并导致不可触摸的信息型经济取代可以触摸的物质型经济在整个经济中居于主导地位。

信息革命是在科技一体化和科技非线性发展新形势下掀起的一种高科技革命。尽管高科技除信息科技外，还有生物、新材料、新能源、航空航天、海洋开发等各种高科技，但是迄今为止，信息科技是其中最成熟、发展最迅速的高科技。它与其他高科技相比，有两个显著特点：一是极强的渗透性以及由此而来的十分广泛的应用性；二是能与信息资源的开发和利用相结合，从而能够全面扩展和加强人类的信息功能，尤其是管理和决策功能。信息革命既是科技革命，也是产业革命，它正在深刻地改变着人类的生产、生活、工作、学习和思维的方式。

1973 年，美国哈佛大学社会学家丹尼尔·贝尔在《后工业社会的来临》一书中发展了"信息经济"的概念。贝尔认为发达国家已经从前工业社会发展到工业社会，最终到达后工业社会阶段。在新的社会阶段，经济活动的基本战略资源、工具、劳动环境、文化观念等都会发生一系列的变化。1977 年，美国斯坦福大学博士马克·波拉特（M. V. Porat）完成了 9 卷巨著《信息经济：定义与测量》。波拉特在马克卢普研究成果的基础上，进行了更深入的研究。他把经济划分为两个范畴：①涉及物质与能源从一种形态转换到另一种形态的领域；②涉及信息从一种形式转换到另一种形式的领域。他给出了信息、信息资源、信息劳动、信息活动等一系列既有经济含义又能计量的定义。波拉特、马克卢普等人继贝尔区分工业社会和后工业社会之后，用具体的经济分析与数值计算，说明从 20 世纪 60 年代中后期至 70 年代，美国等资本主义经济发达国家已先后由工业化经济过渡到信息化经济，其主要标志是经济活动有一半以上已与信息活动有关。据测算，1967 年美国国民生产总值中 46％与信息活动有关；约有半数劳动力与信息职业有关，就业者收入的 53％来自这类职业收入。波拉特的研究表明了美国信息产业的不断增长，同时也完善了信息经济的概念、方法及测算体系，使宏观经济指标与微观信息活动得到了有机结合。正因为马克卢普—波拉特的信息经济概念和测定，不仅在理论上有体系，而且在实践中可使用，因此他们的概念和方法被世界上广泛地使用。当把信息经济作为一个经济时代来看待时，有三个数量标准：①在整个经济社会结构中，信息部门的数量比重大于物质生产部门所占的比重；②信息部门所创造的产值在 GNP 中所占比重超过 50％；③信息劳动者在总就业人口中所占比重也超过 50％。当这三项指标都满足时，就可视为信息经济占主导地位。

2. 信息经济的范围

（1）从理论上看，信息经济是作为物质经济的对立物而提出来的。即每件产品、每项劳务都包含物质和信息两个部分，如果在产品和劳动中物质部分所占比重大于信息部分所占比重，就是物质经济；如果信息部分所占比重大于物质部分所占比重，就是信息经济。当以物质和能源为基础的经济转变为以信息和知识为基础的经济时，就是信息经济，它将成为世界经济发展的大趋势。

（2）从发展战略上看，信息经济是国民经济不可缺少的一种经济成分。无论国家制度和社会性质如何，它都是客观存在的，其差别只是在于其规模的大小。研究信息经济不仅在于对宏观信息经济规模做出定量的描述，而且还在于通过信息经济分析，使我们能够把握现代经济发展的特点，从而有效地制定出长远的发展规划。

（3）从规模经济角度看，信息经济是经济活动的中心内容。它的最大特征是：从事与信息有关的就业人数超过社会全部就业人数的一半，具有最大限度的规模经济。它可以通过信息的社会化、信息的现代化和信息的商品化三种形式表现出来。

（4）从数量上看，信息经济是在以农业和工业为基础的经济之外，以信息的产品和劳务的生产、提供为基础的经济。信息经济成分以物质和能源为基础，向以信息为基础的过渡作为数量标志，定量地测算信息部门的增加值在国民生产总值中的比重，以及从事信息活动人员在社会劳动人员中的比重，是对信息经济规模的具体描述。

（5）从技术结构上看，当信息技术广泛应用，并成为社会物质产业的主要支撑基础时，信息经济也就自然地形成了。信息经济并不限于信息技术和信息产业本身，而是当信息为经济、政治、文化等社会各方面奠定了牢固的物质基础和提供了必需的物质前提条件下，才能真正成为信息经济的社会。

概括地说，信息经济就是以信息资源为基础，以信息技术为手段，通过生产知识密集型的信息产品和信息服务来实现经济增长、社会产出和劳动就业的一种新的经济结构，被认为是继农业经济和工业经济之后最现代化的经济形态。

3. 信息经济的特征

信息经济既有与其他经济同样的特征，也具有一系列特有的结构特征。随着信息技术的进一步发展，尤其是微电子技术的迅速发展和广泛应用，近年来，世界信息经济的结构正在发生引人注目的变化。信息经济的结构特征越来越明显，主要体现在以下方面。

（1）信息经济的企业结构是知识和技术密集型的。传统的企业结构都是劳动密集型或资本密集型的，而新兴信息企业结构都是知识和技术密集型的，不但投资少，效率高，而且还将把人类从繁重的体力劳动中解放出来，得到全面发展。

（2）信息经济的劳动力结构是智力劳动型的。企业结构的状况决定着劳动力结构的状况，由于新兴信息经济的企业结构是知识和技术密集型的，而以科学家、工程技术人员、软件编制人员等脑力劳动者为主的劳动力结构也必然发生根本变化，传统体力劳动者将经过再教育成为新的脑力劳动者。

（3）信息经济的产业结构是低耗高效型的。这些以新兴科学知识和高技术为基础的尖端信息产业群，具有高效率、高增长、高效益和低污染、低能耗、低消耗的新特点。在传统产业日益衰落的过程中，专业化、小型化的新兴产业却在迅速发展。这种产业结构及其技术结构的变化，将会使劳动生产率获得极大增长。

（4）信息经济的体制结构是小型化和分散化的。小型分散化的水平网络式的管理体制将代替集中、庞大而又互相牵制的传统金字塔型的体制结构；小公司、小工厂等横向组织将代替大公司、大工厂等纵向组织。信息经济的体制结构小型化和分散化，并不意味着生产社会化程度的降低，反而通过信息化，生产在更广泛、更深入的程度上社会化了。

（5）信息经济的消费结构是多样化的。传统工业生产是大规模的集中性生产，产品单一，规范化，虽然成套生产，但是品种少，规模单调，不能及时满足多种多样的社会需要。由于信息经济的生产机动灵活，分散化，它所提供的消耗品将更加丰富多彩，更符合人们的实际生活需要。

（6）信息经济的能源结构是再生型的。传统经济的能源结构是非再生型的，如煤炭、石油等，不能再生，而且浪费大，效率低，污染严重。信息经济的能源结构主要是再生型的，如太阳能、生物能、海洋能等，不仅可以再生，取之不尽，用之不竭，而且干净、效率高。在即将到来的信息经济时代，世界范围的电脑联网将使越来越多的领域以数据流通取代产品流通，将生产演变成服务，将工业劳动演变成信息劳动。信息经济的新特征是：信息产品不需要离开它的原始占有者就能够被买卖和交换；这一产品能够通过电脑网络大量复制和分配而不需要额外增加费用；价值增加是通过知识而不是工作来实现的；知识流向产品的主要形式是软件。

4. 信息经济与知识经济的关系

知识经济一词最早是由联合国研究机构在 1990 年提出来的。1996 年，经济合作与发展组织在国际组织文件中首次正式使用了"以知识为基础的经济"的概念，其内涵是：知识经济是以现代科学技术为基础，建立在知识和信息的生产、存储、使用和消费之上的经济。知识经济之所以在西方国家提出，是基于创新成为经济发展最短缺的因素，而其他经济要素相对而言是充分的。美国等发达国家在信息经济的发展过程中已进入"知识管理"阶段，从过去以信息为基础转向现代更强调知识创新，不仅重视信息使用者对信息集合的反应和运用，而且更重视把信息转化为知识。知识经济是一种基于最新科技和人类知识精华的经济形态。它是在工业经济和信息经济基础上发展起来的，是以知识的生产、传播、转让和使用为其主要活动的。在知识经济时代，最典型和最基本的特征是知识作为生产要素的地位空前提高，知识广泛地渗透到一切经济部门中去，而且知识本身也成为一种更加市场化的产品。

信息经济与知识经济二者是紧密相连、不可分割的。知识经济脱胎于信息经济，信息经济提出在前，知识经济提出在后。一方面，知识经济被人们提出和认识，反映了当今世界发达国家对于后工业社会或信息社会快速发展进程的普遍接受和认可。另一方面，要发展知识经济没有高度发达的信息经济做基础是不行的。因为信息经济的发展和壮大是知识经济产生与发展的前提条件，知识经济的建立和发展离不开信息科学技术，也就是离不开以它为基础的信息经济。美国是最早提出知识经济且发展知识经济条件最成熟的国家，但现在仍然在深入研究信息经济问题，规划和发展信息经济。美国商务部1999年4月发布的政府报告中称，美国约1/4的经济增长率来自于信息产业，只有在信息经济高度发达的基础上，才能大力发展知识经济。

信息经济与知识经济又是有区别的：①信息经济主要是以信息科学技术为基础的经济，而知识经济是以整个科学技术为基础的经济。②信息经济与知识经济都是知识密集型的经济，但后者中知识所含的内容更加广泛，不仅包括信息业，而且包括现代工业、现代农业和现代服务业。③信息、知识、信息经济、知识经济等相关概念还存在层次上的差异性。现阶段，我国工业经济和农业经济等物质生产经济仍居主导地位。随着国民经济信息化的推进，信息经济已经产生，并在迅速发展中，但尚未充分发达起来。在这种情况下，用知识经济的观点来促进信息经济的发展是必要的，但不能用它来代替信息经济。

5. 信息经济学的发展

信息经济学是20世纪60年代适应社会经济信息化而发展起来的新兴学科。自美国经济学家肯尼思·阿罗（Kenneth Arrow）获得1972年度诺贝尔经济学奖以来，先后有多位信息经济学家5次获得诺贝尔经济学奖，特别是3位美国经济学家阿克洛夫（G. Akerlof）、斯彭斯（M. Spence）、斯蒂格利茨（J. E. Stiglitz）联袂荣获2001年度诺贝尔经济学奖后，信息经济学已然成为经济学的"显学"。随着经济全球化、社会分工的进一步细化以及人类对物质资源有限性的认识，信息作为经济活动中的基本要素，得到了越来越多的重视。信息经济学将信息看作普遍存在的社会经济现象，从而将信息的不完全、信息分布的不均衡纳入经济理论的框架，重新审视经济学的一系列有关问题，从而为经济生活提供更切合实际的理论观点、方法和政策建议。信息经济学的有关著作从信息经济、不完全信息与非对称信息理论、信息资源、信息产品、信息商品、信息市场、信息产业和国民经济信息化等方面介绍信息经济学的研究成果。

信息经济学起源于20世纪40年代，发展于50—60年代，到70年代基本发展成熟。在创建初期，研究重点多种多样，有的学者侧重于基础理论研究，有的学者则侧重于应用研究，也正是这两种研究的互相补充和互相促进，才奠定了信息经济学的理论基础。进入70年代以后，信息经济学的发展基本上达到了成熟，其标志是有大量信息经济的论著问世。如美国霍罗威茨的《信息经济学》，英国威尔金森的《信息经济学：计算成本和收益的标准》等。

　　信息经济学的研究有两条主线。一是以弗里兹·马克卢普（Fritz Machlup）和马克·尤里·波拉特（Mac Uri Porat）为创始人的宏观信息经济学。宏观信息经济学又称情报经济学、信息工业经济学。以研究信息产业和信息经济为主，是研究信息这一特殊商品的价值生产、流通和利用以及经济效益的一门新兴学科，是在信息技术不断发展的基础上发展建立起来的，是经济学的重要领域。二是以斯蒂格勒和阿罗为最早研究者的西方信息经济学、微观信息经济学。

　　微观信息经济学又被称为理论信息经济学，是从微观的角度入手，研究信息的成本和价格，并提出用不完全信息理论来修正传统的市场模型中信息完全和确知的假设。重点考察运用信息提高市场经济效率的种种机制。因为主要研究在非对称信息情况下，当事人之间如何制定合同、契约及对当事人行为的规范问题，故又称契约理论或机制设计理论。

第二节　信息产业与信息服务业

一、信息产业的内涵

　　1959 年，美国著名经济学家马尔萨克（J. Marschak）发表了《评信息经济学》一文，提出了研究经济学特有的信息范畴课题；诺贝尔经济学奖获得者斯蒂格勒（G. J. Stigler）在研究信息的成本、价值及其价格等的基础上，于 1961 年在《政治经济学》杂志上发表了著名的论文《信息经济学》，首次将信息作为经济活动的重要因素和经济运行的机制加以研究。20 世纪 50 年代末"信息经济学"作为正式的学科概念被提出，但是这些都仅仅限于微观层面上的分析。

　　普遍观点认为，美国经济学家普林斯顿大学教授马克卢普（F. Machlup）于 1962 年发表的《美国的知识生产与分配》（The Production and Distribution of Knowledge in the United States）一书，首次提出"知识产业"（Knowledge Industry）的概念，分析了知识生产和分配的经济特性及经济规律，阐明了知识产业产值在国民总收入中的高比例以及知识产业的高增长速度，引起了经济学界和信息学界的极大震动。1977 年，波拉特在《信息经济》中正式提出了"信息产业"的概念。他认为人类的经济活动可以分为两大范畴，即物质和信息。物质和能量从一种形态转换为另一种形态归为非信息产业，信息从一种形态到另一种形态的转换为信息产业。"信息产业"这一概念与"知识产业"的发展密切相关。

最早提出"知识产业"概念的卢普分析了知识生产和分配的经济特征，指出知识产品对社会经济发展至关重要，并揭示了知识发展的经济规律。他将知识产业分为教育、研究与开发、通信媒介、信息处理设备和信息处理服务五个部门，虽然这种分类与现代的信息产业边界范围有出入，但也基本反映了信息产业的特征。之后，波拉特把知识产业作为一个独立的经济部门来专门研究，引申为信息产业，将信息产业分为两个层次：第一信息部门和第二信息部门，并提出了一套操作性很强的研究信息产业结构的方法。

从国外对信息产业的定义与分类来看，现代的信息产业定义有狭义和广义两个层次。广义的信息产业指一切与信息生产、加工、传递和利用有关的产业，包括信息技术产业和信息服务业以及新闻、出版、金融、教育、科研、邮政等。持广义信息产业观的代表人物主要有马克卢普、波拉特等。狭义的信息产业仅包括信息技术产业和信息服务业。信息技术产业包括硬件产业、软件产业、服务产业、通信设备产业和通信服务产业；信息服务业包括信息咨询业、广告业以及信息产品加工和服务的行业。

我国信息产业发展时间不长，对于信息产业的定义和划分众说纷纭，没有标准化的定义，不同的政府部门和研究者会根据自己的需要而选择信息产业的定义和产业界定。一般认为可以概括为以下几种：①广义信息产业观点，借鉴波拉特的观点，认为信息产业是指一切与信息生产、流通、利用有关的产业，包括信息服务和信息技术及科研、教育、出版、新闻、金融等部门；②狭义信息产业观点，借鉴日本对信息产业的划分，认为信息产业是指从事信息技术研究、开发与应用、信息设备与器件的制造以及为经济发展和公共社会需求提供信息服务的综合性生产活动和基础结构，主要是信息技术和设备制造业、信息服务业；③其他定义。国内学者中较为代表性的观点主要有：乌家培（1999）认为信息产业是从事信息技术设备制造以及信息的生产、加工、存储、流通和服务的新兴产业部门，由信息设备制造业（硬件业）和信息服务业（软件业）构成；吴基传（2000）将信息产业定义为社会经济活动中从事信息技术、设备、产品的生产以及提供信息服务的产业部门的统称，是一个包括信息采集、生产、检测、转换、存储、传递、处理、分配、应用等门类众多的产业群。

本书认为，信息产业是从事信息技术设备和器件制造以及利用信息技术而采集、加工、存储、传递和开发利用信息以提供信息产品和服务的信息产业群体，是信息设备制造业、计算机硬件业、软件业、通信业与信息服务业等相关产业的总称，既具有独立性，又渗透到各个行业之中。随着社会的发展，信息几乎渗透到社会的各个层面。信息产业已成为当今世界的一个新兴经济增长点，其在经济和社会发展中的地位越来越重要，已成为发达国家国民经济的支柱产业和经济发展的强大推动力，因此，信息产业的发展水平已成为衡量一个国家综合国力和国际竞争力的重要标志。

二、信息产业的特征

信息产业作为独立的经济部门是在 20 世纪后半期新兴和发展起来的，与信息技术息息相关的产业，要深入研究信息产业首先必须明确界定信息产业的范围，对于信息产业的界定，国际上主要有以下几种：美国信息协会（ATTA）给信息产业的界定是：信息产业是依靠新的信息技术和信息处理的创新手段，制造和提供信息产业和信息服务的生产活动组合。美国的信息产业包括信息技术和信息设备制造业、信息服务业。信息技术主要指计算机硬件技术、计算机软件技术、数据库技术、通信网络技术。信息服务业主要包括公共信息服务业、各种分支信息行业的业务服务、维修服务、通信网络服务、联机服务。欧洲信息提供者协会①（EURIPA）给信息产业的界定是：信息产业是提供信息产品和信息服务的电子信息工业。日本信息产业的内容比较集中，主要包括软件产业、数据库业、通信产业和相应的信息服务业。

与传统产业相比，信息产业具备以下特征。

1. 信息产业属于知识密集型、创新型产业

信息产业是以知识、智力的开发、研究为基础的创新型产业，它的创新速度、技术更新速度远超过传统工业，它需要较多的复杂智力投入，是知识经济时代的主导产业。信息产业的发展与科技创新密切相关，是以科技开发为先导的产业。信息产业是技术更新速度最快的创新性产业，技术的快速提高导致了现代信息产品的生命周期越来越短，更新换代越来越快，CPU 产业中的"摩尔定律"很好地反映了这一点。

2. 信息产业是高渗透型的产业

信息产业是渗透性强、关联度高的先导产业，广泛渗透于社会各个产业部门，能极大地提高传统产业的劳动生产率和竞争力。信息产业的外延广泛，信息技术被实际应用于多个领域，融合于社会生活和其他产业很多环节。无论是工业生

---

① 欧洲信息提供者协会（简称 EURIPA）是欧洲数据库生产者，经营者，计算机软、硬件公司，以及其他电子信息产品的生产、存储、提供者的协会，会址在伦敦。其宗旨与任务是：加强成员间的联系和合作，维护信息提供者的利益，促进欧洲信息服务业发展。

产、产品设计、医疗、教育、政务方面，还是新的经营模式，如电子商务、电子货币、电子银行、虚拟商店等，都已经离不开信息产业的相关技术使用。信息技术的应用使传统工业的自动化程度加强，在建筑、纺织、产品制造等行业的生产过程中，高危岗位越来越多地采用机械设备代替人工操作，生产线的自动化使生产效率不断提高，生产环境更加安全、环保，人们对机器设备的依赖程度也愈来愈高。

3. 信息产业是具有战略意义的主导产业

随着科技进步和经济发展水平的提高，世界大国对卫星系统、军事监察监控、航空技术、网络安全等方面的技术需求越来越高，信息技术成为影响军事主导权的重要因素。信息安全已经是一国经济平稳发展的重要保障，这需要计算机网络、通信网络、软件和系统集成等领域都具备相应的技术，以此做坚实的后盾建造现代化信息装备。

4. 信息产业是国民经济的先导性产业

在国民经济的产业结构中，信息产业已取代传统的制造业，如钢铁产业、汽车产业、石油产业等，成为国民经济的先导性产业。表现为：①作为信息产业蓬勃发展的技术基础——现代信息技术是现代高新技术群的核心和领头雁。20 世纪 70 年代以来，在世界范围内兴起了高新技术革命，主要内容包括信息技术、生物技术、新材料技术、新能源技术、航天和空间技术、海洋开发技术等。在这些高新技术所组成的高新技术群中，信息技术是最为核心的技术，其他高新技术的研究和发展，都依赖于信息技术的突破和综合应用。现代生物技术被誉为 21 世纪的"黄金产业"，如果没有现代信息技术中的超大规模巨型计算机技术、超大规模数据库技术等的突破，现代生物技术便不可能取得突破。其他如航天和空间技术、海洋开发技术等的发展无不得益于信息技术。②信息技术在其发展的过程中，通过与传统产业相互融合、渗透，可以改进传统技术，并促进传统产业的改造与升级。如数控机床技术。

5. 信息产业是高投入、高风险、高产出的产业

信息技术的研发需要专业技术人员来完成。科技人才的培养、研发设备的配置、研发过程中的费用开支、后期的试验运行等都需要大量的资金投入，目前发达国家的 R&D 投入强度远高于发展中国家。技术研发需要大量的投入，而且由于技术和市场的不确定性，导致了高风险，但是一旦成功，会带来高附加值的增长。

6. 信息产业是增值率高、效益率高的产业

信息技术的应用具有前期投入大、运营成本低的特点。前期需要配置高技术含量的设备，这类设备往往价值较高，同时需要聘请专业的技术人才，但后期运营成本却较低。以宽带网络为例，前期需要购置网络设备，交换机和路由器等，由专业人员进行调试和试运营，但正式投入使用后只需正常的维护即可，能带来很高的收益回报率，而且具有用户群扩散迅速的特点。

7. 信息产业是低消耗、低污染的产业

与传统产业相比，信息产业的能源消耗、环境污染都要小得多，是走可持续发展道路要优先发展的产业。

此外，信息产业是高竞争、高就业的产业，由于技术在信息产业中占据了至关重要的地位，在技术领先优势上的竞争更加激烈，对知识型人才的需求更多，创造了很多新的就业机会。

三、信息服务业的内涵与分类

随着人类社会工业化进程的加快，全世界都面临着严峻的能源危机。如何既发展经济又减少能源消耗，成为 21 世纪人类面临的一大难题。许多专家认为，发展现代服务业是一条通向光明未来的道路。服务业尤其是现代信息服务业是"绿色产业"，它的知识、技术密集程度高，对传统原材料消耗却很少。只有加大现代信息服务业的投入，用"软性投入"替代工业经济模式中能源、资源等"硬性消耗"，才能实现经济的可持续发展。此外，发展现代信息服务业所带来的高盈利、高附加值和高科技人才，也是世界各国重视该行业的重要理由。

1. 信息服务业的内涵

信息服务业是利用计算机和通信网络等现代科学技术对信息进行生产、收集、处理、加工、存储、传输、检索和利用，并用信息产品为社会提供服务的专门行业的综合体，指服务者以独特的策略和内容帮助信息用户解决问题的社会经济行为。从劳动者的劳动性质看，这种行为包括生产行为、管理行为和服务行为。信息服务业是信息资源开发利用，实现商品化、市场化、社会化和专业化的关键。信息服务业主要分为三大类：信息传输服务业，IT 服务业（信息技术服务业）、信息资源产业（主要指信息内容产业）。

信息服务的生产过程不等于信息的生产过程，也不等于信息产品的生产过程，而是信息服务产品和特定服务的生产过程。这样的过程是指在一定的生产关系下，以信息和信息产品为劳动对象，借助信息技术等劳动资料，经过调查研究、增值处理等环节，形成信息服务产品，并通过提供、咨询或经纪等特定的行为方式，确保信息服务产品和服务用于用户的问题解决活动的全过程，各个方面和环节缺一不可。

2. 信息服务的基本要素

信息服务包括五个基本要素：

（1）信息用户：是信息接收者，是信息服务的对象，是信息产品的利用者，是信息服务业发展的需求动力；

（2）信息服务者：是从事信息服务的各机构及机构中的有关人员，是信息服务的主体，它通过选择、加工、提供信息产品来满足用户的信息需要；

（3）信息产品：是指信息服务者收集、整理加工的各种已知的或潜在的社会信息、科学知识及科研成果，它构成了信息服务区别于其他服务的本质特征；

（4）信息服务设施：是信息服务的物质基础和必要手段，包括计算机、通信设备、复印机、图书流动车等技术设备以及阅览室、情报咨询室等服务场所；

（5）服务方法：是开展信息服务中的各类操作技巧、方式和程序，如索引技术、软件技术、视频技术等，它是实现信息服务效能的必备"软件"。

3. 信息服务业的分类

（1）狭义的分类：信息产业部 2003 年颁发的《电信分类目录》将信息服务划分为内容服务、娱乐/游戏、商业信息和定位信息等服务。信息服务业面向的用户可以是固定通信网络用户、移动通信网络用户、因特网用户或其他数据传送网络的用户。此分类中，信息服务是电信服务中的一项增值业务。从信息产业部目前的职责看，信息服务业不仅应包含传统电信服务、互联网业务和软件服务，随着未来三网融合的发展，还应包含广播电视。

（2）广义的分类：电子信息设备制造、电子信息设备销售和租赁、电子信息传输服务、计算机服务和软件业、其他信息相关服务。根据《统计上划分信息相关产业暂行规定》，电子信息传输服务、计算机服务和软件业、其他信息相关服务三者包括的范围对应于通常意义上的信息服务业。从行业小类看，信息服务业包括电信相关服务、互联网信息服务、广播电视传输服务、卫星传输服务、计算机相关服务、软件相关服务、广播/电视/电影和音像相关服务、新闻出版相关服务、图书馆与档案馆相关服务。

1997 年北美自由贸易区的三国（美国、加拿大、墨西哥）公布了统一的"北美行业分类系统"（NAICS），取代三国原有的行业分类系统，将"信息"作为一种"产品"，并据此定义了"信息业"。2002 年，NAICS 把主要的内容生产活动和机构归入了信息产业类别。2007 年版 NAICS 对 2002 年版的制造业、电信、金融和专业技术服务进行了修改。根据这一系统的定义，信息业是指那些将信息转变成商品的行业。它包括三种类型：①生产和分发信息及文化产品的行业；②提供传递或分发这些产品以及数据或通信方法的行业；③数据处理的行业。按照这种定义，信息业分为四个行业：出版业、电影和录音业、广播电视和通信业、信息服务和数据处理服务业。这样，北美地区的信息业就既包括了软件、数据库、卫星通信、寻呼、移动电话和其他无线通信、在线信息及其他新兴信息服务，也包括了传统的报纸、书刊、电影、音像等的出版业以及图书馆等行业。而经常提到的作为信息时代特征的计算机、通信设备等的生产，并未包括在信息业内，但是相应地在制造业中，专门分出了一个计算机和电子产品制造业，它包括了计算机、计算机外围设备、通信设备、类似的电子产品以及这些产品的元件等的生产。这一分类方法对信息及其相关产业有了较为明确的定义（表2.1）。

表 2.1　北美产业分类

"北美产业分类体系"中信息业分类		
大类	小类	具体行业
出版工业 （不含互联网络）	报纸、期刊、书籍、目录、出版	报纸、期刊、书籍、目录及邮件列表出版、其他出版
	软件出版	软件出版
动画和录音工作	动画和视频	动画和视频生产、动画和视频发行、动画和视频展览、影视后期制作服务及其他
	声音录制	录音生产、完整录音生产/发行、音乐发行、声音录制演播、其他录音服务
电信	有线传输	有线传输
	无线传输（不含卫星传输）	无线传输（不含卫星传输）
	电信转售	电信转售
	卫星传输	卫星传输
	宽带及其他发行	宽带及其他发行
	其他电信内容	宽带及其他发行
数据加工	数据处理，客户服务及其他服务	数据处理，客户服务及其他服务
其他信息服务	其他信息服务	图书馆和档案馆、互联网络出版和传播、广播电视、互联网服务提供网站搜索门户

联合国制定的《全部经济活动的国际标准产业分类》（ISIC）在 2008 年公布了第四个修订本（简称 ISIC Rev.4），是各国进行产业比较时所公认的国际标准，其"信息业"分类如表2.2所示。

表 2.2 联合国产业分类

联合国《全部经济活动的国际标准产业分类》信息业分类	
大类	小类
出版活动	书籍、小册子和其他出版物出版
	软件发布
电影、录像和电视节目制作、录音和音乐	电影、录像和电视节目活动
出版活动	录音和音乐出版活动
广播和节目制作活动	电台广播
	电视节目和广播活动
计算机编程，咨询及相关活动	计算机编程
	电脑顾问和计算机设备管理活动
	其他信息技术和计算机服务活动
信息服务活动	数据处理、托管及相关活动；门户网站
	其他信息服务活动

中国国家统计局于 2003 年发布了《统计上划分信息相关产业暂行规定》，将信息产业分为电子信息设备制造、电子信息设备销售和租赁、电子信息传输服务、计算机服务业和软件业、其他信息相关服务五大类别，而现在使用最广泛的是后三者（表2.3）。

表 2.3 国家统计局分类

大类	小类	具体行业
电子信息传输服务	电信	固定电信服务、移动电信服务、其他电信服务
	互联网信息服务	互联网信息服务
	广播电视传输服务	有线广播电视传输服务、无线广播电视传输服务
	卫星传输服务	卫星传输服务

续表

大类	小类	具体行业
计算机服务和软件业	计算机服务	计算机系统服务、数据处理、计算机维修、其他计算机服务
	软件服务	基础软件服务、应用软件服务、其他软件服务
其他信息相关服务	广播、电视、电影和音像业	广播、电视、电影制作与发行、电影放映、音像制作

信息服务业包括系统集成、增值网络服务、数据库服务、咨询服务、维修培训、电子出版、展览等方面的业务。信息服务主要指除软、硬件产品的销售之外，围绕信息系统软、硬件产品的推广应用所进行的各项服务过程，主要包括网络信息服务和专业计算机服务两大部分。网络信息服务主要指通过互联网提供的信息服务，包括互联网接入服务（ISP，即通过电话线、同轴或无线等手段，把用户的计算机或其他终端设备接入互联网），互联网内容提供服务（ICP，即提供互联网信息搜索、整理加工等服务），网络应用服务（ASP，即为企事业单位进行信息化建设、开展电子商务提供各种基于互联网的应用服务）等。专业计算机服务包括系统集成、咨询、培训、维护和设施管理等服务。

信息服务业是信息产业中的软产业部分。信息服务业是从事信息资源开发和利用的重要产业部门，属于第三产业。信息服务业是连接信息设备制造业和信息用户之间的中间产业。对生产与消费的带动作用大，产业关联度高，发展信息服务业有助于扩大信息设备制造业的需求和增加对信息用户的供给。

4. 信息服务业的产业特征

信息服务业与信息产业有某些类似的产业特征，具体表现为：

（1）具有知识密集型产业的特征

知识是信息服务业的主要资源，信息服务是采用现代技术手段对信息资源进行加工处理，以生产出高知识含量和高使用价值的信息产品为目的的一种知识密集型服务，需要较多的智力投入。相对于传统产业，信息服务业所应用的工具和技术是计算机技术、互联网技术等新兴科技，其中包含了大量的知识和脑力劳动。信息服务业所提供的服务中如软件产品、IT咨询等，对知识和智力水平有着极高的要求。因此信息服务业一方面汇集了大量的知识和脑力劳动，另一方面在提供服务的过程中也生产了大量的知识。在产品中，软件产品所含智力、知识要高于传统工业、农业产品。在产业中，信息服务业企业能否取得成功，其所掌握的高质量信息和利用信息的能力至关重要，因此，知识密集性是信息服务业的一大特征。

（2）具有创新型产业的特征

自20世纪90年代以来，世界步入了信息经济时代。信息大量地通过互联网在全球迅速传播。无论是传播速度还是传播的信息数量，都大大超过之前的时代，信息的有效传播带动了技术应用和创新的扩散，更多的新技术和新管理方式在全球范围内得到广泛应用，加快了技术本身和相关产品的更新换代，产品的生命周期大大缩短。技术更新加快、产品成本快速下降、技术集成度的提高都提升了技术创新对于现代企业的重要性。软件和信息服务业作为信息产业中的重要组成部分，对技术创新有着高度的依赖，不仅伴随着相关微电子技术和计算机技术的进步，在提供的产品和服务方面始终保持了很高的更新换代率，作为服务业的一员，利用现有技术开发新的服务内容也是一大特色。

（3）具有高度竞争型产业的特征

软件和信息服务业因为市场对产品和服务具有广泛的需求，相关技术和产品所获得的专利权和知识密集型的特征，使其成为一个投资回报率较高的行业。因此软件和信息服务业吸引了大量的有实力企业和高水平人才投入这一行业，使市场处于高度竞争状态。特别是在软件和信息服务业中人力资源至关重要，拥有高水平的人才就能开发和利用更多的信息资源，并获得市场竞争的主动权。此外，目前各企业在对于专利权的保护和技术标准的制定方面竞争也非常激烈，都试图通过专利权和技术标准获得市场的垄断性。因此软件和信息服务业具有高度竞争型产业的特征。

（4）具有信息产品市场的特征

作为软件和信息服务业最主要的产品，软件产品具有信息产品的特征，因而信息服务业也受此影响，具有了信息产品市场的特征。首先，软件产品作为一种信息产品在完成产品开发后，能够轻松地进行低成本的复制。对于软件开发企业，完成软件的设计、开发、测试后，其大量复制的成本很低，特别是在达到一定数量级别后，新的拷贝成本可以忽略不计。其次，软件产品能够被众多消费者同时使用，并且不影响其他使用者的利益，具有"共享"的特性。当然通过知识产权保护的手段，能够在一定程度上保证软件产品的获得和使用具有排他性，但总体来说，软件产品的共享性是软件和信息服业不断扩大市场规模和应用范围的重要原因。此外，软件产品还具有规模效应，即软件产品的使用者数量越多，使用得越频繁，其价值越大，不同的使用者能够因为其使用行为给其他用户带来额外效益。

（5）具有明显的带动性、高度的渗透性和综合性

信息产业中的信息技术作为国民经济各个行业、领域的通用技术得到了广泛的应用。信息技术与信息服务的发展、扩散，带动了信息服务业内部传统部门及其他传统产业的技术更新和改造，使各部门的自动化程度不断提高，降低了生产成本，提高了劳动生产率，因此信息服务业对其他产业的发展具有明显的带动作用和高度的渗透性。同时，信息服务业涉及的领域较广，从新闻出版业、图书馆和档案业等传统信息服务产业到电信、互联网、广播电视传输以及计算机服务业和软件业等现代信息服务业，包括了国民经济行业分类中的多个行业，因此具有高度的综合性。

5. 信息服务业与信息产业的关系

信息服务业是一个涉及信息生产、信息传输、信息分发与信息供给等众多领域的综合性行业；其产业价值链包括用户、运营商、设备制造商、软件开发商和内容提供商等多个环节，涵盖制造业和服务业两大领域。

信息服务业与信息产业是密不可分的，它涉及信息产业中除电子信息设备制造、电子信息设备销售和租赁之外的大部分细分领域，信息服务业在信息产业中的重要程度和影响力在不断加强，渗透范围逐渐加大。因此需要从信息产业的结构层次研究信息服务业在整个产业链中的地位。信息服务业的发展，得益于产业价值链中各环节的相互推动、市场需求量的不断扩大以及规模经济情况下服务提供成本及用户使用成本的降低。

6. 信息产业链

现代信息服务业对经济的促进作用大，有利于资源的合理流动，有利于新技术的快速推广，有利于加快技术创新的速度，有利于减少投资的浪费，有利于市场竞争的有序化。从生产者角度看，信息产品生产的成本较高，但具有极大的边际效益；从需求者角度看，信息市场越发达，获取的信息价格就越低，信息也越全面，对决策就越有把握。当然，在信息市场高度发达的情况下，市场竞争往往更加激烈，企业较难以获得超额利润，因而可以促使企业加强内部管理，重视技术的自主研发，从而促进全社会经济的快速发展和进步。

产业价值链中各环节的推动是信息服务业快速发展的重要原因。网络运营商、内容提供商和服务提供商构成了信息服务业产业价值链的主要环节。在各环节中，网络运营商又是目前主要的推动力量。运营商投入大量资金为信息服务业

搭建相关服务平台；内容提供商积极与运营商合作，提供更加丰富的内容产品；服务提供商为整个产业价值链设计、搭建起一个运行支撑平台，从系统保障方面提供了支撑服务，为信息服务业的发展奠定了基础。市场需求量的不断扩大推动了信息服务业的发展。

在信息服务业产业价值链搭建的过程中，随着产业的发展和用户的不断成熟，产业价值链由以生产为中心的业务导向型转向以产品为中心的消费导向型，形成产业价值链的良性循环。作为内容产品的提供方，内容集成商和内容提供商通过与消费者沟通，加强了消费和生产、需求和供给之间的相互促进，使得消费者的需求能够得到不断满足，从而会进一步扩大消费需求，需求反过来又会引致供给的增多，二者的相互促进不断推动信息服务业的发展壮大。另外，北京是信息企业云集之地，企业间的竞争使得产品技术不断改进，成本逐步降低，产品质量不断提高，这些都会对消费需求的增长起到促进作用。

信息产业园的完善使得信息企业逐步呈现规模经济，企业间交易成本、企业与用户间服务产品使用成本降低。在北京，以中关村为龙头的高科技信息产业园一方面聚集了北京市科技、智力、人才和信息资源，为信息服务业的发展提供了良好的平台；另一方面，聚集效应和规模效应的发挥大大降低了企业交易成本，提高了北京信息服务企业的竞争优势。

在信息服务业产业价值链中，虽然网络运营商占据着市场主导地位，上游可以联络设备制造商，下游整合服务提供商和内容提供商，一起为最终用户提供网络接入服务，但信息服务业产业价值链的核心在于信息内容的制造和提供，即内容制作商、内容提供商和内容集成商三个角色。

产品内容质量的高低取决于技术，技术是驱动电子信息产业和信息服务业产业价值链发展的重要动力，尤其是在最初的产业化阶段，技术在信息服务业产业价值链上处于主导地位，但是随着时间的推移，技术发展进入稳定发展期，技术应用开始平民化，技术对产业价值链的推动作用减弱，此时，深入挖掘客户需求、满足客户不断提高的需求，转而成为推动产业链发展的主要动力。目前，我国在信息服务业产业价值链上的层次较低，龙头企业与大型跨国公司相比还存在很大的差距。因此必须加强合作，集中优势力量，在产业发展上循序渐进，在加强服务业竞争优势的同时，注重向制造业渗透，信息服务业和信息制造业融合发展，形成"自主研发—特色生产—专业服务"一条龙路线，努力打造与国际知名跨国公司相竞争的品牌企业。

第三节　信息服务业与区域经济增长的关系

信息服务业的发展不仅仅是一个行业、一个产业的问题，它关系到国民经济与社会发展的全局。信息服务业已成为当今世界信息产业中发展最快、技术最活跃、增值效益最大的一个产业。全球信息产业"服务"化的趋势愈来愈明显，信息服务业在国民生产总值中所占比例也不断提高。我国政府不断出台相关的政策扶持信息服务业的发展，并对信息服务业的发展及定位也提出了一些新的看法和思考。我国信息服务业快速发展、增长率远高于经济平均增长率。但我国的信息服务业尚处于起步阶段，占信息产业市场的比例过小。随着我国信息化工作的推进，预计信息服务业在今后仍将保持高速发展的态势。

一、信息服务业对经济发展的作用

1. 发展信息服务业有利于促进区域经济增长和区域经济协调发展

信息服务业作为国家重点扶持发展的新兴产业，其近年来发展势头迅猛，产业规模不断扩大，已成为区域新的经济增长点。其带来的高收入和产业规模集聚后产生的雄厚的科技力量也是区域经济发展的重要推动力之一。

在经济体制改革的进程中，每个区域都会为了获得自身的发展而尽可能地增大本区域的经济利益。当一个区域分属于不同的行政区划时，各地方政府出于自身经济利益的考虑，难免会出台一些地方保护主义政策，使得本区域所包括的省、市间的竞争大于合作，资源得不到优化配置，阻碍了区域经济最大化。在当今的知识经济时代，信息产品和信息服务以其较快的发展速度冲破了地域的限制，使信息资源得到共享。信息化网络基础设施的不断完善，网络覆盖面积的不断扩大，将使得区域信息资源得到充分利用，城乡发展差距逐步缩小，最终使整个区域得到协调发展。

2. 发展信息服务业能够催生新技术，加快经济结构调整，有利于投资消费结构的改善

信息技术作为社会各行各业的通用技术，在加快经济增长方式的转变、优化产业结构调整、提升服务业发展水平等方面起着非常重要的作用。而信息服务业是当今信息技术最密集、更新速度最快、应用最广泛的产业之一，信息服务业的发展深化了信息技术的应用，同时也催生了新的信息技术。信息服务业以其极强的关联性、渗透性和带动作用，促进了传统产业的优化升级。信息服务业在工农

业、服务业中的广泛应用，极大地提高了三大产业的劳动生产率，同时加速了机械设备的智能化进程，提高了产品质量。

信息服务业是一个高投资、高回报的产业，随着其高速的发展，信息服务业吸引了越来越多的投资，从而一定程度上改变了投资结构，使资金更有效地发挥了增值的作用。信息服务业对消费结构的软化作用主要表现在知识化、信息化的产业结构会为市场消费提供知识化、信息化的供给，促进消费结构优化，同时，消费需求的变动也会引导产业结构的升级，信息化的消费需求促进信息化、合理化的产业结构、经济结构的形成。

3. 发展信息服务业有利于产业结构的优化升级

伴随着信息技术的不断渗透与扩散，产业结构调整进入深化时期。一方面，信息技术的广泛推广和应用，使得信息服务业在国民经济中所占比重不断提高，信息服务业作为技术和知识密集型行业，在产业结构中的比重上升，知识含量高的产业比重提高，本身就是一种产业结构高度化和合理化的表现。另一方面，信息服务业的发展使社会分工越来越细，专业化程度越来越高，形成新的产业和产业部门，这就使得产业结构的范围逐渐扩大，层次和环节不断增加，产业分类越来越多，所以信息技术的发展对产业部门的形成有强大的促进作用。此外，信息服务业作为独立的新兴产业，对国民经济其他产业具有较强的渗透性，其他产业通过信息服务业将高新技术引进，并进一步扩散与融合，使得这些传统产业能向更高层次发展，因此信息服务业的发展推动了其他产业的信息化过程，加快产业结构调整和传统产业改造的步伐，促进产业结构的优化与升级。

4. 信息服务业的发展对区域就业贡献显著

信息服务业是知识密集、劳动密集型产业，信息服务业的发展对于提升劳动力的整体素质、优化就业结构、缓解劳动力就业压力、提高整个社会的就业水平都有非常显著的促进作用。近年来，随着信息服务业的不断发展壮大，其吸纳的就业人数不断增加，对于解决就业问题贡献显著。

信息服务业的发展促进产业结构调整，进而引起就业结构变化。信息产业作为前后关联度大、投入产出效率高、增长速度最快的支柱产业，创造大量新的就业机会。信息服务业在传统的劳动力、土地、资金三大生产要素之外，增加了知识、科技、信息等要素，从而影响劳动力结构，信息服务业的发展、信息技术的广泛应用，使得中国的全社会就业结构逐步优化，第一产业就业人数比重趋于下降，第二、三产业就业人数比重总体趋于上升，从事软件开发、信息咨询、信息传播等的高技术人才占国家总就业人口比重逐渐增大。

5. 发展信息服务业有利于提高生产效率，促进技术进步

信息服务业的发展一定程度上促进各产业的信息化水平提升，进而带来生产效率的提高。从第一产业来看，信息服务业的发展使得农业生产的技术设备更新成为可能，通过实现农业机械设备的自动化和智能化，提高农业劳动生产率。从第二产业来看，通过对工业生产的技术设备更新改造，以及经营管理方式的革新，可以极大提高劳动生产效率，促进产出增长。从第三产业来看，信息技术的应用不仅提高了传统服务业的科技含量，使其生产效率得到提升，收益增加显著；同时催生出诸如电子商务、增值电信服务等新兴的服务产业部门，并使原有一些服务部门相互融合重组，一定程度上提高了第三产业部门的工作效率。

信息技术创新不同于传统的技术创新，由于信息技术具有强渗透性，在其自身创新的过程中，通过渗透到其他产业，同时可以带动其他产业的技术创新。信息服务业的成长与信息技术及其创新紧密相关，需要大量投入人力、物力和财力进行新技术的研发，一旦新技术应用到信息产品上，就会提升产品的价值，提高信息服务企业的市场竞争力，获得高利润，这样就会吸引更多要素投入到新技术研发中，形成有效的循环促进机制，有力地推动技术进步。

二、信息服务业发展的影响因素

1. 市场因素

市场机制的原则是市场的各个要素，包括价格、供求和竞争等要素，它们之间是相互联系，相互制约的关系。而市场的各个要素，一般又成为市场的各种机制，其中，供求规律在市场机制中居于主导地位。供求关系及其对立运动是市场机制存在的前提。首先，在市场主体要素活动中，售卖者与购买者之间的关系表现为供求关系。供求结构的变化，能调节生产结构和消费结构的变化。供求机制发挥作用的条件是供求关系能够灵活地变动，因为供求关系在不断的变动中取得相对的平衡，这是供求机制作用的实现形式。其次，供求间接地反映着生产与消费的关系，是社会生产和社会需求在市场中的基本反映。最后，供求运动是市场内部运动的核心，在市场机制的运行过程中，供求关系既是其运行始点又是终点，并且其他相关要素的变化都要围绕这一主线展开。没有供求规律，其他相关要素将会变为无源之水，无本之木。

（1）影响信息服务业供给的因素

①信息服务市场规模。所谓信息服务市场规模，即信息服务技术的有效需求规模。厂商预期的信息技术需求次数随着信息服务市场规模的不断扩大而增加。

在其他条件不变时，信息服务价格阈值减少时，信息服务供给次数也随之向下移动。对于信息服务种类曲线来说，信息服务市场规模越大，信息服务销售收入越大，追求利润最大化的厂商也会增加供给信息服务种类。市场规模往往是技术发明与产业化的最基本出发点，并间接影响着信息服务的供给。同时，市场规模的扩张促进了技术供给的增加。一般在经济迅速发展的时期，随着经济发展对新技术需求的不断增加，信息服务规模也会随之激增，从而反过来也可使信息服务供给曲线向有利于信息服务供给增加的方向移动。

②科学和教育。在现代生产过程中，技术改造、设备更新都需要科学技术人才将科技成果转化到生产过程中来完成，而这个过程需要通过高素质的劳动者的劳动来完成。而教育作为改善劳动力素质的活动，使劳动者的精神素质、文化素质、专业技能素质和健康素质都得到了全面的提升。信息服务技术的发明离不开人才，而人才又离不开教育，因此，要想拓展服务领域、推进产业经济循环发展，必须依靠教育来培养既懂科学又懂技术，并且愿意从事发明的人才，为劳动力转化为生产力打好基础。科学技术知识是现代信息服务技术生产的最终来源，其发展为信息服务技术的发明提供了新的思路和途径，让原来不可能发明的信息服务技术成为可能，更为信息服务技术发明指明了方向。

（2）影响信息服务业需求的因素

影响技术需求的因素，涉及企业经营的各个层次，主要有以下几个方面。

①信息服务企业经营管理的普遍水平。信息服务企业的技术选择不但要有"慧眼识英雄"的才能，还需要具备开拓进取的精神。技术的选择要与信息服务企业的经营水平相匹配。技术的选择对信息服务企业有着直接的影响，反之，信息服务企业对于选择后的技术的消化、吸收、实现创新和推出新产品的能力同样有着影响。同时，技术的选择通过信息服务企业的转化，进而影响对信息服务商品的需求。因此，要想选好技术，选对技术，需要高素质人才队伍，这主要取决于全民族的科学和教育水平，以及选贤任能的制度机制。这让我们更清醒地意识到，科学和教育水平的高低不但对信息服务供给有影响，而且对信息服务需求也会产生连锁反应，是繁荣信息服务业的决定性基础。

②信息服务市场规模。信息服务市场规模，是指利用所选的技术开发的产品的市场规模。信息服务需求与产业息息相关，其行业市场规模与愿意选购信息服务的厂商成正比。因此，越是有发展潜力、越是不断壮大的信息服务产业对技术的需求也就越大。所以，信息服务政策的制定应与产业政策和经济结构变动趋势相协调。

③市场进入障碍。信息服务市场进入障碍是一个社会中企业自由化的量度，市场进入障碍与该社会创办新企业、生产新产品所需要的进入成本成正比，即市场进入障碍越大，该社会创办新企业、生产新产品所需要的进入成本越大；反之越小。

2. 环境因素

（1）经济因素。影响现代信息服务业发展的经济因素主要是指企业的经济活力，尤其是指企业能够投入用于技术改造及进步上的经济实力。例如，由于沿海地区经济发展速度快，相比于内地，经济发达程度较高，因此对于信息服务商品的需求则比内地更为迫切，信息服务市场上最为活跃的顾客更多是拥有充分自主权的乡镇企业。与此同时，信息服务商品中，大部分为消费品商品，因此，凡是影响一般消费品市场的经济因素，诸如人均收入水平和消费结构以及人口构成，都间接影响着信息服务业。

（2）政治因素。作为客观因素中最重要的政治因素，主要是指党和国家的有关方针政策。党的十一届三中全会以来，我国现代信息服务业在一系列方针政策的引导下得以兴起和发展。因此，在现代信息服务业的经营管理过程中，要认真学习和贯彻党和国家及政府颁布的相关经济、科技等方针政策，尤其要注意掌握经济和科技体制改革过程中政策的调整和新的规定。例如，扩大企业自主权并放宽企业留利政策，是信息服务业发展值得注意的有利政治因素，这样做可以最大可能增加企业投入技术开发的财力，从而促进企业发展。另外，在对外信息服务贸易中，外国政府的认识变动和政局变化乃至战争等都是重要的政治因素，都会对国际信息服务业贸易产生严重影响，不容忽视。

（3）社会因素。社会因素主要包括两个方面，即市场竞争因素和信息服务商品需求者购买行为的社会和心理因素。市场竞争因素，主要包括确定开发能力、技术队伍、技术水平、经营管理状况以及所提供商品的质量等方面，这些方面都是信息服务行业的技术研究机构的相关状况的衡量标准。另外，所谓消费者的购买行为包括以下四个阶段：唤起需求→判定选择→购买决策→买后评价，这四个阶段是连续行为。相比一般贸易的过程，信息服务贸易较为复杂，在购买决策的判定选择上，要受到经济购买力、需求水平、竞争状况以及文化技术素质等因素的影响。对购买行为因素的深入分析，有助于相应对策的制定，并占据主动地位，有利于技术交易的成功。然而，最终的购买行为是经济的、社会的和心理的因素等综合作用的结果。

三、资本要素在发展信息服务业中的作用

1. 知识经济时代信息服务业面临的挑战与机遇

信息技术和互联网的发展对国民经济的各个领域都产生了深远的影响。作为科技信息向现实生产力转化桥梁的信息服务业也面临着前所未有的挑战和机遇。面对全球电子商务大潮的冲击，当前以图书馆为代表的国内传统信息服务行业存在着重设备、轻信息资源开发，重社会效益、轻经济效益的传统观念，导致文献信息服务只停留在文献的流通上，难以跟上信息时代前进的步伐，从而受到了诸多挑战。

（1）信息资源网络化，使得部分科技信息资源公开化、共享化。科技信息服务部门对这部分信息无法垄断，难以保密。换句话说，用户与信息服务业在获取信息的全面性方面是站在了同一起跑线上。

（2）随着电子出版物网络化的发展趋势，出版物信息资源的国际合作使得很多信息最后犹如江河归海般流入美国。这种趋势更强化了其霸主地位。电子信息资源的开发具有重要战略意义。如何开发我国的电子信息资源，是信息服务业面临的一大挑战。

（3）信息交流网络化，使用户的信息成本大幅度下降，用户对于网络上的信息质量以及网上服务的质量要求越来越高。因此，如何为用户提供导航式的服务，如何制造出高质量的信息产品，缓解信息噪声、信息垃圾的压力，如何提高信息服务的实际效率是信息服务业不得不面对的实际问题。

虽然我国信息服务业面临着种种困难和挑战，但知识经济仍然带给我们相当多的机遇。如我国十五规划明确提出了发展信息产业的目标，在政策上提供了强有力支持；2013 年，工业和信息化部、国家发展和改革委员会联合下发了《信息产业发展规划》，将信息基础设施建设作为发展重点之一。信息基础设施包括：光纤接入网、新一代移动通信网、下一代互联网、国际通信网和应急通信。光纤接入网建设指：加快网络宽带化进程，大力发展多种模式的光纤宽带接入，推进城市光纤到楼到户；完善宽带城域网和骨干网。2015 年，实现固定宽带接入用户超过 2.7 亿，其中光纤宽带接入用户超过 7 000 万，网络接入能力达到城市家庭用户平均 20 Mbit/s 以上，部分发达城市达到 100 Mbit/s，农村家庭用户平均 4 Mbit/s 以上，95％的行政村实现宽带接入。

互联网络经过多年的孕育和发展，为用户营造越来越广阔的"电子空间"，我们现在面临的市场规模超过了以往任何时候；公众对以图书馆为代表的传统信

息服务业有较强的信任感和认同感，这是传统信息服务产业的一笔宝贵的无形资产。

2. 智力资本在信息服务业发展中的作用

社会发展使顾客的需求趋于多样化和个性化，导致企业的竞争优势已不仅仅取决于产品的质量、价格、售后服务等因素，而在很大程度上取决于企业本身是否具有快速的市场应变能力，即是否具有足够的生产柔性以满足顾客的特殊需求。

当前世界经济正从农业经济、工业经济进入知识经济时代，产业发展形态也随之由劳动密集型（人力为主体）、资本密集型（财力为主体）向知识密集型（智力为主体）转化，也就是说人力资源正从人力资本走向智力资本。在信息经济、知识经济的今天，智力资本不仅成为经济与社会发展的最为稀缺的资源，也是企业价值增值和可持续发展的关键性、稀缺性资源。1996 年联合国人力资源开发报告指出：依据 100 多个国家的调查表明，财富资源（指资金、有形资本）占这些国家总资源的 12%，自然资源（指土地、矿山、水资源等）占 24%，人力资源与社会资源占 64%。可见，占多数的就是人才、技术、管理、无形资产与各种软件组成的智力资本。

信息技术的应用使经济中的知识性日益明显，知识已经成为最重要的生产要素和资源，企业中关键的资产并不是资本而是智力。由于智力资本具有稀缺性、难以模仿性与功能的创造性等特点，智力资本在企业中发挥着越来越重要的生力军的作用，拥有某项专利、拥有某些领域的专家或高水平的管理人员及高素质的企业员工都是增强企业长远竞争力的关键。由于创意、信息和技术越来越成为产品的构成成分，产品和服务中的知识含量增大，国家的经济发展和繁荣在很大程度上将不依赖于自然资源和劳动力的数量与价格，而取决于所拥有的创造知识的能力和技术水平。因此，如何获得智力资本并更好地发挥其作用，已成为企业获得持续核心竞争力的首要条件。

在知识经济时代的信息服务业，智力资本作为一种独特而无限的资源将成为企业发展的核心要素。知识经济时代的企业竞争将是围绕争夺高智商头脑、高知识人才的激烈角逐。企业资源排序无疑将把最稀缺的智力资本放在第一位。

第四节　现代信息服务业对国民经济发展的促进作用

作为众多新兴产业的一种，现代信息服务业能够直接拉动经济增长。特别是在后金融危机时代，信息产业已经成为重要的经济拉动产业点。根据世界银行对120个国家的经济分析，对于现代信息服务业中的宽带服务，宽带普及率每增长10个百分点，能带动 1.3 个百分点的经济增长，而且相对于发达国家，发展中国家和新兴工业国家中宽带互联网的带动作用更加明显。另据德国研究机构MICUS 的研究表明，宽带对欧盟 27 个国家 GDP 贡献率平均达到 0.71％。其中已经跨入知识经济的国家，其宽带发展对 GDP 的贡献率达到了 0.89％。随着全球经济的发展以及未来更多的国家进入到知识经济发展阶段，现代信息服务业在国民经济中将扮演越来越重要的角色。现代信息服务业对经济发展的倍增作用越来越突出，成为优化经济结构、提升国民经济各行业素质、推动经济发展方式转变的助推器。

现代信息服务业是国民经济的基础性、先导性和战略性产业，是信息产业中最活跃、智力最密集和发展最快的产业，是信息化的核心和灵魂。从世界范围来看，现代信息服务业快速发展，已成为世界经济增长的新动力。在发达国家，信息服务业在信息产业中的比重已超过信息产品制造业，成为国民经济新的经济增长点。大力发展信息服务业是一个国家或地区提升竞争力的重要途径，是参与全球化竞争必须占领的战略制高点。

大力发展以现代信息服务业为主要特征的信息产业，是北京产业结构升级的方向，也是转变北京经济发展方式的重要标志。近年来，北京现代信息服务业发展迅猛，成就辉煌，已成为现代服务业中发展速度最快、技术创新最活跃、增值效益较大的一个产业。

一、信息化与现代信息服务业

信息化就是利用现代信息技术、计算机技术等对有效信息进行采集、加工、传输和利用的全过程。信息化最初时是从生产力发展的角度来描述社会形态演变的综合性概念，信息化同工业化一样，是人类社会生产力发展的新标准。20 世纪 90 年代以来，信息化成为经济发达国家提高劳动生产率，促进经济增长的关键生产要素。信息逐渐超越资本、人力与土地等传统的生产要素，成为经济增长的源泉。信息处理与传播能力成为一个国家、地区或城市竞争力最为重要的组成部分，也是其竞争力的主要表现之一。

信息化已经成为当今世界经济和社会发展的大趋势，其发展水平是衡量一个国家的国际竞争力、现代化程度、综合实力和经济成长能力的标志。信息化时代，信息要素已经渗透到人类社会的方方面面，社会的发展推动力已经不仅仅局限或者是依赖于纯粹的物质材料的利用与能源的开发,而是更有赖于信息力量的推动。信息产业值在国民生产总值中所占的比重是衡量一个国家信息产业发展水平的重要指标。这个指标,美国早在1967年时就达到46.2%,到70年代末就超过了物质经济,进入90年代已经超过75%。日本到1980年时已经达到50%,也超过了物质经济。到80年代末,西方发达国家的总体水平已达到60%~70%。信息产业已经成为信息化社会的支柱产业。

党的十六大报告中提出:"坚持以信息化带动工业化,以工业化促进信息化,走出一条科技含量高、经济效益好、资源消耗低、环境污染少、人力资源优势得到充分发挥的新型工业化路子。"并明确指出:"优先发展信息产业,在经济和社会领域广泛应用信息技术。"党的十七大报告中提出:"全面认识工业化、信息化、城镇化、市场化、国际化深入发展的新形势、新任务","发展现代产业体系,大力推进信息化与工业化融合"。连续两次报告中均提出信息化显示出执政党十分重视并认识到这一新的产业体系对于国民经济发展和增长将产生的巨大推动作用。

目前,现代信息服务业的发展态势,一是产业比重逐渐增大,二是外包活动日趋活跃,三是服务内涵逐步延伸,四是商业模式推陈出新,五是企业竞相重组合并。这些发展态势显示出现代信息服务业已经成为现代服务业中增长最快和最稳定的产业,占据着主要地位,并对现代服务产业的发展起着显著的基础支撑作用。在产业融合与升级的背景下,生产性服务业和高技术产业已经成为促进我国产业结构升级的重要手段,这些产业的发展壮大离不开现代信息服务业的支持,建立在信息产业服务基础上的现代产业体系已经成为国民经济发展的原动力。

二、经济社会转型升级期发展现代信息服务业的必要性

1. 促进现代信息服务业发展有利于推动经济社会转型升级

加快发展现代化信息服务业是经济社会转型升级的必然选择。通过现代信息技术的广泛应用,可改造和提升传统产业,全面提高农业、工业、传统服务业的水平和效益,促进产业发展高级化。通过深化信息技术应用,可以促进经济社会发展转型,发挥信息技术渗透性强、带动作用大的特点,推动信息技术应用和全面覆盖,创造市场空间,带动现代信息技术产业发展。大力推进信息化和工业化深度融合,发挥以信息化带动工业化、以工业化促进信息化的融合优势,提高经济信息化水平,加快走中国特色新型工业化道路步伐,促进经济发展方式转变。同时,现代信息技术可带动金融、商贸流通等领域发展,促进现代服务的创新和

升级，提高现代信息服务业在服务业中的支柱作用。当前，我国正处于全面建设小康社会和加快经济社会发展的关键阶段。加快发展现代信息服务业对促进产业结构升级、构建现代产业体系具有重要战略意义。

2. 促进现代信息服务业发展有利于助推经济发展方式转变

随着现代信息技术向社会经济各领域日益广泛渗透和扩散，加快发展现代信息服务业是促进经济发展方式转变的重要途径，也是转变经济发展方式、完成节能降耗战略目标的重要举措。现代信息服务涵盖通信、软件等高新技术领域，具有高增长、高效益、低污染的特点，是农业、工业和传统服务业发展的重要支撑，有利于提高传统产业的发展水平和经济效益，有利于加快传统产业转型升级，有利于培育新的经济增长点。

3. 促进现代信息服务业有利于保障和改善民生

党的十八大报告提出，要"加强社会建设，必须以保障和改善民生为重点，提高人民物质文化生活水平，是改革开放和社会主义现代化建设的根本目的"。①加快发展现代信息服务业，是遵循经济发展规律，抓住高增长行业的客观需要，并且可以促进科技、文化等社会资源的积聚，提高人民群众生活水平，促进和谐社会建设。改善民生的新需求，为现代信息服务业发展提供了更加广阔的空间。随着收入水平的不断提高和社会保障体系的不断完善，城乡居民的消费水平正在从温饱型向发展型转变，从关注量的扩张向关注质的提高转变，从物质消费为主向服务消费为主转变。加快现代信息服务业有利于国内消费需求市场空间的扩展和消费需求结构的调整，从而促进消费升级、产业转型和民生改善。

4. 促进现代信息服务业发展有利于促进信息消费和扩大内需

近年来，随着信息化进程的加快，信息领域新产品、新服务、新业态大量涌现，不断激发新的消费需求，成为日益活跃的消费热点。我国现代信息服务业市场规模庞大，正处于居民消费升级和信息化、工业化、城镇化、农业现代化加快融合发展的阶段，信息消费具有良好发展基础和巨大发展潜力。当前我国现代信息服务业需求旺盛，加快现代信息服务业发展能够促进城市居民信息消费水平提升，能够有效拉动需求，催生新的经济增长点，提高人民的生活质量和水平。

5. 促进现代信息服务业发展有利于推进城市化进程

随着经济的快速发展，我国城市进入加速发展进期，加快城市化建设的新任

---

① 胡锦涛. 坚定不移沿着中国特色社会主义道路前进　为全面建设小康社会而奋斗——在中国共产党第十八次全国代表大会的报告 [M]. 北京：人民出版社，2012.

务，为现代信息服务业发展提供了更有力的支撑。从发达国家经验看，现代信息服务业的发展与城市化进程密切相关。特别是大中型城市是现代信息服务业发展的主要空间载体。推进城市化的过程就是现代信息服务业发展的过程：一方面，现代信息服务业的繁荣有利于增强城市的服务功能、集聚水平和辐射能力；另一方面，城市化水平和进程也决定了现代信息服务业的结构与规模。

三、现代信息服务业对国民经济的贡献度及影响力

现代信息服务业是以信息技术为主要支撑手段的现代服务业，具有高增长、高效益、低消耗、低污染的特点，是农业、工业和传统服务业发展的重要支撑，对生产和消费的拉动作用大，是现代服务业中发展速度最快、技术创新最活跃、增值效益较大的一个产业。现代信息服务业对国民经济的影响力，指现代信息服务业对经济增长产生的完全影响。这种影响力不仅包含自身对国民经济的直接影响，还包含对国民经济的间接影响。

目前，现代信息服务业在各个国家的产业结构中都占有非常突出的地位。发展现代信息服务业几乎是各个国家优化产业结构、转变经济增长方式的必然选择。当今世界，现代信息服务业已不单单作为信息产业的一个重要门类而存在，对整个国民经济都具有强大的渗透与带动作用。在发展先进制造业中，信息技术的应用能够有效地提高设计、加工水平以及产品自身的附加值，同时促进企业供应链和自身管理的完善。在发展现代服务业中，通过软件的应用优化服务流程、创新商业模式、提高服务效率，信息化正在不断完善城市功能和提高精细化管理水平，城市经济社会各领域已经无法离开网络与信息系统而正常运行。

现代信息服务业对经济的影响表现在两个方面：一是现代信息服务业对经济增长产生直接的影响。现代信息服务业作为经济活动的组成部分，其就业规模和产值规模的不断扩大，意味着经济活动规模的扩大，现代信息服务业自身的发展直接促进了经济的增长。二是现代信息服务业对经济增长产生间接影响，主要表现为现代信息服务业与其他产业之间存在着很强的关联性。贡献度特指现代信息服务业对国民经济的直接影响，影响力特指现代信息服务业对国民经济的完全影响，间接影响包括对国民经济其他部门的关联效应和对国民经济其他部门的波及效应。

现代信息服务业对国民经济的贡献度，可以通过现代信息服务业增加值的年增长量比上年同期整个国民经济 GDP 的年增长量得到。影响力表示某一部门对国民经济各个部门的拉动力，是一种完全影响，可将其分为关联效应和波及效

应。现代信息服务业对国民经济各部门的关联效应是指信息服务部门与其他部门间相互分配和消耗产品而产生的联系。现代信息服务业对国民经济各部门的波及效应是指在国民经济产业体系中，现代信息服务业的发展按照不同的产业关联方式，引起与其直接相关的产业部门的变化，这些产业的变化又会引起与其直接和间接相关的其他产业部门的变化，依次传递，直至影响力逐渐消减的过程。

(1) 现代信息服务业对经济增长的直接贡献影响。现代信息服务业对经济增长的直接贡献影响，主要表现为现代信息服务业作为经济活动的组成部分，其就业规模和产值规模的不断扩大，直接促进了经济的增长。从 20 世纪 90 年代初开始，现代信息服务业成为中国经济增长最快和最具活力的产业部门，在国民经济中的地位越来越突出，其对国民经济的直接贡献也越来越大。现代信息服务业是国民经济中的先导性、战略性、基础性产业，对转变经济发展方式，促进信息化与工业化融合，完善社会公众服务，满足公众需求具有重要的意义。

(2) 现代信息服务业对国民经济的倍增影响。现代信息服务业对国民经济的间接影响，主要表现为由于现代信息服务业与其他产业之间存在着很强的关联性，现代信息服务业的发展对其他行业有重要影响，因而能够带动整个国民经济发展。

现代信息服务业不仅因其较高的生产效率而对其自身的产出增长起直接的作用，而且还通过其广泛的适应性和极强的渗透力促进传统产业的升级与改造，从而对传统产业效率的提高产生联动作用，即所谓的"外溢作用"。现代信息服务业连接信息设备制造业和信息用户，对生产和消费的带动作用大，与其他产业存在前向关联性和后向关联性。具体表现为：第一，现代信息服务业与其他产业存在着前向关联性。现代信息服务业的发展要依赖于其他产业对现代信息服务业产品或服务的需求，其他产业部门对现代信息服务业产品或服务的需求越大，现代信息服务业的发展就越能有效地促进其他产业的扩张，从而推动其他产业的发展。第二，现代信息服务业与其他产业存在着后向关联性。现代信息服务业的发展要依赖于对其他产业最终产品的需求，现代信息服务业对其他产业部门最终产品的需求越强烈，现代信息服务业就越能有效地促进其他产业的发展。

四、现代信息服务业对产业结构优化的影响

现代信息服务业作为信息产业的基础和核心，是一个具有高渗透性、高附加性、高效益、低消耗、低污染的绿色产业，它广泛渗透到一、二、三产业，成为改造产业、推动经济结构调整和产品结构更新的重要基础和支撑。通过有效开发

和利用信息资源，提高了产品和服务的知识含量。知识含量高的行业在产业结构中的比重越来越大，而知识含量低的行业在产业结构中的比重则越来越小，从而促进了产业结构的高级化。一是现代信息服务业为传统产业提供了先进的技术，使传统企业的生产方式不断变化，不仅减轻了生产过程中的体力负担，而且使劳动生产率得以提高。二是现代信息服务业的发展使传统产业的信息环境得以改善，从而使传统产业的经营方式、管理方式发生了变化，足够的信息促使企业的决策向科学化、合理化发展，提高了传统产业的产品质量和效益，减少了决策过程中的失误。三是现代信息服务业中信息基础设施的发展为传统产业提供了良好的信息设备，使企业的生产方式、经营方式、管理方式、营销方式等方面发生重大变化，提高了传统产业的生产效益和经营效益，从而深层次地促使传统产业的升级。四是现代信息服务业的发展促进了传统产业的演变，一方面使一些技术上落后的产业部门受到巨大的冲击，逐步走向衰退，被新兴的产业部门所替代；另一方面，现代信息服务业的发展可通过与其他产业的作用与渗透，使某些产业部门发生变革，使传统产业部门走向成熟。

五、现代信息服务业对城市产业文化和城市就业的影响

现代信息服务业的兴起除了对城市产业结构升级以及经济运行效率提高起到了较大的推动作用，同时也改变了城市的产业空间景观，使以知识和技术密集型高新技术产业为主的新型产业空间代替了以资源和劳动力密集型为主的传统产业空间。同时，在这些可测量的变化和影响之外，现代信息服务业的发展对城市的影响还体现在：以现代信息服务业产业集聚为主体，由不同现代信息服务业相关配套行业相互作用共同构成的产业创新环境改变了城市区域原有的社会文化环境，使创新文化成为以现代信息服务业集聚区的主导社会文化，进而为城市职能向更高层次提升奠定了基础。

随着现代信息服务业规模的不断壮大，其对就业增长的拉动作用也越来越强，现代信息服务业包括数字内容产业、IT咨询服务以及部分创意产业等新兴行业，现代信息服务业的发展催生了手机媒体服务、数字影视制作、电子商务软硬件维护、网站工程师等众多新兴职业，创造了大量的就业岗位。发展现代信息服务业有利于专业人才向这些新部门和新岗位聚集，促进就业。另外，由于现代信息服务业是一种知识和智力密集型产业，对人才的素质和技术水平要求较高，大力发展现代信息服务业，可以吸纳来自全国乃至世界各地的高素质人才，凝聚丰富的人力资源。

第三章　信息服务业的相关理论

第一节　产业结构相关理论

一、产业的定义

从一般意义上讲，产业是指从事国民经济中同一性质的生产或其他社会、经济活动的企业、事业单位、机关团体的综合，即在社会分工条件下的国民经济各部门。产业是社会分工的产物，是社会生产力不断发展的必然结果，是具有某种同类属性的企业经济活动的集合，其含义具有多层次性。随着社会生产力水平的不断提高，其内涵不断充实，其外延不断扩展。由重农学派盛行时期专指农业，扩展到资本主义工业高度发展时期主要指工业（industry），再扩展到近代以后可以包括农业、工业、服务业三大产业及其细分各产业。

今天，凡是具有投入产出活动的产业和部门都可以列入产业的范畴。不仅包括生产领域的活动，也包括流通领域的活动；不仅包括物质资料部门的生产、流通和服务活动，也包括非物质资料部门（服务、信息、知识等）的生产、流通和服务活动；不仅包括生产部门，也包括流通部门、服务部门甚至文化教育等部门。

二、产业结构的内涵

产业结构是指国民经济中各个物质生产部门（包括部门内的分部门）之间的组合与构成的情况，以及它们在社会生产总体中所占的比重，反映的是一个国家或地区各个产业间的比例关系及其变化趋势。产业结构是由国家或地区的自然资源、经济制度、科技发展水平和人民生活习惯以及区域关系等多种因素决定的，是经济技术长期发展的结果，是国民经济结构最重要的组成部分，是实现社会总供给和总需求平衡的关键环节。以地区的资源结构、市场需求和区域关系等多重因素综合分析为基础，建立地区合理的产业结构，是实现地区和社会经济高速发展的重要基础，是贯彻落实科学发展观的必然趋势。

产业结构的基本内容还没有明确的界定，不同的学者有不同的理解，主要可以概括为产业组成、产业发展水平和技术经济联系等。产业组成是指某国家或地区在某一时间内或某一历史过程中的产业构成情况，包括静态产业组成和动态产业组成两个方面。从静态的角度观察，产业组成是指在该时点一国或地区的产业构成状况，如产业的分类和产业的数目等。从动态观察角度观察，产业组成则是在一段时间序列中产业的发展和变动情况。如在某一历史时期有多少新兴产业，有多少成长中的产业，有多少已达到规模经济的成熟的产业，有多少衰退或消亡的产业等。产业发展水平通过计算比重来衡量，可以从静态和动态两个角度进行衡量。计算方法分为不同产业的总产值及其所占比重和各产业的国民生产总值及其所占比重。某个产业的比重反映了这一产业发展的状态，以比重的变化系数来反映这一产业发展变化的轨迹。

三、产业结构理论的研究内容

产业结构是产业间的技术经济联系与联系方式。广义的产业结构理论包括狭义的产业结构理论和产业关联理论。狭义的产业结构理论是从质的角度动态地揭示产业间技术经济联系与联系方式不断发展变化的趋势，揭示经济发展过程的国民经济各产业部门中，居主导或支柱地位的产业部门的不断替代的规律及其相应的"结构"效益。产业关联理论是从量的角度静态地研究和分析一定时期内产业间联系与联系方式的技术经济数量比例关系，即产业间"投入"与"产出"的量的比例关系。

研究的具体内容包括影响和决定产业之间比例关系的因素的研究（表 3.1）；产业结构演进规律的研究；产业结构的优化即合理化和高度化的研究；主导产业与支柱产业选择的基准、支柱产业与其他产业协调发展的研究；对战略产业的选择和产业结构政策的研究；产业结构规划和产业结构调整等应用性的研究；等等。它通过对产业结构的历史、现状及未来的研究，探索产业结构发展变化的一般趋势，为规划未来的产业结构和制定产业结构政策服务。

表 3.1　产业结构的影响因素

影响因素	内容
供给因素	自然条件与资源禀赋、人口因素、技术进步、资金供应状况、商品供应状况、环境因素、进口因素
需求因素	消费需求、投资需求、出口需求

影响因素	内容
国际因素	国际分工、国际产业的梯度转移、国际贸易、国际投资
经济发展因素	生产力发展水平、经济规模总量和增长速度
政府调控因素	经济制度、经济体制、经济发展战略、各种宏观调控政策
市场调节因素	生产要素、价格体系、竞争

四、产业结构理论概述

产业结构理论主要是从资源在各产业之间合理配置角度，研究产业结构的演变及其对经济发展的影响，从经济发展的视角研究产业间的资源占有关系、产业结构的层次演化，从而为政府制定产业结构政策，实现本国产业的升级，实现后发国家对先进国家的赶超，获得本国产业的动态竞争优势提供理论依据。

1. 产业结构理论形成的历史背景与思想渊源

从历史背景看，产业结构理论是人们将经济分析深入到产业结构层次，在进行"产业结构"分析和"产业结构政策"实践的探索过程中逐步产生、发展起来的。

首先，经济分析深入到产业结构层次导致产业结构理论的产生与发展。西方不同经济学科的经济分析的对象，大体经历了个量分析—总量分析—产业分析的漫长过程。与此相适应，经济理论也经历了从微观经济理论的成熟到宏观经济理论的形成，再到产业结构理论的产生这一演进过程。以完全竞争为假设条件的资产阶级自由主义经济理论，其经济分析侧重于个量分析。个量分析继亚当·斯密之后，经马歇尔、瓦尔拉斯和帕累托，将"看不见的手"如何自动调节市场均衡、优化资源配置的过程进行了理论抽象，形成了资产阶级正统的价格理论—微观经济理论。其重要结论是，市场机制（看不见的手）能自行调节资源的最佳配置，不需要任何外来干预。

1929 年爆发的世界性大危机、大失业使自由主义价格理论发生了严重危机，市场失效了，"看不见的手"不灵了。正是在这种情况下，出现了凯恩斯的国民收入理论。凯恩斯及其追随者，将经济分析投向国民经济宏观层次，即总量分析，诞生了以国民经济有关总量的变化及其规律为分析对象的宏观经济理论。凯恩斯的重要的结论是：由于边际消费倾向、资本边际效率、流动偏好等心理因素的作用，通常情况下的有效需求不足，"非自愿失业"总会存在，市场机制本身没有力量使总需求与总供给相等，这样就不可避免地会出现萧条和失业。因此，政府有必要而且有可能发挥调节总需求与总共给以达到均衡的作用，来弥补市场缺陷，这个均衡手段就是财政政策和货币政策。凯恩斯的主张虽一度获得成功，但却孕育着更大的失衡，其结果是国家财政赤字不断膨胀，凯恩斯理论发生了严重危机。凯恩斯主义的失效，使资产阶级经济学家面临着两难境地：回到亚当·斯密那里去搞完全竞争，实践证明行不通；实行凯恩斯主义主张，又使财政赤字、通货膨胀居高不下。于是经济学家在"个量分析"和"总量分析"两个端点的连线上找出路，把手伸进社会再生产过程的中观层次——产业层次，进行产业分析，去寻找活跃市场机制和弥补市场缺陷的具体条件和路径。这样，就推动了产业分析理论相继问世，出现了以产业部门之间关系结构为对象，以各产业部门之间一定的技术经济关联所发生的投入与产出量化关系为研究领域的"产业关联理论"；出现了以较粗产业分类为基础，寻求产业结构的演变规律为主线的狭义产业结构理论。

其次，产业结构政策的实践加速了产业结构理论的形成与发展。产业结构政策是指政府制定的有关干预产业部门之间资源配置过程以促进产业结构向合理化和高度化方向发展的经济政策总和。产业结构政策的概念首先出现在第二次世界大战后的日本，战后的日本经济濒临崩溃，日本政府不同时期实施各有侧重的产业结构政策，促进了该国经济的迅速崛起。战后另外一些国家实际上实施了产业结构政策，如韩国、法国等。这些国家制定和实施产业结构政策的实践活动，促进了人们对产业结构理论的研究，从而推动了产业结构理论的形成与发展。

英国资产阶级古典政治经济学创始人配第早在 17 世纪就第一次发现了世界各国国民收入水平的差异和经济发展的不同阶段，其关键原因是产业结构的不同。法国古典政治经济学的主要代表、重农学派的创始人魁奈分别于 1758 年和 1766 年发表了重要论著《经济表》和《经济表分析》。他创立了"纯产品"学说，并在此基础上对社会资本再生产和流通做了分析。配第和魁奈的发现和研究是产业结构理论的重要思想来源之一。

2. 产业结构理论形成过程

第二次世界大战后，日、韩、法等国实施了各有侧重的产业结构政策，促进了该国经济的迅速恢复和崛起，促进了人们对产业结构理论的研究，从而推动了产业结构理论的形成与发展。

（1）萌芽期。1672 年，英国经济学家威廉配第在《政治算术》中指出，制造业比农业，进而商业比制造业能够得到更多的收入，这种产业之间相对收入的差异，是劳动力在产业间流动的重要原因。他第一次发现了世界各国国民经济收入水平的差异和经济发展的不同阶段，其关键原因是产业结构的不同。1776年，英国经济学家亚当·斯密在《国富论》中指出，各国按照绝对成本的高低进行国际分工就会使生产要素从低效率产业流入高效率产业，使资源合理配置，优化产业结构。

（2）形成期。20世纪30年代，澳大利亚经济学家费歇尔提出了三次产业分类法，即根据经济活动与自然界的关系，把取自自然的产业——农业，包括种植业、畜牧业、林业和狩猎业称为第一产业；把加工取自于自然的生产物的产业——广义的制造业，称为第二产业；把繁衍于有形物质生产活动之上的无形财富的生产部门称为第三产业。1935年，日本经济学家赤松要在"雁行形态理论"中指出，后进国家具显露或潜在比较优势的产业在引进了先进国家技术要素后，可以遵循"进口—国内生产—出口"的模式使其产业相继更替发展。1940年，英国经济学家克拉克在《经济发展条件》一书中，通过对40多个国家和地区不同时期三次产业劳动投入和总产出资料的整理和比较，认为劳动力配置在三次产业结构中的变化与人均国民收入的提高存在一定的规律性。他进一步利用三次产业分类法，总结了产业结构变化规律，从而开拓了产业结构理论研究的领域，并提出了著名的"配第—克拉克定理"。1941年，美国经济学家库兹涅茨在《国民收入及其构成》一书中阐述了国民收入与产业结构之间的重要联系，他通过对大量历史经济资料的研究得出重要结论，即库兹涅茨产业结构论：产业结构和劳动力的部门结构将趋于下降；政府消费在国民生产总值中的比重趋于上升，个人消费比重趋于下降。

（3）发展期。1941年，美国经济学家库兹涅茨又出版了《各国经济增长的数量方面》和《现代经济增长》两部名著，依据人均国内生产总值份额基准，考察了总产值变动和就业人口结构变动的规律，揭示了产业结构变动的总方向，从而进一步证明了配第—克拉克定律。1954年，美国发展经济学的创始人刘易斯发表了《劳动无限供给条件下的经济发展》的论文，提出了著名的二元经济结构模型。1958年，美国"不平衡"增长学说的创始人赫希曼出版了《经济发展战略》一书，他否定了发展中国家必须按照平衡增长路线发展，而设计一个不平衡增长的模型。美国经济史学家罗斯托陆续出版了《经济成长的过程》和《经济成长的阶段》的名著，提出了著名的主导产业扩散理论和经济成长阶段理论。美国发展经济学家钱纳里出版了《产业关联经济学》《发展计划研究》《发展的模式》《结构变化与发展政策》和《工业化与经济增长的比较研究》等专著。德国经济学家霍夫曼在《工业化的阶段与类型》一书中，收集了近20个国家经济发展的时间序列数据，对工业结构演变规律做了开拓性研究，提出了著名的霍夫曼定理。加拿大经济学家希金斯出版了《印度尼西亚的经济稳定与发展》《经济发展：原则、问题与对策》等专著。

3. 马克思的两大部类产业结构理论

在马克思主义经济学文献里，产业一词是指从事物质资料生产的工业部门或行业，即物质生产部门。"产业革命"这一概念最先由恩格斯提出，是指资本主义的工业化，即资本主义工场手工业过渡到机器大工业的生产技术革命。马克思认为社会的总产品分成两大类：①生产资料：具有必须进入或至少能进入生产消费的形式的商品；②消费资料：具有进入资本家阶级和工人阶级的供人消费的商品。这两个部类中，每一部类拥有的所有不同生产部门，总合起来都形成一个单一的大生产部门，一个是生产资料的生产部门，另一个是消费资料的生产部门。即在实物形式上将社会总产品分为两大部类：生产生产资料的部门为第Ⅰ部类；生产消费资料的部门为第Ⅱ部类。在价值形式上将社会总产品分为不变资本 C、可变资本 V 和剩余价值 M。两大部类理论作为马克思再生产理论的重要前提和重要组成部分，是马克思对以往经济学的创新和重大突破。马克思对社会再生产条件的分析，说明产业部门之间要平衡发展。在简单再生产条件下，第一部类的可变资本加剩余价值，必须和第二部类的不变资本相等。即便在扩大再生产条件下，两大部类的生产也要保持平衡，以保证社会产品的实现。

4. 李斯特的产业结构阶段论

德国经济学家李斯特1814年出版了《政治经济学的国民体系》一书，他以生产部门的发展状况为标准，认为产业结构由原始未开化时期、畜牧时期、农业时期、农工业时期和农工商时期这五个阶段演进而来。影响生产力发展和工商业繁荣的重要因素包括政治制度、科学技术、人员素质以及民族精神。他提出国家对经济进行干预，实行关税保护，对本国的幼小企业进行扶植，加大力度发展教育，对外引进先进技术，并加快基础设施的建设。

5. 配第－克拉克定理

17世纪，英国经济学家威廉·配第（William Petty）在《政治算术》一书中指出：与农业相比，制造业能够得到更多的收入，而商业能比制造业得到更多的收入，这种不同产业之间相对收入上的差异，能够促使劳动力向获得更高收入的部门移动。英国经济学家柯林·克拉克（Colin Clark）受配第思想的启发，使用劳动力指标，根据劳动力在各产业中分布情况发生的变化，于20世纪50年代提出了著名的"配第－克拉克定理"，搜集并整理了多个国家总产出和部门劳动之间的内在关联。克拉克参考了费希尔（A. G. B. Fisher）提出的三次产业分类法，得出了劳动力在三次产业中的分布规律，即随着全社会人均国民收入水平的提高，劳动力首先由第一产业向第二产业转移，当人均国民收入水平有了进一步提高时，就业人口便大量向第三产业转移。因此第一产业的就业人口比重会越来越少，而第二、第三产业的就业人口比重会逐渐增加。人们称这种由人均收入变化引起产业结构变化的规律为配第—克拉克定理。克拉克这一观点的提出，印证了配第关于产业问题的理论，并描绘出主导产业选择以及宏观产业结构变化的基本趋势。人们的就业选择会向高收入产业移动，主导产业将随着劳动力的转移而发生变化，这种趋势被称为"逐利移动"。在市场机制的作用下，当时的国家经济发展受劳动力制约的程度较高，劳动力在不同产业间的移动是各国产业结构变化的重要影响因素之一。

6. 霍夫曼定理

1931 年，德国经济学家霍夫曼出版了《工业化的阶段和类型》一书，他在研究工业化发展阶段时将产业分为：消费资料工业、资本资料工业和其他工业。消费资料工业包括纺织业、制鞋业、服装业、食品业、家具业等；资本资料工业指冶金及金属制品业、一般机械工业、运输机械业、化学工业等；其他产业包括木材加工业、造纸工业、橡胶工业、印刷工业等。消费资料工业的净产值和资本资料工业的净产值之比被称作霍夫曼比例。霍夫曼指出消费资料工业的净产值和资本资料工业的净产值之比是不断下降的，这就是著名的"霍夫曼定理"。霍夫曼对这一理论的研究是具有开拓性且符合产业发展规律的，尤其适用于工业化前期发展趋势。他根据霍夫曼比例，即消费品工业净产值与资本品工业净产值的比例，把工业化划分为四个发展阶段。第一阶段：消费品工业占主导地位，资本品工业生产不发达，霍夫曼比例为 5±1；第二阶段：资本品工业生产规模扩大快于消费品工业的增长，消费品工业降到工业总产值的 50％左右或以下，霍夫曼比例为 2.5±0.5；第三阶段：资本品工业继续快速增长，并已达到和消费品工业相平衡状态，霍夫曼比例为 1±0.5；第四阶段：资本品工业占主导地位，规模大于消费品生产规模，基本上实现工业化，这一阶段被认为实现了工业化，霍夫曼比例在 1 以下。

7. 库兹涅茨的人均收入影响论

美国经济学家西蒙·史密斯·库兹涅茨（Simon Smith Kuznets）著有《生产和价格的长期运动》（1930）、《工业和贸易的季节性波动》（1934）、《国民收入和资本形成》（1938）、《国民收入：发现的概述》（1946）等多部经济学著作，他收集并研究了近 20 个国家的历史资料，对经济结构、产业结构进行了全面而且系统的计量分析。库兹涅茨利用各产业国民收入的比重指标结合劳动力部门分布指标，揭示出随着人均收入水平的提高而产生的产业转移过程，以及三次产业产值变动与就业构成的相关变化。他还指出，工业化初期，第一产业所占比重较高而第二和第三产业的比重相对较低；随着工业化的发展，第一产业的比重会逐渐下降而第二和第三产业的比重增加，其中第二产业的比重上升较快，因此第二产业会占据产业结构的主导地位；工业化进入后期时，第二产业的比重会相对稳定或略有下降。也就是说，工业占国民经济的比重，是一个由上升到下降的变化走向。库兹涅茨把产业分为：一次产业，即农业部门，包括农业、林业、渔业等；二次产业，即工业部门，包括矿业、制造业、建筑业等；三次产业，即商业部门，包括银行、政府、其他服务业等。他对比配第一克拉克定理和霍夫曼定理，提出了"相对国民收入"的概念，认为产业结构演变的原因是由产业间相对国民收入的差异造成的。他还指出，在经济发展过程中，不管是发达国家、发展中国家还是后起发展中国家，各产业的产值、劳动力在各产业中的分布都体现为一次产业的份额明显下降，二次产业的份额明显上升，而三次产业的份额有上升趋势。也就是说，产业的发展趋势是依次沿着一、二、三次产业的路径不断演变的。国家经济结构的变动受到国内需求结构、对外贸易结构和生产技术水平的影响。与现代化经济增长紧密相关的行业，尤其是运输与通信行业劳动力所占的份额快速持续上升，服务产业中教育和专业性劳务、科研以及政府行政部门劳动力所占的份额也趋于上升。他发现的产业结构的变动受到人均国民收入变动的影响，被称为库兹涅茨人均收入影响论。

8. 霍利斯·钱纳里的研究成果

库兹涅茨的研究主要是以发达国家为对象的，美国经济学家霍利斯·钱纳里吸收了克拉克和库兹涅茨的研究成果，以低收入的发展中国家为研究对象，对产业结构变动的趋势做了进一步研究。通过对 101 个国家 1950—1970 年经济数据的统计分析，构建"世界发展模型"，提出了经济发展和结构变动的"标准结构"，即经济发展的不同阶段有相应的经济结构与之对应。他提出了著名的"发展型式"理论，归纳出基本的发展模式，以"需求说""贸易说"和"技术说"三个假说来解释产业结构转变的基本过程。这些假说与库兹涅茨的因素理论相符，认为影响工业化进程的因素在工业化的不同阶段对增长贡献重要性比重是变化的，并概括出了三种工业化类型：外向型、中间型和内向型。在对所有进行工业化进程国家的共有经验进行统计概括的基础上，他认为，各国的结构转变没有统一模式。采用不同的产业发展战略，其结构转变的顺序和速度就不同，各个影响要素对经济增长的贡献率也不尽相同。

钱纳里从经济发展的长期过程中考察了制造业内部各产业部门的地位和作用的变动，揭示了制造业内部结构转换的原因，即产业间存在着产业关联效应，为了解制造业内部的结构变动趋势奠定了基础。他通过深入考察，发现了制造业发展受人均 GNP、需求规模和投资率的影响大，而受工业品和初级品输出率的影响小。钱纳里等人在《工业化和经济增长的比较研究》中，依据人均国内生产总值的变化，将制造业的发展分为三个发展时期：经济发展初期、中期和后期。相应的产业分为初期产业、中期产业和后期产业。他的这些在不同经济发展阶段的不同产业具有不同特点的理论总结被称为"钱纳里工业化理论"。这种分类法一方面有利于在经济发展的长期过程中深入考察制造业内部各产业部门的地位和作用的变化，进而揭示制造业内部结构转换的原因，即产业间存在着关联效应；另一方面有利于有关政府部门根据不同经济发展时期产业的不同特征制定产业政策，促进制造业内部结构优化，从而推动经济的快速发展。

9. 罗斯托的主导产业理论

美国经济学家华尔特·惠特曼·罗斯托（Walt Whitman Rostow）在 1960 年出版了《经济成长的阶段》一书，运用历史阶段分析法、部门总量分析法和心理因素分析法及经济学理论解释经济历史的进程。他通过长期研究首先提出了主导产业及其扩散理论和经济成长阶段理论，认为无论在任何时期，甚至在一个已经成熟并继续成长的经济体系中，经济增长之所以能够保持，是为数不多的主导部门迅速扩大的结果，而且这种扩大又产生了具有重要意义的对其他产业部门的作用，即产生了主导产业的扩散效应，包括回顾效应、旁侧效应和前向效应。罗斯托的这些理论被称为"罗斯托主导产业扩散效应理论"。

罗斯托在书中指出，经济增长总是首先发生在某个主导部门或主导产业群，并对其他部门具有直接和间接、宽泛的扩散影响，能够带动整个经济发展，并可保持持续的增长率。在不同的经济发展阶段，主导部门表现为不同的产业部门。新、旧主导部门的更替标志着经济增长的不同阶段。新的主导部门不是简单靠自身的产出来带动经济增长，它往往对相关的整个经济区域带来影响，当旧主导部门发展减速时，经济的前瞻性已经预示了新主导部门的产生。罗斯托 1960 年在《经济成长的阶段——非共产党宣言》一书中，把社会发展分为六个阶段：第一阶段，传统社会阶段，包括牛顿之前的整个世界；第二阶段，为起飞创造前提阶段；第三阶段，起飞阶段，相当于产业革命时期；第四阶段，向成熟挺进阶段，投资率达 10％～20％，由于技术的不断改进和新兴工业的迅速发展，经济结构也发生了变化；第五阶段，高额大众消费阶段；第六阶段，追求生活质量阶段，主导部门不再是耐用消费品工业，而是为提高生活质量的产业，包括教育、保健、运动、游泳等部门。

10. 莜原三代平的动态比较成本理论和两基准理论

日本经济学家莜原三代平，主要著作有《收入分配和工资结构》《消费函数》《产业构成论》和《现代产业论（产业构造）》等。他提出了动态比较成本理论，不同于李嘉图的静态比较成本理论，他认为贸易中处于劣势的产业，其比较成本是可以转化的，有可能转化为优势产业。因此，要考虑其发展的前景和潜力，对一些具有巨大潜力和重要意义的产业，应对其进行大力扶持。最典型的例子是日本的汽车产业，在政府扶持政策下，日本的汽车产业仅用了 20 年左右就成为日本第一大出口产业。20 世纪 50 年代，莜原三代平提出了两基准理论，两基准指的是"收入弹性基准"和"生产率上升基准"。收入弹性基准是指优先发展收入弹性高的产业，把积累投向收入弹性大的行业或部门，利用规模效益快速提高利润率；生产率上升基准指的是优先发展生产率上升快、技术进步率高的产业，在工资率一定的前提下，这类产业利润上升最快，因此要提高这类幼稚产业在产业结构中的比重。

11. 雁行形态理论

产业结构演进的一个重要趋势就是与国际市场相适应。一国的经济发展需要有完善的内贸与外贸相结合的全方位的产业结构。日本经济学家赤松要对此提出了一个著名的"雁行形态理论"。该发展模式认为，工业后进国由于技术和资金等供给方面的原因，无法首先开发和生产一些较为先进的产品，其产业发展可遵循"进口→国内生产→出口"的模式，使其产业相继更替发展（图 3-1）。因为从图形上看像三只大雁在飞翔，所以称雁行形态理论。

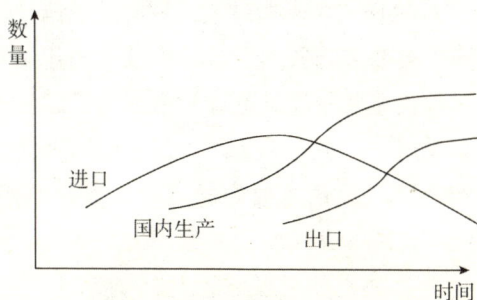

图 3-1　雁行形态发展模式

第一只雁是进口的浪潮。这时因为后进国的生产结构脆弱，国民经济体系不完整，而市场又对外开放，这样外国的商品必然大量涌入后进国的市场。这时的市场基本上是进口产品。

第二只雁是进口所引发的国内生产的浪潮。外国商品涌入后进国市场，引发了市场的进一步扩大，后进国就可以充分模仿、引进和利用进口产品的生产工艺和技术，并使之与本国的廉价劳动力和优势自然资源相结合，不断增加某些进口产品的国内生产。

第三只雁是国内生产所引致的出口浪潮。后进国家生产达到一定规模后，由于本国的劳动力和自然资源，加上生产到了一定阶段，高新技术转化率和转化速度的提高，经营管理的改善，使原进口产品的生产具有比以往进口国更大的成本优势，使其产品的销售在国际市场上具有较大的竞争优势和市场地位，以至形成了原有进口产品开始占领国际市场的浪潮。

这一理论要求将本国产业发展与国际市场密切联系起来，使产业结构国际化。他认为后起的工业化国家可以通过四个阶段来加速本国工业化进程。第一阶段：从研究开发新产品到国内市场形成；第二阶段：从国内市场饱和到产品出口，开拓国际市场；第三阶段：从国外市场形成到输出技术设备，就地生产和销售；第四阶段：国外生产能力形成，产品以更低价格返销，迫使本国该产品减少生产，并促使新产品开发。

五、产业集聚和产业布局理论

1. 产业集聚理论

虽然1920年马歇尔在其著作《经济学原理》中就对产业集聚理论做出过论述，但这一理论的兴起是随着20世纪七八十年代，在世界范围内出现了一批著名的产业聚集区才逐渐引起了人们注意的，掀起了产业集聚理论研究的浪潮。1990年迈克尔·波特在《论国家的竞争优势》一文中创新性地提出了产业集群、集聚对规模经济的作用、对要素的影响以及其中政府的作用等概念和命题。1991年保罗·克鲁格曼在《收益递增与经济地理》中阐述了区域或地理因素在要素配置和产业竞争中的重要作用。

从理论角度看，产业集群理论主要包括：①区位聚集理论，由韦伯最早提出，他通过对影响工业区位的各个因素及其作用进行分析，进而解释人口在城市和乡村之间的移动与产业发展之间的关系。他认为除了运输成本和劳动力成本外，一系列公共服务成本的降低是工业集聚的一般原因。②增长极理论，最早由法国经济学家佩鲁提出，用于解释具有支配效应的经济非均衡增长。根据增长极理论，一个地区实现经济增长需要在本地区优先发展一系列推动型产业，即能够带动其他产业共同增长的产业类型，在推动产业带动下实现产业集聚，再通过乘数效应促进地区经济发展。③基于经济地理学的产业集群理论，保罗·克鲁格曼将产业集聚和国际贸易因素联系起来进行研究，运用内生因素的概念，解释规模经济、历史路径依赖等因素对形成产业集群区域的作用。他建立的中心—边缘产业集群模型从地区需求结构变动对产业链条的扩展角度解释了工业活动倾向于空间集聚的一般趋势，并认为产业集群一旦建立就会形成路径依赖，倾向于自我延续下去。④基于企业竞争力的产业集群理论，波特在其《国家竞争优势》一书中提出钻石模型，这一模型认为影响国家竞争力的各项因素只有在地理集中的条件下才能够相互融合并发挥功能，在这种互动中推动了产业集群的出现，形成了产业竞争优势。产业集聚理论把产业的区位和规模经济、均衡、竞争等经济学一般理论结合起来，引起了经济学界的高度重视。目前国外主要的研究方向有：一部分以理论研究为主，包括产业集聚的概念、影响因素、产业集群之间的相互关系等内容；一部分主要是实证类的研究，通过对某一个国家或地区的产业聚集进行研究，判断其产业是否产生了聚集、聚集程度有多少，从实证角度分析产业聚集的影响因素和效应。总的来说，产业集聚理论认为产业集聚能够提高一国或地区的产业竞争力，这主要是两个方面的作用：一方面是集聚产生的规模经济效益；一方面是集聚所带来的技术溢出和信息交流为技术创新创造了良好的条件。

2. 产业布局理论

（1）产业布局理论内涵与研究内容

产业布局是指一个国家或地区产业各部门、各环节在地域上的动态组合分布，是国民经济各部门发展运动规律的具体表现。产业布局理论是人类社会进步和生存空间扩展，以及生产活动的内容和生产空间拓展到一定程度的必然产物。产业布局理论主要研究产业布局的条件、特点、层次、机制和区域产业结构等内容。第一，产业布局条件。产业布局条件是指产业布局时的外部环境。它包括多种因素，既包括物质化的硬环境，也包括非物质化的软环境；第二，产业布局特点。产业布局特点主要指各个产业由于自身的技术经济要求不同，而在布局上呈现出不同特征。各地区根据自身条件，扬长避短，发挥优势，形成不同的产业结构，形成各具特色的多种产业的地域组合；第三，产业布局层次。产业布局层次是指不同层次地域的产业布局具有不同的规模和规律；第四，产业布局机制。产业布局机制是指各种影响和决定产业空间分布和组合的因素的相互制约和作用的内在机理。产业布局机制可分为两大类型：产业布局的市场机制和产业布局的计划机制；第五，区域产业结构。影响产业布局的一定的社会经济和技术条件，要求有与之相适应的一定的部门经济结构。从区域的角度考察，一个区域只有不断进行产业结构调整，适时推动产业结构向高度化演进，才能取得有效经济增长。

（2）产业布局的影响因素

第一，地理位置因素。地理位置是对国家和地区经济发展经常有影响的因素，它能加速或延缓地区经济的发展。因为地理位置不仅关系到自然条件，而且还关系到交通、信息和一系列社会经济条件。

第二，自然因素。根据工业区位和区域比较优势理论，自然因素包括自然条件和自然资源两个方面。自然条件是人类赖以生存的自然环境，包括未经人类改造、利用的原始自然环境，还包括经过人类改造利用后的自然环境。自然资源是指自然条件中被人利用的部分。自然因素是产业布局形成的物质基础和先决条件。在工业化发展的初期，产业布局必将优先考虑自然条件和自然资源禀赋有优势的地方。但随着科学技术的不断发展，自然条件和自然资源禀赋对产业布局的影响也在逐渐弱化。

第三，人口因素。生产力发展水平与人口质量的高低有着密切联系，高质量的人口和劳动力是发展技术密集型产业的基础。同时，人口数量对市场规模和资源开发程度有较大影响。各个地区人口数量、民族构成和消费水平的差异，要求产业布局与人口的消费特点、消费数量相适应。

第四，社会经济因素。根据区域比较优势理论、现代区位理论和产业增长理论，影响产业布局的社会经济因素主要包括经济位势、人力资源禀赋、市场因子、基础设施条件、生态因素和政治军事因素等。其中的经济位势是一种综合性质的社会经济因素，主要指由于集聚、辐射、增长能量强大的核心经济区或大城市或同等增长能量的经济区或城市的存在，某一特定地区或城市与这些地区或城市之间，必然形成一定的能量落差，或呈现此消彼长的博弈关系，或呈现协调互动的互补关系，对区域布局影响很大。

第五，科学技术因素。在人类社会发展的历史长河中，科技革命导致产业革命，从而决定着产业布局。在一定时期内，地区技术资源禀赋的差异影响地区的产业布局。技术进步不断地拓展人们利用自然资源的深度和广度，提高资源的综合利用能力，使自然资源获得新的经济意义。

第二节　产业竞争力相关理论

一、产业竞争力的内涵和实质

　　竞争力是指国家、地区或企业争夺资源或市场的能力，这种能力是竞争主体在竞争过程中逐步形成并表现出来的。资源的有限供给必然带给人类社会不断的竞争，竞争已经由最初的生态学术语拓展到了各个领域。竞争是自然界演进的动力，是社会进步的源泉。

　　竞争力的类别依范围不同，可以包括国家竞争力、产业竞争力和企业竞争力。国家竞争力是一个国家在国际竞争中表现出来的竞争能力，它以一个国家的资源条件为基础，体现一个国家的经济实力、技术进步、军事、外交和对外经济政策等。不同国家产业间的竞争是以各国国内企业的竞争力为基础，辅以国家产业政策、科技水平、对外政策等因素共同作用，来体现该产业的竞争实力。产业竞争力既不同于国家竞争力和企业竞争力，又与国家和企业竞争力密切相关，表现为显性的产业实力和隐性的产业所具有的内在潜力。企业竞争力主要是指企业在市场竞争中，能够以更为有效的方式占据市场，从而为客户提供产品以及服务的能力。产业竞争力指的是整体产业或其中某一个产业，通过高效配置生产要素和对资源的高效转换，能够持续地比竞争对手创造更多财富的能力。这种能力也就是指生产同类产品或替代性产品的竞争关系，能够衡量产品是否具有占领市场并以此获利的能力。

　　国家产业竞争力的研究，主要是比较研究各产业在国家之间的竞争优势，通过对某一国家多个或单个产业与其他国家相同产业的比较，找出产业竞争上的优势。这种产业竞争力比较，同一产业在各个不同国家间的横向比较，再结合国内该产业的纵向发展，有助于从产品、企业和政策上提高竞争能力。产业竞争力实际上指的是产业所具有的比较生产力。所谓比较生产力，是一个企业（行业或整个工业）能够以比其他竞争对手更有效的方式持续生产出消费（包括生产性消费）者愿意接受的产品，并由此获得满意的经济收益的综合能力。比较生产力的特性主要包括：第一，比较生产力的实现形式是产品以及与其相关的服务，其实现的基础是企业的技术条件和管理水平；第二，它是相对的概念，是在市场竞争中，企业和竞争对手相比较的生产力，不是绝对生产力；第三，无论生产前、生产中还是生成后的各个环节，都能够体现出比较生产力的供给能力；第四，产品最终是否被消费者接受是检验比较生产力的最终标准。同一般意义上的生产力概念相比，比较生产力着重强调与竞争对手相对的比较意义，它除了包含效率这一层含义外，还包含与竞争对手之间相对立的策略含义。国内外对产业竞争力的研究在理论基础方面尚没有达成共识，不同的学者对理论依据的认识、所分析的角度和层次也不尽相同。从经济学角度上看，影响产业竞争力的诸多因素可以归纳为两大类，即比较优势和竞争优势。

二、产业竞争力的比较优势理论

李嘉图在他发表的《政治经济学及赋税原理》中提出了比较成本贸易理论，被后人称为"比较优势理论"。他认为，国际贸易的基础是生产技术的相对差别。国外学者对比较优势理论的研究时间较长，比较优势理论是在绝对成本理论基础上发展起来的。英国古典经济学家亚当·斯密在《国富论》中首次把经济科学的所有主要领域归结成一个完整的体系，而贯穿这一体系的思想就是自由放任的市场经济思想。斯密认为，国际贸易的基础是各国之间生产技术的绝对差别。每个国家都有生产某种产品的绝对有利的生产条件，然后彼此进行交换，而参与交换的国家均能受益。绝对优势理论解释了产生贸易的部分原因，是早期的分工贸易理论内容之一。斯密把国际贸易理论纳入了市场经济的理论体系，前提条件是商品的自由流通。但是绝对优势理论存在着一定局限性，它无法解释在生产技术上具有"绝对优势"和技术上具有"绝对劣势"的国家之间的贸易。李嘉图在斯密的理论基础上提出了"相对优势"理论，即比较优势理论。比较优势理论属于静态分析，前提条件是生产是在成本不变的前提下进行的且没有运输费用，收入分配也没有变化，生产要素市场和商品市场是完全竞争的市场，国际经济处于静态。在这些假定条件下，各国不需生产所有类别的产品，即使在生产条件和自然禀赋方面处于绝对优势，也可能会从国外进口产品，应当权衡利弊，采取"两利相权取其重，两弊相权取其轻"的原则进行国际贸易。两国比较优势的差异越大，贸易的可能性就越大，这样形成的国际分工对相关贸易国均有利。也就是说，无论一国生产成本是否具有绝对优势，只要存在相对比较优势，国家间的贸易就能使双方均获利。李嘉图认为，产业竞争能力的强弱取决于生产要素的相对优势，应按照商品成本的绝对差异来进行国际分工。比较优势理论分析的经济现象涵盖了绝对优势理论研究的经济现象，除了可以应用于国际贸易的分析，还具有广泛的一般适用性，对后来国际贸易的增长与经济全球化理论的发展起到了重要的作用。不足的是，比较优势理论忽略了资金、自然资源、生产技术等方面的变动对国际贸易造成的影响，即生产要素对国际贸易的影响，因此并不能预测变化中的贸易结构。

比较优势理论是较早涉及产业竞争力和产业发展选择的理论，根据这种理论，一国在某一种商品的生产上相比于其他国家更有效率时，由一国与其他生产效率较低的国家关于这种商品的国际贸易便会产生，商品会由拥有绝对比较优势的国家出口到其他国家，从而推动该国生产优势商品产业的发展。这种绝对比较优势每个国家都能够通过专业化的分工和生产获得，并在国际贸易中与其他国家交换其他产品从而获益。在这个过程中，国际分工就会产生，各国具有绝对比较优势的产业会迅速发展，资源也会向优势产业集中，从而得到了有效的配置和利用，参与贸易的各方的商品生产数量都会得到提高，并走向专业化生产道路，参与国际贸易的各方通过商品交换的方式分享由此带来的利益。绝对比较优势理论解释了国际贸易发生的原因，并阐明了各国和地区应通过产业专业化发展各自产业，但却无法回答当一国或地区在任何商品生产上都不具备绝对比较优势时，一国或地区如何参与国际贸易与分工。英国古典经济学家大卫·李嘉图提出的相对比较优势理论认为，在任何国家都可以确定各自具有相对优势的产业。即使一国或地区经济在所有产业与他国相比时都居于劣势，也可在其中找出相对优势的产业，因而仍然存在通过国际贸易增加双方利益的基础。其后，对于是什么原因造成了比较优势的存在，即相同产业在不同国家竞争力不尽相同的原因，瑞典经济学家赫克歇尔和俄林提出了要素禀赋理论进行了解释。该理论认为在生产函数相同的情况下，各国或地区在生产要素的获取成本不同和不同种类商品对要素使用密度的不同是比较优势产生的根源。根据这一理论，各国应集中生产并出口其大量使用能够相对便宜和容易获得的要素的商品，进口使用相对缺乏和昂贵要素的商品。

三、要素禀赋理论

1919 年，瑞典经济学家赫克歇尔发表了题为《对外贸易对收入分配的影响》的论文，提出了要素禀赋理论的基本论点。俄林接受了赫克歇尔的观点，并在此基础上在 1933 年出版《域际贸易和国际贸易》一书，深入探讨了国际贸易产生的深层次原因。赫克歇尔和俄林认为，产业竞争力的来源是生产要素的禀赋。同种商品在不同国家生产的相对价格差异是进行相互贸易的基础，由于不同区域各种生产要素禀赋不同，供给丰富的要素价格相对就比较低，因而密集利用这些要素的产品相对成本就比较低，与供给稀缺的要素相对价格产生的产品相比较，更具有产业竞争优势。在假设没有运输费用的前提下，根据本国的生产要素禀赋情况，从价格低的国家输出商品到价格高的国家是有利的。假设各国生产函数相同，则要素的相对价格差异决定了商品价格的相对差异。在斯密和李嘉图的理论中，各个国家的生产成本差异形成原因是技术不同。比较优势理论仅解释了国际贸易双方的贸易利益产生的原因，但没有解释一个国家在某种商品生产上具有比较优势，另一个国家在生产另一产品上也具有比较优势的原因。要素禀赋理论揭示了比较优势的来源，要素的供求关系决定要素价格，供给充裕的要素相对价格较低，而供给稀缺的要素则相对价格较高。国家和地区之间商品价格的差异是产生国际贸易的直接因素，商品的生产要素的价格和配置不同导致不同国家的商品价格的差异。因此，生产要素相对供给决定了商品的相对价格。在国际贸易体系中，分工不同的国家，生产和出口生产要素相对丰富的商品，进口生产要素相对稀缺的商品。要素禀赋理论认为，国际贸易的一般趋势可以消除或部分消除工资、利润、租金等和其他生产要素的国际差别，使国际商品价格和生产要素的价格趋向均衡。绝对优势理论、比较优势理论和要素禀赋理论都属于静态比较优势理论。绝对优势理论认为贸易模式取决于劳动分工的绝对优势。而比较优势理论认为，贸易模式取决于生产成本的相对差异，技术是外生不变的。要素禀赋理论认为外生要素禀赋差异是国际贸易形成的原因。比较优势理论的动态化是对静态比较优势理论的引申和发展。按照动态比较优势理论，要素禀赋和要素密集度两个中心概念都内在地具有动态性质。在发展中国家经济发展的初期，劳动丰裕而资本和技术短缺的要素禀赋状况决定了其比较优势在于劳动密集型产品的生产。随着经济的发展，发展中国家的要素禀赋状况必然发生变化，劳动这一生产要素由于不断得到充分利用而变得短缺起来，相应地，资本和技术这两种生产要素由于不断积累而变得丰裕起来。这时，发展中国家的比较优势便可能由劳动密集型产品的生产转移到资本和技术密集型产品的生产上。从这个意义上讲，比较优势动态演进不会带来静态比较优势下的种种问题，它会带动或引导落后国家顺利地实现产业演进和经济发展。

四、需求相似论

瑞典著名学者林德（Linder）提出的需求相似论又称为偏好相似理论。他认为，不同国家因经济发展水平的差别，其需求偏好也是不同的。两国重复需要的商品都可能成为贸易品，由于生产厂商为本国市场生产需要的产品，两国的经济发展水平越相似，人均国民收入越相似，需求偏好也就越相似，贸易也相应地不断扩大。两国间国民收入相差悬殊，则重复需要的商品可能就很少，贸易的密切程度可能就很小。如果两国的消费偏好越相近，则两国之间存在重叠需求的部分越大，这种重叠需求是国家间开展贸易的基础。对处于这一需求范围内的商品，两国既可进口也可出口。根据需求偏好相似程度，往往首先选择的贸易伙伴是相邻的国家，然后才是其他国家。需求相似论的结论是，工业制成品与产业内产品的国际贸易在具有相同或相似经济水平的国家间更容易展开。一国的厂商通常对国内市场更敏感，创新也往往是针对国内市场开展的，对产品的不断改进是基于国内消费者的接受和需求程度，所以越是与国内需求水平接近的国家，开展贸易的机会就越大。

上述理论都强调了一国或地区发展具有比较优势产业的重要性。在现实中表现为发达国家具有资本和技术优势，产业结构也主要是资本密集型和技术密集型产业；而发展中国家缺少资本和技术，具有自然资源和人力资源的优势，利于发展资源密集型和劳动力密集型产业。

五、迈克尔·波特的"钻石模型"理论

1. "钻石模型"概念的提出

波特在 20 世纪 80 年代中期相继发表了《竞争战略》《竞争优势》和《国际竞争优势》，他将产业组织理论引入战略管理研究中，将产业经济学和企业战略管理相结合，提出了著名的"钻石模型"理论。这一理论的提出标志着竞争优势理论的形成。竞争优势理论是区域竞争力理论的基石，是对比较优势理论的改进，探讨了区域间资源流动的基本理论，研究如何进行区域间资源优化配置，是经济竞争理论的核心之一。波特收集大量数据资料，对美国、日本、新加坡和韩国等 10 个重要贸易国家上百种特定产业发展及其参与国际竞争的过程进行了研究和分析，之后总结有四个变量影响着建立和保持竞争优势的能力。在此基础上，他提出了解释一个国家产业或企业获得竞争优势的相对较为完整的竞争力理论，即"钻石模型"理论（图 3-2）。"钻石模型"以四大关键要素和两大辅助要素为支撑，组成动态的竞争模式。四大关键要素是指生产要素，需求条件，相关和支持性产业，企业结构、战略和竞争模式。两个辅助要素是指政府行为和机会。钻石模型是分析国家和地区的国际竞争力的宏观分析工具，主要是解释发达国家的产业竞争力，更适用于对美国、日本、德国和英国等这些发达国家的国际竞争力的评价。发达国家自身具有良好的国内经济环境，而小国、经济欠发达国家和发展中国家的经济情况并不具备和波特"钻石模型"相符合的国内经济环

境。所以，将"钻石模型"理论应用于欠发达国家或发展中国家时，还需要加以修正。

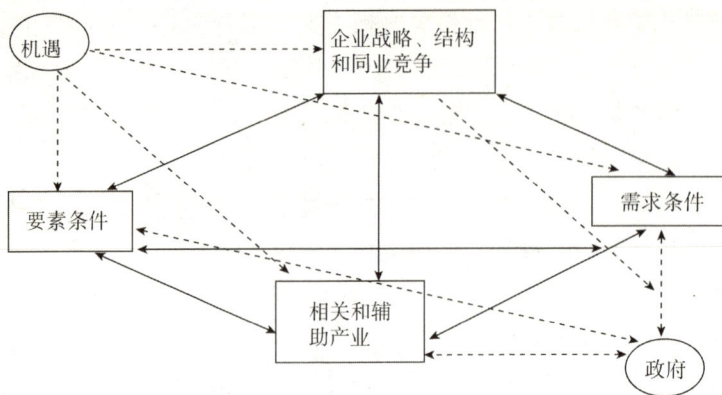

图 3-2　钻石模型

2. 钻石模型的基本要素

"钻石模型"理论在当今的政府界、理论界和企业界得到很高的认同和重视，并不断被修正、延伸和发展。模型中的四个直接要素能够提高产业竞争优势，也可能导致产业发展滞后。

（1）生产要素。生产要素被波特定义为生产某种产品所需要的各种投入，包括人力资源、自然资源、知识资源、资本资源和基础设施。它分为基本要素（也叫初级生产要素）和高级要素（也被称作高等生产要素）。初级生产要素指先天拥有的或者是只需相对中等或不太复杂的私人和社会投资就能得到的要素，如自然资源、气候、地理位置、非熟练劳动力等；高级生产要素是指那些需要经过大量且持续的对于人力资源和物质资源的投资才能获取的要素，比如现代化通信设施、计算机信息处理技术、高科技人才、尖端学科的研究机构、有能力的企业家等。基本要素对传统产业内的企业竞争力有很大影响。但是随着科学技术的发展和经济全球化趋势的加快以及世界产业结构的升级，基本生产要素的重要性正在逐渐下降。反之，高级生产要素的获得和培育对于国际竞争来说重要性增强，对提高企业的国际竞争力具有重要意义。由于高级要素的形成需要一个长期的积累过程和大量的人力资本投入，因此高级要素的供给相对稀缺。因此，一个产业或企业要想在高级要素上始终处于领先地位，就必须不断提高、改善原有高级要素，并创造新的高级要素。

（2）需求条件。本国市场的需求条件包括需求的大小、性质、增长速度等几个方面，指的是国内市场对某类产品或服务的需求。"几乎每一种产业都可以看到母国市场的影响力。内需市场借着它对规模经济的影响力而提高了效率。"需求的大小和成长速度能够起到强化竞争力的效果，较大的国内市场能够促使企业改进工艺提高效率，对具有规模经济的产业竞争优势能起到促进作用。本国的市场越大，对企业投资规模的刺激作用越大，本国企业可获得优先发展的优势，并不断创新和升级，将国内市场转换为国际市场的能力越强。波特认为，国内需求是提高产业国际竞争力的原动力，它的重要性是国外需求取代不了的。"这种国民偏好不仅是国家产业具有高度竞争力的原因，有时也是产业竞争力带来的效果"；消费者偏好是拉动需求的重要方式，能够为企业创造良好的技术创新环境。当国内需求超前于国际市场时，国内的企业在该产品的生产上就站在了世界的前列。

（3）相关产业和支持性产业的状况。一国产业要获得持久的竞争优势，其相关产业必须在国际上具有相当的竞争实力。如果能够形成强大的产业集群，则更容易获得竞争优势。因共有技术或共享营销渠道等相关联的企业集聚在一定区域，对产业的发展具有一定的影响作用。企业间分享信息、相互协作互补，提供原料、技术、零件等，增加整体竞争优势，能够为下游产业提供快速有效的市场机制，提升竞争条件；并能够促进信息在产业内的流动，加快产业技术更新。比如日本电子产品的发展历程，正是凭借其元器件、数控系统、音响器材、电子产品、马达等零部件设备的支持，才能在照相机、传真机、电子琴、机床等领域位于世界一流；德国的汽车产业、炊具与其国内钢品质密切相关；意大利的皮革业靠的也是国内原材料和手工艺等相关产业的支持；瑞士制药业的发展与其早期的酵素工业的发展是分不开的。相关产业的表现与能力必然会带动上、下游企业的创新与国际化。相关产业之间可以产生相互的需求拉动作用。

（4）企业的战略与竞争模式。指的是企业的管理形态、策略及国内市场竞争对手的表现对产业竞争力的影响。不同国家的环境和管理模式不同，企业的目标、管理模式、组织结构和竞争方式的选择不同，在一定程度上对不同类型产业的竞争优势的形成和提升有着直接的影响。通常，不同的国家相同产业的企业在策略及组织形式等方面有着相似性。一国在国际上具有很强竞争力的产业往往是国内竞争激烈的产业，国内市场的竞争环境对产业的国际竞争力有很大的影响，国内竞争力很弱的产业不太可能成为具有国际竞争优势的产业。波特认为，真正能够形成国际竞争优势的是企业的发展战略。这一点是难以被真正学习和模仿的。企业找到了适合自身的战略并加以调整，就能获得竞争优势。从企业的战略来看，企业目标是企业战略中的核心内容。企业要在竞争中确保生存和发展，最好的途径是需求良好的竞争模式，公司目标受到所有权结构和管理模式以及债权持有人动机等因素的很大影响。而竞争尤其是国内竞争，迫使企业不断降低成本并提高效率，通过采用创新技术来保障处于优势地位。同时，国内需求不足迫使企业进一步开拓国际市场。在国内竞争中能够生存下来并处于领先地位的企业更具有国际竞争力，更容易在国际竞争中生存并发展。

（5）机遇。机遇可能影响四大要素，因此对竞争优势的产生也有着重要影响。对企业而言，技术的重大创新，成本突然提高，金融市场或汇率的重大变动，战争、石油危机等超出控制的突发事件，往往使原有的竞争优势丧失，为新的竞争者提供了机会。国家的环境因素和发展特点对能否抓住机遇起着至关重要的作用，可以通过改变钻石模型关键要素状况来发挥影响作用。

（6）政府。政府对需求的影响主要是政府采购，美国的汽车安全法规就是从政府采购开始的。政府在产业发展中的重要作用是保证市场处于活跃的竞争状态，在资本市场和生产标准以及竞争环境方面的政策能够对四大要素造成影响。尤其是对发展初期的产业而言，较强预见性并尊重市场的政府能够积极推动产业的发展，反之则会阻碍产业的正常发展。

以波特理论为基础的国际竞争力评价领域中，最具权威的是 WEF 和 IMD 的国际竞争力评价体系，中国在 1995 年加入了该测评体系。这种系统的研究方法使"国际竞争力"成为一种多维度的综合概念。瑞士洛桑国际管理学院认为，国家国际竞争力是一个国家在市场经济竞争的环境和条件下，与世界整体中各国的竞争比较，所能创造增加值和国民财富的持续增长和发展。通过对钻石模型的应用分析，可以总结出：①宏观层面上，钻石模型最基本的应用就是可以帮助我们分析一国有关产业如何能在国际贸易上获得成功，并帮助我们制定国际贸易战略；②微观层面上，钻石模型最基本的应用就是在一个国家特定的环境中对某个特定产业的竞争力进行分析。着眼于未来，钻石模型就是用于分析产业未来的发展趋势，也就是产业将如何发展，因此，钻石模型非常适用于分析某个国家某个产业的竞争力何在以及未来该产业将如何发展来提升其竞争力，对如何创造利于产业发展的环境提高产业竞争力具有现实的指导意义。

3. 波特"钻石模型"的演进过程

波特的理论提出之后，很多学者都将其理论应用到各国的竞争力分析和研究之中，并取得了良好的结果，得到了各国学者的认可。但是通过应用，也发现了钻石模型的一些局限性和不适用性的问题。很多学者对波特的理论结合实际研究进行了修正。根据对波特的模型进行修正的形式不同，可以分为两大类：一类是沿着不改变波特的钻石模型，通过增加模型的关键要素的路径对模型进行修正；另一类是沿着将波特的单钻石模型变为双钻石模型或多钻石模型的路径对模型进行修正，具体有以下几种理论。

（1）韦恩·卡特赖特（Wayne Cartwright）的多因素钻石模型

韦恩在对新西兰国家竞争力的研究中发现，钻石模型在解释小国国际竞争优势方面存在问题。他通过研究，修正了波特的钻石模型，构建了"多因素钻石模型"。多因素钻石模型与波特的钻石模型相比，新增了五个海外变量，即海外要素创造能力、与在海外环境中相关和支持性产业的联系、满足顾客需求的途径、海外市场的竞争，还有该产业在多大程度上有面向国际的目标和结构。多因素钻石模型保留了原有钻石模型中的有用要素，不同的是，它适用于研究小国和出口依赖工业国的国际竞争优势，以及那些以资源为基础的工业国的国际竞争优势。

（2）约翰·哈里·邓宁（John Harry Dunning）的国际化钻石模型

英国学者邓宁于 1993 年提出了国际化钻石模型，后来被称为"波特—邓宁模型"。邓宁曾是联合国贸易和发展工作组成员，在国际投资领域有着广泛、深入的研究。他认为，"钻石模型"没有充分说明跨国公司对国家资源和生产力配置的影响，他将"跨国公司商务活动"作为一个外生变量引入钻石模型中。邓宁认为，钻石模型低估了市场和产品全球化对竞争力的影响，跨国界的经济活动和跨国公司的经营活动日益增加，对钻石模型中的关键要素造成了间接影响。他将跨国公司定义为从事对外直接投资，并在一个以上国家（或地区）拥有或控制从事增值活动的组织，强调的是进行对外直接投资活动。联合国跨国公司委员会在 1974 年发表的《跨国公司行动守则》中给出的定义是："不管其发源地在哪个国家（或地区），也不管其所有制形式（私有、公有或者公私混合），在两个或两个以上国家（或地区）具有营业机构，而且不论这些营业机构的活动范围在何方，活动时采取什么法律形式，其决定的运行机制是由一个或某几个决策中心做出显示具有连贯性的政策和共同的策略的，而且这些营业机构是由所有权或其他关系联系着，致使其中一个或几个能够对其他机构单位，特别在分享知识、资源和分担责任方面施加重大影响。"这一定义主要强调的是跨国公司经营决策一体化的特征。著名的跨国公司研究专家，中国国际跨国公司促进会常务副会长张笑宇在其专著《跨国公司秘籍》中，将跨国公司定义为："为获取巨额利润，通过对外直接投资，在多个国家设立分支机构或子公司，从事生产、销售与服务等经济活动的国际性公司集团。"随着国际资本流动的日益频繁，跨国公司的行为对国家经济的影响日益凸显。

（3）鲁格曼和克鲁兹（Rugman&Cruz）构建的双钻石模型

鲁格曼和克鲁兹在研究加拿大国家竞争优势时发现，将钻石模型应用于小规模的贸易开发国家存在一些问题。加拿大大部分的产品出口都是出口到美国，他的市场需求不仅取决于本国经济环境，还受到美国经济环境的很大影响，美国的投资人到加拿大投资，给加拿大本土的产品也带来了更大的竞争压力。因此，鲁格曼和克鲁兹在 1991 年提出了将两个国家联系起来进行综合分析的"双钻石模型"。

（4）穆恩（Moon）的一般化双钻石模型

"双钻石模型"是以加拿大为研究对象构建的，并不适用于北美自由贸易区外的其他小国。为了更客观地分析如韩国、新加坡这类小国的经济，穆恩等人对波特的"钻石模型"进行了修正，又将"双钻石模型"进行拓展，发展为适合所有小国经济的"一般化双钻石模型"。该模型提出国家竞争力部分依赖国内的钻石体系，部分依赖于全球钻石体系。

第三节　产业发展与经济增长理论

一、产业发展理论

1. 产业关联内涵与产业间联系方式的类型

产业关联是指产业间以各种投入品和产出品为连接纽带的技术经济联系。产业关联方式是指产业部门间发生联系的依托或基础，以及产业间相互依托的不同类型。产业间联系的纽带是指不同产业之间是以什么为依托连接起来的。产业间联系方式的类型主要包括单向联系与多向联系、顺向联系和逆向联系、直接联系和间接联系。单向联系是指一系列产业部门间，先行产业部门为后续产业部门提供产品以供其消耗，而后续产业部门的产品不再返回先行产业部门的生产过程。多向联系指产业部门间，先行产业部门为后续产业部门提供产品作为生产性直接消耗，同时后续部门的产品也返回相关先行产业部门的生产过程。顺向联系是指某些产业因生产工序的前后，前一产业部门的产品为后一产业部门的生产要素，一直延续到最后一个产业的产品，即最终产品为止。逆向联系是指后续产业部门为先行产业部门提供产品，作为先行产业部门的生产消耗。如机械设备行业生产的设备和零部件供冶炼业或采掘业使用，形成一种逆向联系。直接联系是指两个产业部门之间存在着直接的提供产品、提供技术的联系。间接联系是指两个产业部门本身不发生直接的生产技术联系，而是通过其他一些产业部门的中介才有联系，如汽车工业与采油设备制造业之间。

投入产出的"投入"，是指产品生产所消耗的原材料、燃料、动力、固定资产折旧和劳动力。"产出"是指产品生产出来后所分配的去向、流向，即使用方向和数量，又叫流量，如用于生产消费、生活消费和积累。

实物型投入产出表，是以产品的标准单位或自然单位计量的投入产出表。用以显示国民经济各部门主要产品的投入与产出关系，即这些主要产品的生产、使用情况以及它们之间在生产消耗上的相互联系和比例关系。实物型投入产出表中的平衡关系式主要有两个：①总产品＝中间产品＋最终产品；②劳动力总量＝各产品生产所需劳动力数量的总和。

$$\sum_{j=1}^{n} a_{ij}Q_j + Y_i = Q_i, \quad i = 1, 2, \cdots, n.$$

$$\begin{cases} a_{11}Q_1 + a_{12}Q_2 + \cdots + a_{1n}Q_n + Y_1 = Q_1 \\ a_{21}Q_1 + a_{22}Q_2 + \cdots + a_{2n}Q_n + Y_2 = Q_2 \\ \qquad\qquad \cdots\cdots \\ a_{n1}Q_1 + a_{n2}Q_2 + \cdots + a_{nn}Q_n + Y_n = Q_n \end{cases}$$

价值型投入产出表（表 3.2）中的均衡关系：①各行的平衡关系是：各行的中间产品＋各行的最终产品＝各行的总产品，这些平衡关系反映了各产业部门产品的流向。②各列的平衡关系是：各列的生产资料转移价值＋各列新创造价值＝各列的总产值。各列的平衡关系说明了各产业部门的价值形成的产出过程，反映了每一产业部门的产出与各产业部门为之投入的平衡关系。③行与列之间还存在如下平衡关系：第一，横行各产业部门的总产出等于相对应的同名称的纵列各产业部门的总投入。第二，最终产品总量等于国民收入总量和固定资产折旧总量之和，即最终需求部分和毛附加价值部分相等。

第Ⅰ部分为中间需求部分，亦称为内生部分，是投入产出表的核心部分。它反映在一定时期内（如一年）一个国家社会再生产过程中各产业之间相互提供中间产品的依存和交易关系。因此，这一部分横向各产业和纵向各产业的排列是相互对应的。横向的数据表示某一产业向包括本产业在内的所有产业提供其产出的中间产品的状况，也就是所有产业生产中所需该产业产品的情况，亦即中间需求情况。纵向的数据表示某一产业生产中向包括本产业在内的各产业购进中间产品的状况，也就是所有产业向该产业的中间投入情况。

表 3.2 价值型投入产出表

投入＼产出		中间产品（中间需求）				最终产品（最终需求）				总产值
		产业1	产业2	……	产业3	积累 K	消费 W	净出口	小计	
物质消耗	产业 1	X_{11}	X_{12}	…	X_{1n}				Y_1	X_1
	产业 2	X_{21}	X_{22}	…	X_{2n}				Y_2	X_2
	……	…	…	…	…				…	…
	产业 n	X_{n1}	X_{n2}	…	X_{nn}				Y_n	X_n
毛附加值	固定资产折旧	D_1	D_2	…	D_n					
	劳动报酬	V_1	V_2	…	V_n					
	社会纯收入	M_1	M_2	…	M_n					
总产值		X_1	X_2	…	X_n					

第Ⅱ部分为最终需求部分，亦称"外生部分"。它反映各产业生产的产品或服务成为最终产品那部分的去向。最终产品的去向，即最终需求，大致分为三部分的流向：一是消费部分，具体可分为个人消费与社会消费两部分，前者是指家庭消费的总和，后者是指公共福利、社会保障、政府等行政性支出的各种社会性消费；二是投资部分，是由固定资产更新与新增固定资产两部分构成，其中新增固定资产又可分为生产性固定资产和非生产性固定资产；三是出口部分。

第Ⅲ部分毛附加价值部分，也是一种"外生部分"。这部分包括两块：一块是各产业部门提留的折旧；另一块是各产业部门在一定时期内，如一年内实现的净产值（附加价值），亦即新创造的价值。净产值又可分为劳动者报酬和社会纯收入两部分。所以，毛附加价值部分反映了各产业提取折旧基金的价值及其创造的国民收入的价值构成，以及国民收入额在各产业部门间的分配比例。

（1）直接消耗系数。直接消耗系数又称投入系数，其经济含义是生产单位 j 产品所直接消耗的 i 产品的数量。

$$a_{ij} = \frac{x_{ij}}{X_j}$$

（2）完全消耗系数。完全消耗系数的经济含义是某产业部门单位产品的生产，对各产业部门产品的直接消耗量和间接消耗量的总和。完全消耗系数等于直接消耗系数与间接消耗系数之和。用公式表示：

$$b_{ij} = a_{ij} + \sum_{k=1}^{n} b_{ik} a_{kj} \quad (i,j = 1,2,\cdots,n)$$

（3）中间需求率。即某一产业的中间需求率，是指各产业对某产业产品的中间需求之和与整个国民经济对该产业部门产品的总需求之比。其计算公式为：

$$G_i = \frac{\sum_{j=1}^{n} X_{ij}}{\sum_{j=1}^{n} X_{ij} + Y_i} \quad (i = 1,2,\cdots,n)$$

G_i 代表第 i 产业部门的中间需求率；$\sum_{j=1}^{n} X_{ij}$ 代表各产业部门对第 i 产业部门产品的中间需求之和；$\sum_{j=1}^{n} X_{ij} + Y_i$ 代表第 i 产业部门的产品总产出；Y_i 代表第 i 产业部门产品中的最终需求部分。中间需求率越高，表明该产业部门就越带有原材料产业的性质。

（4）中间投入率。某产业部门的中间投入率是指该产业部门在一定时期内（通常为一年），生产过程中的中间投入与总投入之比。其计算公式为：

$$F_j = \frac{\sum_{i=1}^{n} X_{ij}}{\sum_{i=1}^{n} X_{ij} + D_j + N_j} \quad (j = 1,2,\cdots,n)$$

中间投入率指标反映各产业在自己的生产过程中，为生产单位产值的产品需从其他各产业购进的原料在其中所占的比重。附加价值率＝附加价值/总产值，由于附加价值率＋中间投入率＝1，则某产业的中间投入率越高，该产业的附加价值率就越低，高"中间投入率"产业就是低附加价值率产业部门（表3.3）。

（5）产业间联系深度。通过计算投入产出表各列中各自的流量（即产业间的直接消耗）在总的直接消耗中所占比重的大小来度量，这一度量指标可用下列公式计算：

$$r_{ij} = \frac{x_{ij}}{\sum_{i=1}^{n} x_{ij}} \quad (i,j = 1,2,3,\cdots,n)$$

表 3.3　四种类型产业中间需求率和中间投入率的特点

	中间需求率小	中间需求率大
中间投入率大	Ⅲ．最终需求型制造业 日用百货、造船、皮革及皮革制品、食品加工、粮食加工、运输设备、机械、木材、木材加工、非金属矿物制品、其他制造业	Ⅱ．中间投入型制造业 钢铁、纸及纸制品、石油产品、有色金属冶炼、化学、煤炭加工、橡胶制品、纺织、印刷及出版
中间投入率小	Ⅳ．最终需求型基础产业， A．渔业 B．运输业、商业、服务业	Ⅰ．中间投入型基础产业 农业、林业、煤炭、金属采矿、石油及天然气、非金属采矿、电力

2. 产业波及效果分析

产业波及，是指国民经济产业体系中，当某一产业部门发生变化，这一变化会沿着不同的产业关联方式，引起与其直接相关的产业部门的变化，并且这些相关产业部门的变化又会导致与其直接相关的其他产业部门的变化，依次传递，影响力逐渐减弱，这一过程就是波及。这种波及对国民经济产业体系的影响，就是产业波及效果。在投入产出分析中，产业波及效果的波及源一般有两类：最终需求发生了变化，反映在投入产出表中（表 3.2），表现为表中第Ⅱ部分横行数据的变化及将要变化，并通过第Ⅰ部分的产业中间产品联系，波及或将要波及各产业部门；毛附加值发生了变化，在投入产出表中（表 3.2），表现为表中第Ⅲ部分中的某一或某些数据的变化，通过表中第Ⅰ部分产业间的中间联系，导致对国民经济产业部门的影响。某一或某些产业的变化，是按什么样的走向，将这一变化波及各产业部门，这一走向就是产业波及线路。由于产业波及效果总是通过已有的产业间通道（产业关联的联系状态）发生，因此波及必然是依据产业间的联系方式和联系纽带规定的线路影响下去。产业波及效果分析的基本工具，包括投入产出表、投入系数表和逆阵系数表。

进行产业波及效果分析时应注意以下两个问题：第一，投入系数的稳定性和有效性问题。第二，波及效果的时滞现象。产业波及效果的时滞，是指某产业最终需求的变动导致其他产业的变动并不立即反映在产出量的变化上。或者说，某产业最终需求变化引起其他产业产出量的变化有一个时间过程。这个时间过程的长短，往往在不同的产业、不同的经济循环周期中的不同阶段，如繁荣时期和萧条时期有不同的表现。这种差异往往是由于"库存"的存在而发生的。在需求增加时，多半首先反映在库存的减少上。这样，由某产业最终需求变动导致的波及效果，由于库存的存在而被中断或减弱。反过来，当库存不足以满足波及要求的需求增加，而生产又不能马上增加时，需求变动造成的波及效果可能表现为价格的上升。显然，上述库存的缓冲作用表现在投入产出表的最终需求的库存栏里，中间需求、中间投入矩阵是无法反映这种经济变动的。因此，在产业波及效果分析时，要考虑时滞现象，以免得出错误的结论。

一个产业影响其他产业的"程度"叫该产业的影响力；把受到其他产业影响的程度叫该产业的感应度。产业的影响力和感应度的大小，分别用影响力系数和感应度系数来表示。

$$某产业的感应度系数 = \frac{该产业逆矩阵横行系数的平均值}{全部产业逆矩阵横行系数的平均值的平均}$$

$$某产业的影响力系数 = \frac{该产业逆矩阵纵列系数的平均值}{全部产业逆矩阵纵列系数的平均值的平均}$$

用 e_i 表示第 i 产业的感应度系数，e_j 为表示第 j 产业的影响力系数，n 为产业数目，C_{ij} 为列昂惕夫逆矩阵 $(I-A)^{-1}$ 中的元素（i，$j=1$，2，$\cdots$，n）。

$$e_i = \frac{\frac{1}{n}\sum_{j=1}^{n}C_{ij}}{\frac{1}{n}\sum_{i=1}^{n}(\frac{1}{n}\sum_{j=1}^{n}C_{ij})} = \frac{\sum_{j=1}^{n}C_{ij}}{\frac{1}{n}\sum_{i=1}^{n}\sum_{j=1}^{n}C_{ij}}, \quad e_j = \frac{\frac{1}{n}\sum_{i=1}^{n}C_{ij}}{\frac{1}{n}\sum_{j=1}^{n}(\frac{1}{n}\sum_{i=1}^{n}C_{ij})} = \frac{\sum_{i=1}^{n}C_{ij}}{\frac{1}{n}\sum_{j=1}^{n}\sum_{i=1}^{n}C_{ij}}$$

$$(i,j = 1,2,\cdots,n)$$

某产业的感应度系数若大于 1（或小于 1），表明该产业的感应度系数在全部产业中居于平均水平以上（或以下）。某产业的影响力系数大于 1（或小于 1），表明该产业的影响力在全部产业中居平均水平以上（或以下）。

二、经济增长理论

经济增长是指一国或地区在一定时期包括产品和劳务在内的产出的增长。产业结构演变与经济增长具有内在的联系。产业结构的高变换率会导致经济总量的高增长率，而经济总量的高增长率也会导致产业结构的高变换率。长期以来，经济增长理论一直在不断发展中，下面简要归纳总结几种主要理论。

1. 古典政治经济增长理论

英国古典政治经济学创始人威廉·配第认为"土地是财富之母，劳动是财富之父"，他认为促进经济增长的因素是土地和劳动。1776 年亚当·斯密在《国民财富的性质和原因的研究》中指出，劳动、资本可以促进经济增长，劳动分工会提高劳动效率，从而使经济持续增长，把导致经济增长的因素归为劳动、资本和分工。大卫·李嘉图则把对经济增长的研究重点放在工资、利润和地租间的相互关系对经济增长的影响上，他在《政治经济学及赋税原理》一书中强调了资本积累是经济增长的关键。

2. 哈罗德—多马经济增长模型

英国经济学家哈罗德和美国经济学家多马分别在 1948 年和 1947 年他们的论文中提出了几乎完全相同的增长模型，因而一般把他们的增长模型称为哈罗德—多马经济增长模型。此模型是在凯恩斯有效需求决定均衡国民收入的理论基础上建立起来的。它有三点假定：

（1）国民储蓄率保持不变，资本产出比是固定不变的；

（2）单位产出所需要的资本和劳动量是唯一给定的，即是不变的；

（3）劳动力按一个由外部因素决定的不变速度增长；

此外哈罗德—多马模型还假设不存在技术进步。假设国民收入的增长速度为 g，根据假设（2），资本对产量比率是不变的，因此国民收入的增加速度等于资本存量的增加速度，在均衡时储蓄等于投资，根据假设（1），储蓄率 S 保持不变，则储蓄率 S 决定了投资率，从而决定了国民收入的增长速度 g。用模型表示为：

$$g = \Delta y/y = \Delta K/K = I/K = s/k$$

上式中，g 为国民收入增长率，I 代表净投资，K 代表资本存量，y 代表国民收入，S 代表储蓄率，k 代表资本产出比。

3. 新古典经济增长理论

1956 年，索洛在《经济学季刊》2 月期上发表了"对经济增长理论的贡献"（A Contribution to the Theory of Economic Growth）一文，索洛在此文中提出的经济增长模型为新古典经济增长理论奠定了基础。索洛认为哈罗德—多马增长模型假定不存在技术进步是不符合经济现实的。因为即使技术保持不变，随着资本积累的日益深化，资本与劳动的比率会发生变化，资本产出率也会发生变化。简而言之，如果没有技术变化，资本深化将带来单位工人产出的增长，同时带来资本收益率递减。所以，索洛在模型中首先假定资本和劳动可以相互替代，并假定完全竞争，在此基础上，索洛建立起他的经济增长模型：

$$Q = A(t)F(K,L)$$

式中，Q 代表总产出，K 代表资本存量，L 代表劳动，t 为时间，$A（t）$ 代表不同时期的技术水平。

1957 年索洛运用全要素分析方法分析了 20 世纪上半期美国各种经济增长因素的贡献，特别强调了技术进步对产出增长的贡献。索洛根据美国 1909—1949 年的统计数据得出，美国人均 GNP 在这 40 年里大约增加了 1 倍，其中 12.5% 是依靠人均资本投入量的增加，其余的 87.5% 应归功于技术进步。据此，索洛认为，从长远的角度看，技术进步才是经济增长的最根本因素，而不是资本的投入和劳动力的增加。但是，索洛把技术进步看成是外生变量。因此，他无法解释技术进步是怎样发生的。

4. 内生经济增长理论

由于在新古典经济增长理论中假设技术进步这一因素是外生的，它不能解释技术进步究竟怎样发生，所以不能很好地解释发达国家的经济增长，因此诞生了将技术进步作为内生增长因素的新经济增长理论。

美国加利福尼亚大学经济学教授保罗·罗默首先比较系统地创立内生经济增长理论模型。罗默认为决定经济增长的技术进步是经济系统的内生变量，是厂商追逐利润最大化的结果。罗默模型假定：①新知识是研究部门的产品，新知识给开发新知识的厂商带来递增收益；②由于知识不能得到完全专利保护和保密，因此单个厂商生产的知识具有正外部性，新知识的出现使整个社会都从中受益；③由于存在知识的内部效应和外部效应，消费品生产是知识的收益递增函数；④由于知识具有溢出效应，可以假定所有的厂商都是价格接受者，从而可以用完全竞争模型来考察经济增长的过程。

罗默模型的形式为：$Y = F(a, A, x)$，式中 Y 是总产出，a 是私有知识，A 是知识总水平，x 是其他投入。

内生经济增长理论中增加了知识这一要素，认为知识可以提高投资收益率，从而说明了长期的资本收益增长，并解释了不同国家间经济发展水平和增长率的差异。由于产品的产出作为知识及其他投入的函数具有递增的规模收益，因此，为了保持经济增长就必须投入知识要素，这样，知识就内生化了，投资促进知识积累，而知识积累又促进投资，从而对知识投资的持续增长可以长久提高一个国家的经济水平。

5. 新制度经济学对经济增长因素的研究

新制度学派指以产权和制度为主要研究对象的当代西方经济学流派，该学派的代表人物为科斯、诺斯和威廉姆森等。新制度经济学认为，制度变迁旨在寻找一个更有利于提高经济绩效的激励机制，探讨的中心问题是制度变迁与激励和经济绩效的关系。制度提供相互影响的框架，确立竞争规则，从而构成一种经济秩序。制度结构或制度框架在静态上决定了经济绩效，而制度变迁则构成长期经济增长的源泉。

第四章　信息服务业发展模式

第一节　产业发展模式选择

一、模式的含义与属性

　　模式是反映客观事物及其规律的思维方式和思想体系，是某种事物的标准形式或可参照的标准样式，是解决某一类问题的方法论，是研究客观事物的理论图式和解释方案。因此模式是现实世界简单化、序列化和抽象化的结果，是理论的简化形式，强调的是形式上而非实质上的规律。

　　就经济领域而言，模式有以下几种解释：①模式即结构，是对经济现象内部有关经济结构问题的抽象和描述。钱纳里在《经济结构转换：经济发展的实证研究程序》中认为，模式就是结构，把库兹涅茨开创的结构转换理论称为"库兹涅茨增长模式"。②模式即类型，是在一定的空间和时代背景下，国家和区域经济发展的不同路径和方法，如20世纪60年代的东亚模式，20世纪80年代中国的苏南模式和温州模式等。③模式是对多因素相互作用构成的整体的认识和把握。模式覆盖的空间不是传统意义上的纯经济学空间，而是包括文化、政治、历史和制度在内的以经济学为中心向其边缘扩展的多维空间。

　　一般说来，模式具有五个方面的属性：①模式是包含一系列基本要素的整体，这些要素是模式存在和发展的基础；②具有独立性，模式能通过内部文化黏合剂的作用区别于其他模式；③模式内部各要素之间相互作用，相互依存，推动模式内部结构不断创新和发展；④模式内部各要素之间存在着合理布局与协调相处问题，模式整体不等于各要素之和，各要素功能的最大化不等于整体最大化；⑤模式处于不断的运动变化之中，对于来自外部的压力和内部各要素的反抗，模式能够迅速反应，予以调节和疏导。

二、产业发展模式的内涵与影响因素

　　产业发展模式是产业经济学和发展经济学的常用语之一。产业发展模式是在

一定的外部发展条件和市场定位的基础上，通过产业结构反映的一种资源利用方式。任何一个国家的产业发展，都离不开模式的选择，合适的产业发展模式和发展路径直接决定一个国家产业发展水平的高低。产业发展模式本身没有好坏之分，但对于既定的国家和地区来说，适合国情的产业发展模式就是好模式。一国或地区选择合适的产业发展模式的依据，在于符合本国在全球产业分工体系中的地位，能够充分发挥自身优势，合理配置产业内部及外部资源。

（1）产业发展模式是对不同产业发展结构的描述。出口导向型产业发展模式是指产业出口值在整个产业中所占的比重较高；劳动密集型产业发展模式是指在各种要素的投入中，产业的单位产值或单位资产中劳动所占的份额较高；产业集群发展模式意味着某一产品的生产要素在一定区域内聚集生产。

（2）产业发展模式代表某种资源利用方式。劳动密集型代表有限的资源被利用到劳动力比重较大的产业中，同样的资金能够帮助更多的劳动者就业；产业链式发展模式代表资源的利用环节的紧凑和共享程度的加强；以大企业为主的发展模式代表着产业发展的资金、劳动力、技术等资源主要掌握在大企业手中，资源的集中度较高；产业的重点突破发展模式代表有限的资源集中到重点产业。

（3）产业发展模式既可以通过产业发展的外部环境来反映，也可以通过产业自身的特点来反映。前者有以市场调控为主的发展模式，以计划调控为主的发展模式等；后者有以产业集群为主的发展模式，以融合发展为主的发展模式等。

（4）产业发展模式都要受到一定的条件约束，如资金、技术、劳动力、市场规模、国家安全等。一个国家或地区，要根据自身的约束条件或本国国情选择相应发展模式，一种好的发展模式是一个能充分发挥本国优势的发展模式。

（5）任何一个国家的产业发展模式都是一个动态变化的过程。发展模式的优化是指一国的产业发展模式按照能够充分利用本国资源或更适合本国国情，从一种资源利用方式转变到另一种资源利用方式。产业发展模式的形成与发展没有一定之规，也不是一成不变的，深受资源、禀赋、国际环境甚至政治制度的影响。①经济发展水平和产业基础。经济发展水平是影响一个国家产业发展模式选择的主要因素。不同的经济发展水平，生产要素的稀缺程度不同，分工与专业化程度不同，经济系统的聚合要求不同，其所具有的比较优势就不同，而比较优势是一个国家选择产业发展模式考虑的主要依据。同时，产业发展模式的选择又依赖于原有的产业基础，良好的产业基础可以提供技术、资金、人才、制度等条件。②生产要素基础。资本、自然资源、技术因素、人力资源、基础设施等生产要素，对某一产业发展的适合程度是决定该行业能否取得竞争优势的重要因素。但发展模式不仅取决于生产要素，更取决于要素能否被有效运用。③市场与政策环境。市场与政策环境也是一个国家选择产业发展模式通常要考虑的因素。市场规模影响产业的市场定位，决定产业所能涉及的领域。政策能够重新配置生产要素，可以培育和保护产业，甚至使产业跨越式发展。因此，世界上所有国家，尤其是美、日等发达国家，在信息服务业发展过程中都进行了政策扶持。

总之，产业发展模式的选择是产业外部条件和内部因素发生变化而共同作用的结果。产业内部的影响因素状态发生变化，或者外部的影响因素发生变化时，都会导致产业优势和社会分工中角色发生变化，因此产业发展模式中构成要素的状态也会随之调整，适应新的发展需求。一国或地区选择产业发展模式时，重要的是要看该发展模式是否适合该产业、地区或国家的发展现状和需求。

三、产业发展的三种主要模式

产业发展从根本来说是产业结构优化和技术提升的过程，是一个通过不断的管理创新和技术创新实现资源利用效率提升的过程。从其在国际分工中的地位和作用的角度来讲，产业发展是从产业链的角度从低端向高端和上下游延伸的方式在产业规模和影响方面不断升级的过程。就前者而言，我们可以从产业发展所依靠动力的不同将产业发展模式分为三种：要素导向型模式、投资导向型模式和创新导向型模式。就后者而言，世界上某一地方的产业或产业集群一旦融入全球价值链上的一个环节，其就必须努力朝着全球价值链中的高端环节前进，以获得更高的附加值和利润，以抵消发展过程中伴随而生的劳动力成本上涨、资源短缺等发展障碍，在提升过程中同已经与变化了的发展环境不适应的低附加值环节剥离，从而实现从生产方式到经营模式再到整个产业在价值链上的升级，实现资源在全球范围内的更优化配置。

1. 要素推动型发展模式

要素推动型发展模式多见于基础产业和处于发展初期的产业，特别是那些高度依赖于资源的产业，如农业、采掘业等产业的发展无不得益于某一类丰沛的基本的生产要素，如丰富的矿产资源、广袤肥沃的土地、大量的低成本劳动力等。总的来说促进要素推动型发展模式形成的生产要素可以分为以下几类：

①自然资源。包括土地、水资源、矿产、森林等，而关键在于自然资源的数量和质量。此外，国家间的地理位置优势也会为产业发展带来重大影响。拥有某一种类的优势自然资源会很容易推动一国或地区优先发展该类产业，并形成一定规模。②人力资源。不同产业发展对人力资源的需求有着相当的差异，适龄劳动

人口的多少、文化水平的高低将直接影响不同类型产业的发展，成为决定产业发展的重要因素。③资本因素。这一方面决定于不同产业对于资本的需求量不同，另一方面取决于一国或地区金融产业的发展程度和对外筹资渠道是否畅通。一般来说，发达的金融产业和畅通的融资渠道有利于资本密集型和高新技术产业的发展。④基础设施。包括通信、运输、服务业、治安、社会保障等。这些要素的规模、质量和使用成本等因素都会对产业发展产生影响。要素推动型发展模式的理论依据是比较优势理论，强调一国或地区的产业发展应建立在资源要素的比较优势基础上。但是要素推动型发展模式的优势主要在于丰富的低成本要素所带来的产业运营的低成本，以及由此带来的产品低价优势。相对而言，产业内企业在管理和技术方面比较落后，特别是缺乏创新能力，所表现出的往往是低水平数量扩张。这种产业发展模式是不可持续的，这主要是由于一国或地区所拥有的要素的比较优势是一个动态变化的过程，这一方面是产业发展导致比较优势的改变，例如，具有劳动力优势的国家随着经济发展使其劳动力成本不断上升从而逐步丧失劳动密集型产业的竞争优势，但同时资本和技术的积累又使产业具备其他优势。另一方面在于外部环境的变化，如别国或地区某种更具优势的资源得到开发利用或巨大的技术进步等情况，使本国资源优势丧失。因而说一国或地区不可能永远依靠要素优势推动产业发展，需要不断优化其产业发展模式。

2. 投资推动型发展模式

任何一国或地区的产业的发展都有赖于一定的空间和资本，其中资本的作用有以下几个方面：首先，当某地的某一产业发展到一定程度时，会引起其他地区的产业向本地区转移，从而吸引和引导资本向当地集中，并进一步推动当地产业规模扩大和产业聚集；其次，当地产业在发展过程中受到了外部投资的影响，逐步推动了当地企业成长和集聚，最终形成了特定的产业；再次，有的地区的产业主要来自于外部投资企业，相关产业集群也是围绕外来投资企业，即当地产业的形成和集聚原因主要是外部投资。无论是发达国家还是发展中国家，在影响和推动产业形成和发展的投资行为中很大一部分来自于国际直接投资（FDI）。从另一个角度分析，产业发展所带来的生产规模扩大、生产效率提高和技术进步将来有助于提高当地产业的竞争力，这也会吸引包括国际资本在内的投资行为，吸引资本向当地产业集中。总的来说，投资推动型发展模式有助于产业中企业快速兴建现代化、高效率的生产设备和基地，努力提高管理水平，加快技术创新和引进。在大量投资背景下，政府也能够投资建设现代化的基础设施，并发展有助于提高产业竞争力的教育和研究机构。与要素推动型发展模式相比，投资推动型发展模式的企业所受的行业限制更小，能够进入更广泛的行业和产业环节，容易形成标准化的产业模式和较大的产业规模，并依靠较高的资本进入障碍和规模优势取得竞争优势，但容易陷入同质化和价格战的怪圈，难于满足顾客日益多样化和个性化的需求。在投资推动型发展模式中，政府通过政策鼓励和引导、基础设施建设等措施，在引导和吸引投资进入正确产业方面发挥着重要的作用，特别是政府通过补贴和税收政策鼓励某一产业的发展对外来资本做出投资行为作用显著。

3. 创新推动型发展模式

从广泛的意义上说，新技术的推广和应用是产业发展的最关键因素。在产业发展过程中，技术不断发展，新的技术使得产品不断更新，同时使得许多旧产品被淘汰，从而形成新产品与旧产品不断替代、不断循环的产品生命周期。而从根本上说，技术创新就是引入一种全新的生产或商业模式，将生产要素、生产方式和经营模式以新的方式进行组合。最早提出创新理论的是熊彼特，1912 年他在《经济发展理论中》中提出，创新引起的新的组合包括：①新的产品；②新的技术；③新的市场；④新的材料；⑤新的组织。因此创新是产业发展过程中的内在因素，是产业组织、资本运作、贸易方式等多方面因素相结合共同发挥其作用。创新特别是技术创新对于产业发展的作用可以分为以下几个方面：首先，在推动新产业出现和形成方面，技术创新是一重要原因，例如，航空、通信、IT 等产业的出现无不依托于技术上的重大发现和突破。从技术创新到新产业的形成这期间的过程大致可以分为两类，一类是技术出现得较早但其所适用的市场环境并不成熟或者是应用市场并未被开发出来，创新就是成功创造了应用该项技术的市场条件开发出了市场需求，将其移入了市场，从而形成了新的产业；另一类则是已出现的市场需求在现有技术条件下难以得到满足，创新就是通过技术上的突破成功满足了这一市场需求，从而创立了新的产业。即技术创新与市场需求相吻合时，新的产业就有可能出现。其次，技术创新能够推动现有技术成果向实用化、市场化方向发展，加快新技术的推广普及，引导产业向纵深发展。产业的发展壮大有赖于技术的产业化、市场化，以满足实际应用的需要，使之成为产业中普遍应用的技术标准。技术创新可以加快这一过程，是企业在市场的不断反馈基础上进一步创新，从而推动产业向更深和更广的方向发展。最后，对于夕阳产业，技术创新能够延长其寿命甚至使产业重生。伴随着不断的成长，任何产业都不可避免地面临发展乏力、市场饱和甚至萎缩的局面。但技术创新往往能够为处于衰退期的产业开辟出一条新路，开发新的应用市场并降低成本，推动产业的复兴。例如，钢铁和化工企业通过应用新技术使得生产过程中产生的副产品被充分利用，既降低了成本又开发了新的业务方向，提高了企业效益。

4. 三种产业发展模式之间的关系

对于以上三种产业发展模式它们之间的关系，可以从两个方面进行分析。从产业发展的角度看，产业发展的过程大致会按照要素推动型发展模式、投资推动型发展模式、创新推动型发展模式的顺序逐渐发展。一般在产业发展的初期阶段，既缺乏资本，在技术方面也缺乏积累，产业发展所能依靠的主要是当地所拥有的要素优势，由比较初级的产业发展，在不断提高管理水平和技术水平的基础上逐步发展。随着一国或地区经济的发展和各方面条件不断完善，特别是资本的积累和投资环境的改善，资本的推动逐步成为产业发展的主要模式，从而摆脱自然资源对产业发展的部分限制，更多依靠大量的资本投入来促成产业在当地生根发芽和不断发展。在这一过程中大量的资本和优良的投资环境相比于单纯的自然资源在推动产业发展方面发挥着更为重要的作用。特别是 20 世纪 80 年代以来，国际环境的缓和以及运输和通信技术的发展使得企业充分利用全球资源成为可能，日本、韩国和东南亚等国家输入自然资源输出产成品的经济发展模式是资本推动型的典型。世界经济一体化趋势不断加深，一个国家或地区的产业必须充分将自身融入全球产业链条当中，充分利用全世界的资源、技术才能在世界市场的竞争中获得持久优势。同时，信息技术革命使以计算机、互联网为代表的高新技术在全球范围内广泛应用，极大地促进了新技术、新型组织的出现，对产业发展的作用不断加深，在国际市场竞争中的优势日益明显，使得创新推动型产业发展模式在产业变迁中成为新的趋势。如何形成有利于创新产生的组织环境和持续的企业学习能力成了全球企业共同关注的问题，也是通过创新持续推动产业发展的关键。

目前在世界主要经济国家当中，要素推动型、资本推动型、创新推动型三种产业发展模式是共同存在的，不同主要体现在不同类型的产业其主要产业发展模式并不相同，有些相同的产业在不同国家所依靠的产业发展模式也不尽相同。导致这一经济现象的因素包括所拥有自然资源的类型和丰沛程度、资本规模和吸引资本的能力、市场健全程度、技术和教育水平、文化影响、政府等多方面，几乎包含了一国或地区政治、经济和文化的方方面面。正是由于影响因素众多，各国情况优势千差万别，注定了产业的发展模式更多的是要素加资本、资本加创新或是三种共存等复合类型。但一些新兴产业将企业内的创新和当地人力资源、自然资源相结合，发展出了具有独特性并契合市场需求的持续创新体系，在全球产业链条中占据了有利的位置，引领产业发展的潮流。

依据前述分析，按照产业发展的主要推动力量的不同，可将产业发展模式分为要素推动型发展模式、投资推动型发展模式和创新推动型发展模式。而从信息服务业的角度来看，由于各国产业的国情不同、经济发展情况不同，其信息服务业所处的发展模式也并不相同。通过对世界各国信息服务业发展过程的研究，信息服务的发展在发展模式上大致经历了从要素推动到资本推动再到创新推动的过程，可将其分为要素推动型、投资推动型和创新推动型三种发展模式，以及介于两者之间的混合型发展模式。

第二节　世界主要信息服务业国家发展模式

对于任何一国或地区的信息服务业而言，其发展模式都有着各自的独特性，发展模式的选择一方面要结合本地的实际情况，另一方面又受到来自国际市场等多方面因素影响，但关键在于选择一条契合自身条件又能够在全球产业链中占据一定地位的发展之路。从这个角度看，美国、日本、印度、爱尔兰和以色列是世界范围内信息服务业中发展模式最具特色的典型，它们合理利用了合适的周边环境，结合自身条件，对所拥有的资源恰当整合，在信息服务业的发展中各具特色，在世界上取得了一席之地。

一、世界主要信息服务业国家发展模式

1. 美国——技术创新推动型

自 1946 年发明世界上第一台电子计算机以来，美国在信息服务业领域一直处于领先地位。随着 20 世纪六七十年代计算机在美国民用领域的不断推广，软件产业逐步萌芽，并发展壮大；到 20 世纪 80 年代，无线通信网络和互联网也率先在美国得到应用，又催生了一批引领世界信息服务业发展潮流的新兴企业。到 20 世纪末，美国企业依靠在某一领域中的技术优势，在信息服务业的各个细分行业中都具有一定的优势，成了行业中的霸主。①依靠创新取得技术优势，占据全球产业领导者地位。美国依靠软件技术上的优势，建成了世界上最完善的软件产业链，成了世界软件产业的主要源头。美国在软件技术上的优势一方面建立在其产业起步最早，在标准制定、技术储备方面具有得天独厚的优势，但美国由中学、大学到企业完善的人才培养教育体系，鼓励创新、竞争的政策导向和社会氛围，对知识产业的有效保护，发达的风险投资业所提供的资金支持等因素才是根本原因。由此美国拥有了全球 1/3 的软件顶尖人才，世界前 10 强软件企业中的 8

家总部位于美国，美国软件企业占据了世界 2/3 的软件市场，其产值占全球产业的 40％。虽然受国际金融危机影响，美国软件业出现了负增长，但其软件世界领先的地位仍然难以动摇。②依靠软件服务分包，成为世界最大的软件外包市场。自 20 世纪 80 年代以来，美国软件业的高速发展带来了美国国内软件人才短缺和劳动力成本不断上升的问题，为解决这一难题，美国将软件业务中的非核心部分通过服务外包的形式分包给印度、爱尔兰、中国等国家，从而一方面使美国企业能够专注于附加值最高的核心软件开发，另一方面有效利用了国外廉价优质的劳动力资源不断降低软件产品成本，不仅解决了难题，又形成了庞大的外包市场，扩大了美国对全球软件业的影响力，增强了其产业竞争力。

2. 日本——投资、创新混合推动型

日本的信息服务业起步于 20 世纪 60 年代末，主要得益于松下、索尼、东芝、日立等电子制造企业在 20 世纪的快速发展，从而带动与之相配套的相关软件产品的发展。因此日本的软件企业与其硬件产业联系非常紧密，主要硬件厂商都有投资建立自己的软件企业，其软件产品也很少独立进入市场，通常作为硬件产品的一部分进行开发和设计并接受市场的考验。目前日本国内的软件市场发展迅速，特别是在通信、制造、半导体、交通等领域对应用软件的需求巨大，其国内市场规模仅次于美国居世界第二位。①突出大企业主导地位，以出口为主要导向。在软件与信息服务业领域，日本主要奉行大公司组织模式，产业集中度很高。在这种结构下形成以少量大型硬件企业为核心，带动为其服务的中小企业发展的金字塔式的产业集群，中小企业根据大企业的要求进行研究和产品开发，这种模式一方面有利于将软件技术迅速与其他相关产品相融合，便于技术创新的迅速转化，缩短了由研发到市场推广的时间；另一方面软件企业也便于通过主导的大企业获得全球市场的发展动态，不断通过创新、模仿、改进紧跟世界产业发展潮流，提升其国际竞争力。在产业导向上，日本信息服务业主要是通过配套硬件产品出口全球，这也是日本政府根据本国实际情况所选择的发展战略，并根据市场的不同针对不同国家采用有差别的出口战略。②技术上由引进、改进到自主创新。技术引进是日本软件和信息服务发展的一条重要路径。在产业发展过程中，日本没有采用从基础研究做起的方式，而是采用了通过引进、改进和再突破的方式，直接跨过投资大、耗时长、风险大的基础研究阶段，直接进入应用阶段的开发。并且日本在消化、吸收新技术方面效率很高，并能在改造、创新方面多有建树。例如，在机器人应用研究领域，无论是在研究人员的数量还是机器人的性能方面，日本均超过了美国。

3. 印度——投资、要素推动的国际加工服务型

印度软件和信息服务业的发展始终以软件服务外包业务为核心，近十年来，印度以软件为主的信息服务业每年以大于 30％的速度增长，据印度软件和服务公司（NASSCOM）统计，印度公司的 IT 服务合同份额占全球总金额的 7％，2009 年印度 IT-BPO 产业总规模为 716 亿美元，软件直接从业人员 160 余万人。①印度信息服务业以服务外包和出口为主，并依靠国外大型客户。如通用、波音的拉动和投资，使印度的信息服务业避开巨额的基础研究费用，通过欧美等国的软件企业将印度软件带入全球市场。②印度信息服务业主要依赖国际市场，自主研发能力不足。在印度的信息服务业中 79％的需求来自于国外，并且其中 60％出口美国市场，其产业与国内工业和第三产业的结合较少，难于带动国内其他产业发展。此外印度的软件服务外包主要是完成软件编程阶段的工作，类似于劳务出口，并不负责产品的设计和研发，其 90％的产值来自于国外拥有知识产权的项目，可以说以服务外包为主的产业模式削弱了印度信息服务业的自主创新能力。

4. 以色列——要素推动的出口贸易型

目前以色列是世界重要的软件研发中心，有 470 余家从事软件技术研发的企业，拥有 Amdocs、Check Point、Comverse 等全球一流的软件企业。近年来，以色列的软件产业占 GDP 和出口的比例已经超过了所有的传统产业，甚至高于其他高科技产业，形成了颇具特色的产业发展模式。①拥有优秀的教育体系和研发人才队伍。2007 年以色列政府在教育领域的投入占 GDP 的 9.1％，用于 R&D 的投入占 GDP 的 3.6％，这在世界范围内都处于领先水平，特别是以色列 24％的劳动人口拥有大学学历。这些都构建了以色列在信息服务业的人才优势。在研发领域，诸多世界知名跨国公司都在以色列建立了信息技术研发中心，包括微软、惠普、IBM、英特尔等，为以色列培养了大量的研发人员，有力推动了软件和信息产业的发展。②以出口为主的产业类型。以色列国内市场有限，产业目标以出口为主，企业多为中小规模，能够根据国际市场灵活开发产品，软件出口占产业总收入的 60％。此外以色列与美国和欧盟保持着密切的贸易关系，与二者都签署有《自由贸易协定》，为其信息产品进入欧美市场创造了天然的条件。

二、各国信息服务业发展模式的借鉴意义

通过对上述世界主要信息服务业国家发展模式的分析，可以认识到这些国家的企业之所以能够在这一领域取得相当成就，与其具有本国特色的发展模式是密

不可分的。而在这些发展模式中既具有共同性又兼具不同的特点，很值得我国借鉴。第一，政府的产业政策导向对产业发展起着重要的推动作用。从上述四个国家看，其经济、文化发展水平和国情不尽相同，但政府对于软件和信息服务的支持方面却具有共同点，即在制度、法律法规、基础设施、资金、人力资源开发等方面为产业的发展创造了良好的外部条件，其中对于像印度这样的发展中国家，政府的作用更为明显。第二，人才在信息服务业的发展过程中不可或缺。在所列举的国家中，美国人热爱创新、冒险的性格和社会氛围在产业发展中发挥了巨大的作用；日本、以色列一直以来都具有完善的教育和人才培养体系，并有一支具有相当数量的高水平人才队伍，即使是印度作为发展中国家也在政府的引导和跨国公司的帮助下快速培养了大规模的软件专门人才，成为其软件业快速发展的最重要原因。第三，本国优势与国际市场开发相结合。在信息服务业发展中，各国都兼具不同的优势。美国通过其大型跨国公司，充分利用了其在技术和创新方面的优势，将自身业务拓展到了全球。以色列凭借高水平的人才队伍、与欧美相通的文化很容易吸引外国投资，发展出主要面向美国和欧洲的产业结构，并因此快速发展。而印度主要得益于较低的人力成本和语言优势，在政府和国外跨国公司的推动下，迅速打开了国际市场，形成了以服务外包为主要类型的产业发展模式。

第三节 信息服务业发展模式体系

一个新兴产业发展的内在动力取决于社会分工、技术创新、社会需求变动，以及产业内部专业化协作等多种因素。对于信息服务业，这些因素如何体现？也就是说研究的着眼点应集中在哪里？应以怎样的思路才能更好地发现信息服务业的发展规律，才能在实践中促进信息服务业的发展？产业链、产业集群和产业融合是信息化时代产业发展的新趋势，是产业内在发展规律在产业发展实践中的具体体现，是现代企业超出了单个企业自身的能力和资源范围的新型组织形式，也是产业发展对当今经济新变化和新特征的一种动态注释。信息服务业同产业链、产业集群和产业融合的结合，使本书找到了研究信息服务业发展规律的着眼点。从前述信息服务业的定义可知，信息服务产品具有不同于物质产品的特性，尤其是产品的虚拟性决定了信息服务产品不同的使用价值和价值，使得成本、价格、产量、客户这些物质生产行业的核心概念，与内容产业关联起来后，其内涵发生了巨变。同时，政府对信息服务业的管理方法和政策体系也必然有所不同。这样，信息服务业的产业链、产业集群和产业融合等发展规律必然不同于物质产业。本课题研究的信息服务业链式发展模式、产业集群发展模式和融合发展模式就具有了理论创新意义和现实意义。无论是产业链、产业集群，还是产业融合，都是适应时代发展涌现出来的高效率的产业组织形式：产业链是产业纵向一体化组织形式，集群是产业聚集的空间组织形式，融合是产业相互渗透发展的组织形式。罗纳德·哈里·科斯（Ronald H. Coase）认为"企业是对价格机制的一种替代，企业和市场是两种可以成为相互替代的协调生产的手段"。因此，产业链、产业集群和产业融合这些产业组织形式就是介于市场和科层制一体化企业之间的准市场或准企业网络结构。

产业发展遵循经济发展的一般规律，即追求成本最低化，利润最大化。研究表明，一个产业内的企业对于某些生产环节是采取市场、科层制一体化，还是准市场或准企业的产业组织形式，主要取决于两个基础性问题：产业组织绩效及环境适应能力。即一个占优的产业组织结构，不仅需要节约市场交易成本，有较高的生产效率，还要有较强的环境适应能力、创新能力与市场竞争力。对产业链、产业集群和产业融合的解释涉及社会分工、交易效率、规模经济和范围经济等多种经济学理论，在此，本书主要分析信息服务业的链式发展模式、集群发展模式和融合发展模式的提出意义及三者间的关系，以便确定信息服务业发展模式的理论体系。

现代产业呈现出的产业链、产业集群和产业融合等新趋势，在信息服务业上得到了充分而更为集中的体现。一是由于信息服务业的特殊性，服务产品单一环节的赢利性较差，内容创意性、产业衍生性等特征使产业各环节在生产过程中的联系日益密切；一些原本由一个企业完成的商品生产过程，由于分工更细分布到多个企业，且每一个企业只在特定阶段进行专业化生产，但这些企业又按照产品的内在经济技术关系在分工的同时进行协作；这种经济技术联系的紧密性决定了该产业较传统产业更易采取产业链的形式组织生产。二是信息服务产品需求变化快且不确定性大，为了有效地进行生产，及时应对市场变化，信息服务企业更趋于选择以柔性生产为主，再加上信息服务业中小企业较多，这些因素驱使信息服务企业"抱团"集聚，在一定的地理空间上将不同专业化部门的相关企业整合起来，形成产业价值活动的区位集中，从而形成信息服务业集群。三是信息技术数字化、智能化和网络化的特点，使之具有较高的渗透性、带动性和融合性，信息服务借助信息技术融合渗透到社会、经济、文化等领域，在对其他产业进行渗透、融合和变革的同时，不断采用其他行业的丰富内涵和成果发展壮大，催生新的信息服务产品和业态，成为信息服务业发展壮大的不竭源泉，从而使融合发展成为信息服务业成长的明显特征。

有鉴于此，本书将信息服务业的发展模式分为链式发展模式、产业集群发展模式和融合发展模式，分别从三个不同的角度描述信息服务业发展规律，阐述发展信息服务业的途径。信息服务业链式发展模式解决信息服务企业之间的组织形式问题，具体地说，就是对于某一信息服务产品从信息素材、信息创意、加工制作、传播到被消费者消费的整个过程，是被某一企业生产，还是被众多企业生产。如果是被众多企业生产，这些企业如何确定规模大小，企业之间应建立怎样的联系，决定上述问题的原因何在。信息服务集群发展模式是解决信息服务企业之间的空间布局问题，也就是生产某一信息服务产品，应由哪些企业或机构集聚在一起，这些企业为什么要聚集在一定的地理空间内，如何集聚在一定地理空间内。信息服务业融合发展模式解决信息服务来源的问题，信息服务如何借助信息技术同其他产业融合，在融合的过程中如何促进其他产业的改造提升而产生信息服务，催生新的信息服务业态，在融合中信息服务业如何得到发展。信息服务业链式发展模式、产业集群发展模式和融合发展模式具有极其密切的关系。在一定程度上，信息服务业集群就是基于信息服务业链纵向分工协作，横向有效竞争的信息服务企业在一定区域内形成的产业组织形式。如果没有信息服务业链的特征，集群内信息服务企业就会因产品同质化导致集群内部企业的恶性竞争，或者因信息服务企业缺乏经济技术联系成为"一盘散沙"，这些都会使信息服务集群沦为低效率的组织。反过来，信息服务业集群是具有产业链关系的信息服务企业在一定地理空间中的集聚，信息服务企业和相关的支撑单位只有集聚在一定的地理区域内，人才、资金、信息等各生产要素才能得以在产业链上在各企业间有效流动，才能产生价值增值。信息服务业借助产业链和产业集群的发展模式，快速成长壮大，使得信息服务业具备了同其他产业融合发展的能力。信息服务业融合发展不仅发生在产业链上各企业之间，而且发生在集群企业各集群主体之间，甚至发生在产业链与产业链、产业集群同产业集群之间，当然也发生在信息服务业同其他产业之间。信息服务业同其他产业的融合发展，除改造提升传统产业，展示信息服务的价值之外，还能产生新的信息"内容"、新的服务产品和新的内容业态，成为信息服务业成长的源泉；这些新信息服务、产品和业态，又会形成新的信息服务业链和产业集群，从而形成一个信息服务业发展的良性循环。

总之，信息服务业链式发展、集群发展和融合发展交织在一起，相互支持，共同促进信息服务业的成长发展壮大，构成了信息服务业发展模式的理论体系。

第四节 信息服务业融合发展模式

信息服务业融合发展模式是对产业融合理论的创新。本节在阐述产业融合概念和特征的基础上，提出了信息服务业融合发展的定义，分析了信息服务业融合发展的技术特征，以信息服务业同传统产业的融合发展为重点阐述了融合发展的机理，最后指出了信息服务业融合发展模式的实现途径。

一、产业融合的概念和特征

1. 产业融合的概念

产业融合最早源于数字技术的出现而导致的行业间的相互交叉。20世纪70年代，通信技术和信息处理技术产生革新并得到迅速发展，加快推动了通信、邮政、广播、报刊等传播媒介间的相互融合，信息服务业融合发展的趋势初现。产业融合是指将多种现存生产运营方式和技术结合起来，创造出比原有生产体系及技术更强大的新的生产能力、新的技术、新的产业形态的过程。关于产业融合的定义，较为有代表性的表述为："由于技术进步和管制放松，发生在产业边界和交织处的技术融合，改变了原有产业产品的特征和市场需求，导致产业的企业之间竞争合作关系发生改变，从而导致产业界限的模糊化甚至重划产业界限。"产业由技术、企业、产品、市场及制度等要素构成，相应地常见的产业融合就有技术融合、企业融合、产品融合、市场融合、制度融合等不同方面或者说不同层次的产业融合。这些融合类型都是产业融合过程当中的相应表现，只有把所有这些关于产业融合的内容汇集起来，才能形成产业融合的整体概念。

（1）技术融合。产业融合最早始于技术融合。美国的罗森伯格（Rosenberg）在对机器工具产业演化研究中，发现了同一技术在不同产业间扩散的现象，于是将其定义为"技术融合"。所谓技术融合，就是不同产业分享共同知识和技术的过程，也是某些技术在产业中的应用或扩散，并导致创新发生的过程。当不同产业共享相同的技术基础并实现一体化，显著地影响或改变了另一产业中竞争、产品、价值创造过程的实质时，就意味着产生了技术融合。

（2）产品融合。产品融合是指不同产品通过替代设计或内部模块整合实现功能统一，从而导致融合型产品产生的现象。如有线电视与网络电视，手持电话与网络电话，以及手机电视、掌上电脑、PDA等具有相同或相似功能的终端设备产品融合。

　　（3）企业融合。企业融合是指处于不同产业系统中的企业，通过战略联盟或并购等方式，逐步向对方的业务领域渗透或扩散，最终趋向同一业务内容的过程。我国计算机生产企业、通信设备生产企业与广播电视设备生产企业的交互渗透，就是企业融合的典型例子。企业融合的本质是不同企业业务的趋同化。从产生融合的单一企业看，企业最初的表现可能是其业务的多元化，企业通过业务的多元化可以积累多种业务知识，奠定业务创新的基础。不同企业业务的多元化，又为这些企业通过业务融合实现企业融合创造了条件。但企业业务多元化并不能直接导致企业融合，只有企业把多种业务知识通过整合融合在一起，才能推动企业融合。

　　（4）市场融合。市场融合是指消除市场准入障碍和产业界限后，各分离市场的汇合与合并。产业出现融合萌芽状态后，融合能否持续下去乃至能否成功需要经过市场的检验。具体而言，该产业需要达到相应的收入弹性条件和生产率上升条件，才具有潜在的市场融合发展前景。例如，在寻呼机与手机业务市场并存的很长一段时期，手机产品最初没有短信功能，后来手机出现了短信业务且价格也不断下降，寻呼业务的消费群体开始转向手机短信业务，最终导致两个市场的融合。

　　（5）制度融合。制度融合是指多个产业的各项制度，向一个新制度的汇合过程，分为微观层次的标准融合和宏观层次的制度融合两大类。微观层次的标准融合是指不同产业系统中的企业，由于共享或共同遵守同一标准而引起融合，主要表现在技术层次上的融合和产品设计上的融合。宏观层次的制度融合包括产业管制政策的融合和监管机构的融合。制度融合对于不同产业系统间的互动有着积极作用，具有协调与催化剂的功能。如美国政府颁布的《电信改革法》，推动了通信与广播电视产业的开放，使二者走向融合，是宏观层次制度融合的例子；TCP/IP 协议在网络上的普遍采用，推动电信网、广播电视网和计算机网的互联与兼容，三者最终也走向融合，是微观层次制度融合的例子。

2. 产业融合的特征

　　从产业融合的概念可以看出，产业融合具有以下几个方面的特征：

　　（1）创新因素是产业融合的诱因。产业融合的产生是多种因素相互作用、相互影响的结果，这些因素可以笼统地称为创新因素。创新因素分为战略联盟、企业基本组织原则的变革、技术和管理创新等内在创新因素，还有与之相对应的外在创新因素，如产业管制的放松、消费需求的变化、全球化与自由化等。以技术创新对产业融合的影响来说，重大的技术创新使技术的通用性加强，可以运用于不同的产业，该技术成为不同产业的共有的技术基础，造成产业边界趋于模糊，进而产生产业融合现象。

（2）开放系统是产业融合产生的前提条件。产业系统在封闭状态下，其所有的创新因素也只能在系统内部进行扩散，因此，不能引起不同产业系统之间的相互竞争与协作，也不会出现产业融合。在开放系统中，创新因素才能够向外扩散，才能造成不同产业系统企业之间的互动，促使产业融合产生。

（3）产业融合是一个过程，可以分为"从无到有"和"从出现到实现"两个阶段。其中"从无到有"指的是，不同的产业系统由原来的非竞争性发展到竞争性，其标志是融合型产品的出现；"从出现到实现"是指产生的融合型产品替代了现有产品，产业融合实现，催生了新产业。在这个过程中，包括技术融合、产品融合、企业融合、市场融合与制度融合等产业系统构成要素之间的融合。

（4）产业融合是在不同产业之间的融合，竞争与协作推动了产业融合的发生。如创新改变了某一产业企业的竞争能力，如果其他产业系统具有相似的知识基础，其他产业企业为提高自身竞争力就要进行学习与模仿，从而促进创新向其他产业扩散，推动不同产业向相同方向发展，进而产生产业融合。

（5）产业融合是产业内要素共同演进的结果。由于任何一个产业系统都是由企业、技术、产品、市场及制度等要素构成，因此产业融合发生时，一个要素发生变化，对产业系统中其他要素都会产生深远的影响，促进其他要素一起演化，从而共同完成产业融合。如技术融合发生后，如果不同产业企业只是共享技术创新成果，而没有转换为产品创新，或者产业政策制度限制其他企业进入，那么产业融合就很难发生。我国"三网融合"提出多年而如今依旧进展缓慢，就是明显的例子。

（6）产业融合是产业创新的方式之一。产业融合是不同产业系统及其系统各要素之间通过演进变化、整合重组，产生新产业的过程。因此，产业融合也是一种产业创新方式。

二、信息服务业的融合发展

信息服务业融合发展是信息服务业借助信息技术同其他产业及其产业内部渗透、延伸和重组。在此过程中，一方面实现信息服务业对其他产业进行提升和改造，另一方面信息服务业不断采用传统产业的丰富"内容"和成果发展自身。信息服务业的融合发展是一个往复循环的过程，一次融合实现后，在新的信息技术及新的社会需求推动下，再次开始新的融合。

1. 信息服务业融合发展的分类

信息服务业的融合发展可以分为信息服务业同其他产业的融合、信息服务业内的融合以及融合产生新业态三个方面，信息服务业同其他产业的融合发展是融合发展的主要方面。

（1）信息服务业同其他产业的融合发展

信息服务业同其他产业的融合发展是产业融合发展的主要方面。随着信息技术的快速发展及其大规模的应用，信息活动不仅仅局限在信息服务业领域，信息服务尤其是涉及人类脑力创造的那部分信息创意，借助信息技术广泛融合到各行各业中，作为一种重要的生产要素渗透到其他产业的设计、工艺、工程、生产、管理、营销、市场、经营等环节，与其他产业生产中的其他要素发生融合。信息技术和信息服务应用于传统产业生产流程，改变或丰富了其他产业中原有的生产方法、工艺以及技术，并由此改变了行业产品的特性，开拓了新的市场空间，促进了其他产业的价值创造，进而通过互相渗透与融合的创造性产生了新的行业。信息服务业同其他产业之间，通常的融合方式有渗透融合、延伸融合和重组融合等。

①渗透融合。即信息服务内容借助信息技术向其他产业渗透、融合，形成新的产业。如 20 世纪 90 年代之后，信息服务业对传统工业的渗透融合，产生了诸如机械电子、数字家电、智能手机、生物电子等新型产业；信息技术向汽车制造业的渗透产生了智能汽车；电子网络技术向运输业、传统商业渗透而产生了现代物流业与电子商务。

②延伸融合。即通过产业间的互补和延伸实现的融合，多数发生在信息服务产业链自然延伸的部分，能够赋予原有产业新的附加功能和更强的竞争力。信息服务业中的部分子产业正加速向第二产业生产的前期研究、中期设计和后期的信息反馈过程进行渗透，包括金融法律、管理培训、研发设计、客户服务、技术创新、广告等，形成不分彼此的融合型产业新体系。

③重组融合。即指原本各自独立的产品或服务，通过重组完全结为一体的产业融合，主要发生在具有紧密联系的产业之间。由于信息技术的高度发展，当前重组融合更多地表现为以信息技术作为纽带的产业链的上下游产业的重组融合，重组融合后生产的新产品多表现出数字化、智能化和网络化特征。比如智能洗衣机、绿色家电等，就是重组融合的重要成果。

（2）信息服务业内融合发展

信息服务业链内各环节间的融合是融合发展的重要组成部分，主要有内容融合、网络融合和终端融合。

①内容融合。内容融合指分属于不同形态的内容生产，依托信息技术形成了跨平台、跨媒体的使用，形成多层次、多类型的内容融合产品。这些融合的内容从媒介划分为报纸、杂志、书籍、广播、电视、互联网等，从形态上划分为文本、图片、影像、声音、动漫。内容融合可以借助信息技术在数字加工、传输阶段很容易地转换或集成不同载体上的信息服务。内容融合同时又表现为传统内容产业和现代内容产业的相互转化，传统信息服务业数字化、网络化后，就变成了现代信息服务业；现代信息服务业去数字化后以印刷文本、模拟信号等形式出现，就变成传统信息服务业。二者在技术形态上的相互转化，以不同形式融合发展，在一些领域从产业、企业、产品等层次已经融合在一起很难分开。

②网络融合。网络融合是指传输渠道的融合。如当前国家积极推进的电信网、广电网、互联网的三网融合。尽管 TCP/IP 协议与电话网中语音通信的线路交换技术截然不同，但互联网和通信网的基础设施却同样使用物理电线和电缆。随着语音和电视信号的数字化，同一网络设施可同时处理互联网、电话和电视数据，电信网、广电网、互联网就具备了融合的技术基础。随着传输渠道的融合，依附在电信网、广电网、互联网上的业务融合也开始展开，三者的语音、视频和增值服务的种类、内容互相渗入，竞争趋于激烈。同时，传输渠道的融合也提供了扩大企业规模、拓展事业范围、促进新产品、新服务开发等新机遇、新市场。信息采集和发行渠道的融合也是信息传输网络融合的一部分。当前，我国电信网、互联网没有采集信息的权力，而电视和报纸等媒体业有着庞大的记者、专业编辑、播音、发行队伍，电视和报纸等媒体及其内容生产商当仁不让地成为网络媒体最大的内容提供商。如台湾东森集团，新闻采集与供稿的一般工作流程是：采访某一新闻事件由一新闻小组承担，小组内通常有文字和摄像两名记者。到达现场和进行采访时先由文字记者通过电话口头向东森广播网发布信息，由电台率先播出，然后当摄像机架好并进行电视采访时，新闻信息就开始流向电视媒体，同时文字记者又整理出文字新闻稿，发给集团内的网络媒体，而集团的平面媒体则从网站上下载所需新闻，经编辑后在报刊上刊出。所以当一个新闻事件发生后，到现场的东森集团记者往往只有两个，而刊播这条新闻的却可能是集团内的众多媒体。这样使得集团的单位产品的成本降低，范围经济的效应得以显现。另外，互联网与移动业务、IPTV 与数字电视之间的融合当前已经非常明显。

③终端融合。终端融合是指计算机、通信、电子消费产品的融合，具体包括

电脑、手机、电视、广播、电子终端娱乐设备等。通过终端产品功能、传输网络和内容的多元化融合，在单一终端产品上实现集成化的信息传递和消费，消费者可以在任何地方享受数字音乐、照片、视频和游戏等信息服务业链内的融合成果。如 2009 年在美国第一大连锁书商 Barnes&Noble 诞生的手持式电子阅读器。

（3）融合创新形成新业态

融合创新业态是信息服务业融合发展的高级类型。信息服务借助信息融合技术在横跨多个部门、综合多种业态的基础上，对原有产品和业态重新进行整合，重新专业化分工，融合形成新业态。融合创新形成新业态是信息服务业同其他产业及其内部融合发展过程中都有可能发生的情形，也可以将其内含在上述两种类型之中。由于每一个产业都是用某种特定的技术手段及装备，通过与其相适应的工艺流程来生产某种或某一类产品，不同产业中居于主导地位的技术手段也是不同的；而信息服务业融合发展过程中，信息技术改进或变革了某些行业的主导技术，引发原有产业边界的收缩或扩张，改变了原有产业特性和市场需求，从而引发了产业边界的改变和新产业的诞生。如汽车电子产业、工业软件产业、工业创意产业、企业信息化咨询业，以及电子媒体业、网络广告业、IPTV、电子商务等新型业态，都是融合创新形成的新业态。

三、信息服务业融合发展的机理

信息服务同其他行业融合发展、产业内部融合发展和融合产生新业态三种融合形式中，信息服务同其他产业融合是促进信息服务业融合发展的主要途径。因为信息服务同其他产业融合可以拓展信息服务的领域和范围，滋生新的信息服务业，而信息服务业内部融合和融合产生新业态的融合机理可以归纳到信息服务同其他产业融合的机理之中。

1. 信息服务业融合发展的过程

本节以信息服务业同传统产业的融合发展为重点，从信息服务业融合发展过程和融合发展如何产生新的信息服务业两个方面，对信息服务融合发展的机理加以阐述。传统产业一般是指以传统技术从事社会生产或服务，传统产业是一个动态的概念，狭义的传统产业仅指传统工业，而广义上范围较大，包括工业、农业、交通运输和基本的社会服务业等。本书使用的是狭义传统产业的概念。信息服务业同传统产业的融合发展，具体体现在信息服务借助信息技术，对传统产业生产方式、生产技术、企业管理、组织结构、竞争方式、交易方式和产业要素等方面不断进行渗透、延伸和融合，实现融合发展。

（1）在产业生产方式上的融合

工业时代，传统产业特别是制造业采取的是大规模、标准化和装配线式的生产方式，其发展模式是通过单一品种（或少数品种）的大批量生产来降低成本，以成本的降低所带来的低价格来刺激产品需求；主要优点在于产品大量而快速的生产，产品的成本随着生产量的扩大而降低。但是，这种传统的大规模生产方式忽略了人们的个性化需求，随着人类社会消费层次的提高和需求多样化时代的来临，企业面临如何有效地组织多品种、小批量生产的新课题。同时，大规模生产模式对能源、资源的过度消耗也给经济的可持续、健康发展带来困难。20 世纪90 年代，信息技术的发展突飞猛进，有力推动了企业生产方式的进一步变革。通过无所不在的信息网络覆盖，使工业运行中的管理、物流、情报分析、视频判断、声音划分、企业信息平台、数据处理和存储、客户管理、市场追踪、内部信息跟踪系统、异地商务活动等获得了更高的效益，并降低了传统的同类业务的成本。生产方式最明显的变化是自动化和虚拟化。当前自动化主要表现在制造系统中的集成技术和系统技术、人机一体化制造系统、制造单元技术、制造过程的计划和调度、柔性制造技术和适应现代化生产模式的制造环境等方面。制造自动化技术的发展趋势是制造全球化、制造敏捷化、制造网络化、制造虚拟化和智能化。同时，信息技术的应用使得绿色制造成为可能。绿色制造通过绿色生产过程、绿色设计、绿色材料、绿色设备、绿色工艺、绿色包装、绿色管理等生产出绿色产品，产品使用完后再通过绿色处理加以回收利用。采用绿色制造能最大限度地减少制造对环境的负面影响，同时使原材料和能源的利用效率达到最高。随着现代信息技术的发展应用，企业与消费者建立新型关系的条件逐渐成熟，传统的规模化的生产方式被新的柔性化、个性化生产方式所替代。

（2）在生产技术上的融合

信息技术能够应用到企业生产的多个方面，如计算机辅助设计（CAD）、计算机辅助制造（CAM）、虚拟仿真、数字模型，以及数控（CNC）、程控（PLC）、分布式控制（DLS）、敏捷制造等，使企业能够实现产品设计自动化、生产过程自动化、以网络为基础重构供应链等。如摩托罗拉建立的面向生产车间的解决方案，将支持无线局域网（WLAN）的手持数据终端、条码和无线射频识别（RFID）技术与自动化应用程序相结合以简化企业的制造流程，通过创建一系列连续、准确的文档来记录机器状况和材料，可减少错误和改善生产。我国在"神七"和"歼十"等重大工程中，采用先进的数字化设计手段，促进了型号设计由单项设计向网络化协同化设计的转变，产品设计更改次数减少 50%，产品设计周期缩短 40%，产品开发成本降低 20%。

（3）在企业管理上的融合

不管什么类型的企业，信息技术都能应用到其经营管理上。传统企业管理方式是围绕大批量、低成本和流水线式的生产模式进行的。信息技术的发展为传统产业的企业管理升级提供了支持，企业的内部管理、市场营销、仓储运输等各项经营环节均可借助信息网络完成。信息网络已成为企业价值链上各个环节的主要媒介和实现场所。

①增强企业的管理功能。计算机的使用，可以改进内部计划与控制的效率，为企业运用预测、规划与库存、决策等数学模型提供了可能性，促使企业管理由定性向定量发展；信息网络的出现，使企业内部各部门、上下层级、员工之间，以及企业同企业、企业与市场之间的信息传输更加迅速、便捷。管理信息系统的应用，实现了企业内部与外界物流、资金流和信息流的统一，使企业向零库存管理迈进。

②提供了全新的管理模式和技术。随着信息技术的迅速发展，企业管理手段和技术不断升级、优化，从 MIS 到 MRP、MRP Ⅱ、ERP、CIMS，专家系统（ES）、办公自动化系统（OA），还有企业内联网（Intranet）、企业外部网（Extranet）、互联网（Internet）。企业借助信息技术获得的新的管理模式和技术能够充分开发利用企业内外资源，大幅提高企业快速反应能力和经济效益。

③丰富了企业管理理论。信息技术催生了企业业务流程再造和柔性的管理思想，重新诠释和补充了传统产业管理理论。企业业务流程再造就是抛弃企业原有依据传统分工原则建立起来的业务流程，改变企业过去分割很细的工作流程，按照更好地组织生产，满足消费者需求的原则，利用网络信息技术重新设计企业组织结构及业务流程。"柔性管理"是相对于传统的"刚性管理"提出来的，"刚性管理"用制度约束管理员工，以"规章制度为中心"，而"柔性管理"则是对员工进行人格化管理，以"人为中心"。"柔性管理"是借助信息技术，在信息共享、虚拟整合、虚拟实践社团、竞争性合作等基础上实现管理方式创新。

（4）在企业组织结构上的融合

企业信息传递方式和管理模式的变化推动企业组织结构发生根本性的变化，工业化时代建立的职能部门制和等级制将被彻底改造，新的组织结构将以任务目标为基础，而不是传统的专业化分工，横向组织将逐步取代纵向层级组织，企业组织结构的主体，将变成动态化、虚拟化组织结构。

①组织结构趋于扁平化。传统企业"金字塔"形的组织结构，存在着大量的

中间管理层次和人员。随着信息技术的应用，企业信息的传递方式由原先的垂直等级型变为水平型，企业组织的层次减少而跨度加宽，中层管理人员开始让位于信息系统，企业组织结构变为扁平的"矩阵"型，从而更有利于信息的有效传递和对市场反应的灵敏性。

②虚拟企业或公司大量出现。现代社会经济形态已步入虚拟经济与实体经济互动的二元结构形态，虚拟企业将成为未来企业经营的主流模式之一。虚拟企业是在产业融合发展中催生的一种新型的企业合作形态，它在很大程度上能够成为产业融合得以拓展的重要微观组织基础。虚拟企业或公司的基本思想在于通过信息网络突破企业的有形界限，借用外力强化合作体的竞争优势。虚拟企业是指为完成特定任务，由众多的企业联合而成的一种合作组织形式，它是不具有法人资格的实体，可以根据完成任务的需要，灵活地利用不同企业或公司的资源，实现原先的单个企业不能承担的任务和功能。虚拟企业具有组织结构灵活、松散、柔性等特点，在信息网络平台上，加快了企业资源整合速度，并在此基础上实现了企业快速响应市场的能力，技术和产品不断地推陈出新，从而不断满足消费者个性化和综合性需求，达到速度经济效应。

③企业组织的实体逐渐变小。由于信息网络的辅助，大型企业及其内部各个部门可通过网络将人员规模压缩到最小。与此相应的是，人才租赁、信息中介等公司大量出现，员工隶属关系体现多样化。人才租赁公司可以向企业提供各种专业技术人才，信息中介公司可以出售各种信息，一个员工也可以同时为几家企业工作。所有这些促使企业组织的实体规模逐渐变小，以提高对环境的应变能力和灵活性。

（5）在产业竞争方式上的融合

信息技术迅速发展，带来了全新的市场竞争机制：①信息社会中，企业竞争的着力点是创造"准确的"产品、寻找"正确的"市场，以及创新"合适的"商业模式，而摒弃传统的通过提高产品的数量和质量，降低生产成本和价格的竞争方式。②互联网的出现和电子商务的快速发展，改变了企业原有的竞争范围，竞争不仅来自同行业和同一区域，还将来自国内以至于全世界的竞争对手。③企业要面临新形式的价格竞争。在互联网时代，产品市场价格变动能及时得到反应，信息不对称现象消失，供需状况得到改善。

（6）在产业交易方式上的融合

互联网的蓬勃发展及其应用的不断丰富，使电子商务得到迅速发展，提供了新的便捷的企业交易平台，改变了企业传统的交易方式。跨地域跨国界的交易由于国际互联网的快速与便捷而得以顺利实现，电子商务不断降低企业的生产成本，提高企业的生产经营效率。在更宏观角度上，在信息技术的大量运用和信息传播手段的多元化背景下，信息服务借助信息技术同传统产业的融合加快了货物贸易与服务贸易的分离速度，信息服务增加了服务贸易从货物贸易中分离出的价值量，形成了新的社会分工体系和就业结构。

（7）在产业要素上的融合

信息技术的渗透性、带动性和倍增性，可以从根本上改变传统产业的劳动力、产品、技术等要素结构变化，提高传统产业的劳动生产率。

①提高产业技术水平。人们利用信息技术，更迅速、更准确地获得各种所需的信息，促进产品更新换代，产品更新速度快。科学—技术—生产的周期在信息技术的推动下明显缩短，科学技术转化为生产力的速度加快。信息技术对传统产业的结构改变，可以使传统产业以新的面貌，成为某些新兴产业赖以产生的重要物质条件，甚至创造出全新的产品和产业结构。

②优化劳动力结构。一是人员结构。一方面，产业劳动者借助信息技术可大大突破过去人力技能的局限，使市场对体力劳动者需求减少，改变了体力和脑力劳动力的比例结构；另一方面，信息技术的不断创新和电子商务的发展，使劳动力在产业部门之间的分配比例发生变化，改变了就业岗位分布。二是技术结构。信息技术的不断创新及其应用，在提供新的就业机会的同时，也对劳动者提出更高的教育要求，改变了劳动力的技术结构。

③改变市场需求结构。首先是信息技术产业和信息服务业的发展本身，带来了很大的新的市场需求，削弱了传统产业的市场地位。其次是信息技术的广泛应用改进了产品性能，使得可替代资源增加；信息技术对传统产业的改造提升，增强了传统产业的生命力。最后是信息技术的快速发展，缩短了信息技术产品周期，产品更新换代快，花样品种多，改变了人们的消费观念。

④实现向当前产业转变。信息技术的广泛应用，使传统产业重心从劳动密集型转向资本密集型，进而转向知识技术密集型，从初级技术型转向高级技术型，从高物耗型、高能耗型向节物型、节能型转变，从硬型结构向软型结构转变。

2. 融合发展中信息服务业的产生

在信息技术同传统产业的融合中，信息技术对传统产业的各个方面的改变和效果，关键是信息流的改变和产生，也就是信息服务如何发挥作用，在融合发展中新的信息服务业如何产生，而这正是信息服务业融合发展的机理的关键所在。主要体现在两个方面：

第一，信息服务借助信息技术改造和提升其他行业。信息技术利用高渗透性等特征，通过改变和控制发生融合产业的信息来进入其他产业的生产流程，从而改变融合产业内企业的组织成本和市场的交易成本，提高产业生产的附加值和生产效率；同时，提供产业内企业多样化经营的可能性，实现范围经济效应。除此之外，还促进了传统产业创新，提高了产业竞争力等。对传统产业来说，信息服务业的融合发展有效解决了传统产业素质不高、资源配置效率低和生产能力过剩等问题，推动了传统产业的升级换代。1977 年，美国斯坦福大学教授马克·波拉特（M. V. Porat）在其所著的《信息经济：定义与测量》中，将信息产业分为第一信息部门和第二信息部门。第一信息部门是指直接向市场提供信息产品和服务的部门，第二信息部门是指信息劳务和资本提供内部消耗，不进入市场的信息服务部门。从信息服务业发展的视角，信息技术对其他行业的改造和提升的过程，就是信息服务业发挥影响力、产生效益的价值体现，也就是波拉特所说的"第二信息部门"，也就是产生了隐性信息服务业。

第二，在信息技术同传统行业的融合中，传统行业不断提供给信息服务业发展需要的"内容"。在信息技术同传统行业的融合过程中，虽然存有大量的物资流、资金流，但更多、更直接的是信息流，形成了大量的图像、文字、声音、影像等数据资料，反映融合过程中产生的创意、设计、技术、产品、管理和产业发展等信息，这些数据资料形成的信息资源不仅可以直接利用，而且通过数字化和网络化技术加工制作而保存，在更长时间和更大范围内对社会生产生活发生作用，构成社会生产生活的重要组成部分，成为信息服务业的"内容"。对于那些为传统工业生产服务的教育、金融、保险、法律、科学研究、文化、艺术等服务性行业，其本身就是信息流的生产、管理和使用行业，这些行业在融合过程中产生的信息资源，以及对这些信息资源的数字化、网络化和进一步开发利用，就是信息服务业的产生和发展过程。因此信息技术同传统产业融合过程中信息的产生、存储、加工、转移和使用，以及由此研究开发的信息系统、数据交换中心、数字认证中心等，形成的信息管理平台、数据库等，成为内容产业不断壮大的不竭源泉。对这些信息服务，按照社会需要的大小，进一步进行开发创新、生产加工、传播消费和衍生品开发，成长为新的信息服务业。

信息技术同农业、旅游、交通运输、政府、社会公共服务业等融合的机理与同传统工业的融合机理大体相同。如对于政府和社会公共服务等其他部门来说，信息技术同样具有上述两个方面的作用，信息服务业的融合发展机理也基本相同。一方面，信息技术对各级政府部门和各类社会公共服务部门的服务方式、服务内容、管理模式、组织结构等方面进行融合渗透，将传统的生产生活管理方式信息化，导致社会形态发生了变化，形成了电子政务、电子商务等新型业态，优化了政府和社会公共服务组织的结构和工作流程，提高了自身管理水平，向社会公众提供高效、优质、廉洁、高水准的管理和服务。另一方面，信息技术在同各级政府部门和各类社会公共服务部门业务融合的过程中，产生了各种各样的政务和公共服务数据库等信息资源，这些信息资源的形成和进一步开发利用又构成了新的信息服务业发展。

四、信息服务业融合发展的途径

未来学家约翰·托夫勒在《第四次浪潮》中指出，未来人类社会将会在信息技术的带动下，以产业链的交叉和融合化方式，促进传统产业改造升级和整体社会产业结构优化。目前，信息革命在走过了主机时代、个人计算机时代和互联网时代后，正在迈入以云计算为标志的第四个阶段。我们应把握信息技术的发展趋势，利用信息技术的渗透性、倍增性和创造性促进信息技术同其他产业的融合发展，以融合发展的模式加快信息服务业的发展。

1. 推广应用信息技术

信息技术的推广应用是发展信息服务业和实现国民经济信息化的主要途径。信息技术在国民经济和社会各领域的推广应用，能够产生信息服务，提供信息服务业发展的信息素材。围绕国民经济和社会重点领域，以促进信息资源的开发共享为主线，在重点服务行业深入推广信息技术的应用，促进信息流与物流、资金流的互动融合，拓展信息服务业发展空间。

（1）加快传统产业的信息化改造，积极推进信息化和工业化的深层次融合。加快对传统产业的信息化改造，一直是我国信息技术推广应用的重点。自2000年党的十五届五中全会以来，信息化与工业化的融合发展就成为国家战略。"两化融合"成为我国推广信息技术，实施对传统产业的信息化改造的重要任务。实践证明，工业化是信息化的重要载体，是信息化的前提和基础；信息化是工业化发展的工具，是工业化的延伸和发展；工业化对信息化提出了应用需求，信息化是提升工业化的重要力量。二者是利益共同体，相互促进，相互推动。在此过程中，以研发设计、流程控制、企业管理、市场营销等关键环节为突破口，推进信息技术与传统工业结合。支持工业企业与信息技术企业开展多层次的合作，通过产业融合促进传统产业产品的生产、服务信息化和模式创新，尤其是促进信息技术在节能减排中的应用。鼓励传统企业采用信息技术，优化业务流程，实现服务手段多样化、服务产品个性化，以及服务范围和服务效率提升。

（2）针对当前的热点问题，组织开展行业应用试点示范工程，引发传统产业生产、经营、管理的全方位变革，促进传统产业升级和转型。如在金融领域中，可以鼓励银行、证券、保险等行业不断提高业务电子化、服务网络化、管理信息化水平，为企业提供个性化、专业化、安全可靠的金融服务。发展金融资讯信息加工、整合与分析业务以及相关外包业务。推动与金融服务密切相关的征信行业发展，为产业发展和企业融资提供良好信用保障机制。在物流领域，积极推动信息技术在制造业物流、城市配送物流中的应用，鼓励第三方、第四方物流新模式发展。推动港口、航运、物流、监管等口岸信息的共享。

（3）大力发展电子政务和社会公共管理信息化，通过重点区域、重要领域的辐射作用，促进这些领域内信息服务业的发展。通过加快现代服务行业公共技术及信息交流平台建设，加快建设国际科技商务、科技信息、技术产权交易服务等专业平台，实现各专业公共信息平台的互联互通；结合国家改善民生工程的实施，加强信息技术在教育、医疗、社保、交通、农业等领域的应用，加快信息惠民步伐。积极推进社区信息化建设，促进信息技术走进千家万户。

2. 加快制造业服务化进程

我国是制造业大国，制造业服务化对信息服务业的发展具有重要作用。制造业服务化是在信息技术条件下，制造业和服务业融合发展的过程，也就是制造企业利用计算机、通信、互联网等信息技术，由提供物品向提供服务转变，通过提供服务来提升产品价值，甚至不再卖物品而是卖物品的功能或服务。制造业服务化使企业从以注重生产为主转变成生产服务并重，把提供物界定为物品—服务包，充分地满足顾客的需求。

当前，加快制造业服务化是我国信息服务业融合发展的重点和突破口。原因在于：①我国制造业占 GDP 的比重高达 40％以上，并有多类产品产量居世界第一位，煤炭、钢铁、轻工、纺织、机械等制造业在国民经济中处于主导地位。②我国制造技术相对成熟，与信息技术关联程度高、渗透程度高、交互作用明显，易于实现技术融合，信息服务业融合发展易于在制造业服务化过程中实现。③目前我国制造业机械化、电气化程度高，对于信息技术、信息产品、信息业务的需求量大，为融合创造了空间。制造业服务化过程中出现的生产网络和营销网络，开展的产品研发、广告、保险、会计和运输储存等活动，提供的金融服务、企业管理咨询、法律和知识产权服务，都是滋生信息服务业的温床。制造业服务化可以发生在制造业生产管理活动的整个过程，如生产前的市场和定位调研，研发中的设计、创意和模具服务，生产过程中的工程技术服务、设备租赁服务，营销中的物流服务、网络品牌服务、出口服务等。④我国制造业大型企业数量多、规模大，企业主体具备了资金投入、技术研发、人力资源培养等能力，并能够支付融合带来的成本，为融合提供了条件。⑤我国制造业具有极强的带动能力，制造业关联度强，关联效果明显。技术进步推动下的制造业服务化，又能够迅速带动制造业上下游产业的融合发展进程。⑥我国节能减排政策的支持。制造业作为我国的主导产业，一直存在高耗能、高污染等特点，融合发展能够通过技术融合改变生产函数中生产要素之间的关系，合理优化生产要素的有效配置，从而降低高耗能、高污染等。

制造业服务化的过程是以信息技术为主的高新技术推动下的融合发展过程，也是催生信息服务业的过程。信息技术的发展，使制造业具备了走向服务化的客观条件。伴随着制造业的服务化，生产性服务业得以迅速发展，成为现代经济发展中的重要力量。生产服务业由建立在信息技术基础上的新兴服务业和一部分经过改造"再现活力"的传统服务业组成，是同传统服务业相区别的现代服务业，最明显的特征是为物质生产制造产业提供服务。生产性服务业是伴随着信息技术的应用和信息服务业的发展，依托现代管理理念而发展起来的，相比传统的劳动密集型服务业，生产性服务业是信息和知识相对密集的服务业，具有低能耗、低物耗、低污染、高技术密集度、高知识含量、高附加值（三低三高）的优势。制造业服务化有利于提高制造业的生产附加值和生产效率，降低制造业的交易成本。加快制造业服务化进程，发展生产性服务业或现代服务业，是信息服务业融合发展的重要途径。

根据制造业与生产性服务业发展的特点，制造业服务化有以下几种融合发展途径：

（1）基于共生性的融合发展途径。制造业的基于共生性的融合发展是实物产品和服务基于同一种价值创造，二者逻辑上紧密配合、共存共生，捆绑在一起满足客户需求，提供的融合产品是"产品＋服务"的形式。一般是以设备集成商同时提供实物产品和生产性服务的形式来完成。参与这种融合发展途径的制造业主要针对那些高科技创新产品、专用设备，或者产品需要定期维护的制造业等。高科技创新产品、专用设备等技术密集型制造业，如医疗设备制造业、IT设备制造业等，由于这类产品属于高科技创新产品，操作使用复杂，需要设备制造商提供相应的培训、技术支持等相关服务，集成商只有同时提供产品和生产性服务，才能销售完整的产品。产品需要经常性维护或修理的产业，如汽车、办公设备、家用电器等，这类产品的使用者自己也难以维护或修理，客观上要求产品出售时，提供安装、维护、回购等服务。

（2）基于内生性的融合发展途径。基于内生性的融合发展是指通过产业链的延伸，在实物产品产业链的前后方向上派生出相关的生产性服务。内生性的融合发展是实物产品衍生出新生产性服务，生产性服务可以帮助实物产品制造业拓展销售市场，本身也可以为了提高其外包和服务能力，进行专业化和集群化发展。这种融合模式在制造业内生的融资租赁、售后服务市场表现得较为明显。如在汽车制造、大型机械设备制造等比较昂贵的产品制造业，制造商为了取得竞争优势，扩大市场销售，往往通过提供金融服务来促使顾客购买，通过提供保险服务来减少顾客的使用风险，通过提供售后维修服务来消除顾客的后顾之忧，通过提供回购服务来降低顾客的退出风险。此外，这种融合发展也可以发生在制造业与旅游服务业之间，如大众汽车公司兴建的汽车主题公园 Autostad，就是汽车制造业与旅游服务业融合发展的杰作。

（3）基于互补性的融合发展途径。基于互补性的融合发展是指制造业与生产性服务业在为客户提供解决方案时，为了更好地满足客户需求而将实物产品和生产性服务结合售出的一种模式。在该种模式下，实物产品与生产性服务并非捆绑出售，而是本质相关，两者互补性融合共同达到最优绩效。在基于互补性的融合发展途径下，企业既提供可以满足客户一定需求的实物产品，也提供可以满足客户一定需求的生产性服务，而如果实物产品与生产性服务通过技术、资源、业务、管理和市场等方面的互补，提供给客户具有互补性的融合产品，将会产生更多的价值，产生 $1+1>2$ 的效用。这种模式主要发生在电信、通信、机械设备等领域。如生产手机的厂商通常和电信运营商结合在一起，一个提供实物产品，一个提供通信服务，二者配合提供互补性的融合产品满足消费者的通信需求。

3. 推进信息服务业链内融合

信息服务业包含领域多，涉及范围广，推进信息服务业内融合是发展信息服务业的重要途径。

（1）以内容为核心，推动信息服务业链上下游企业间的融合。当前，作为传播载体的通信运营商，要充分利用自身具有的行业优势，积极向产业链上游的内容运营和内容创造环节扩张，从传播载体向综合信息服务商转变。网络服务商可利用业务特点逐步向信息服务加工环节渗透，进入信息服务尤其高端原创环节。内容运营商要在不断加强对内容源头掌控的同时，通过与网络运营商的合作向下游用户端延伸。终端企业要考虑到对内容和服务的支持，将内容与终端产品进行结合和打包，提高产品附加值和用户黏性。同时，积极推动产业链上各细分领域的企业之间相互融合。如手机电视、网络电视和车载移动电视企业的融合发展。

（2）积极推动内容产品在三网间的融合应用。要打破当前电信和广电行业在网络、终端设备、业务模式、内容供应等方面各自形成的产业链格局，加速广电行业宽带发展，提升电信企业内容生产制作和传播水平，推动广电和电信行业企业相互进入对方领域。大力发展融合类业务，把固定、移动、数字电视和互联网的融合运营作为发展大趋势；加快推进全业务的网络演进和融合，顺应业务 IT 化、承载 IP 化的趋势，加快传统网络向融合、扁平化的下一代网络演进；重点拓展移动互联网应用、宽带视频应用、ICT 综合解决方案、移动及固定融合产品等领域；融合多种技术的新业务为客户强化体验，提供增值和信息服务；加强与终端厂商、系统集成商和业务平台、内容提供等运营环节的产业链合作，建立开放的生态环境，积极开发基于三网融合和第三代移动通信的数字内容，丰富终端产品，为用户提供话音、数据和广播电视等综合服务。

（3）推动跨部门跨行业的信息整合。跨部门、跨行业的信息整合是实现信息共享、深度开发信息资源和加快信息服务业发展的必然要求。在信息化建设的初级阶段，信息系统的建设是分散进行的，这些围绕各自业务分散开发或引进的应用系统，一般不会事实上也不可能考虑信息共享和系统互联互通问题，产生"信息孤岛"是在所难免的。"信息孤岛"的出现使各"岛"内的信息资源处于与外界隔绝状态，不能实现跨部门、跨行业流动，也造成了重复建设和资金的严重浪费。产生信息孤岛的原因，既有数据标准不一致或难以实现信息共享等技术的问题，也有制度因素尤其是部门权力分割的影响。要想解决信息孤岛问题，只有加强部门行业间信息资源的整合力度，从体制机制、标准制定和信息系统建设等方面推动跨部门跨行业的信息整合，促进互联互通。

4. 推动信息服务业融合创新

创新是产业发展的灵魂。信息服务业要围绕技术、产品、新型业态等，大力推进融合创新。

（1）充分利用信息技术对传统技术创新、扩散、传播的优势，加大信息技术与其他技术的融合，推动信息技术自身及其在各行各业的创新和演进，促进新技术、新产品、新工艺、新功能的研发、应用和生产。

（2）围绕互联网、移动通信和数字电视内容，积极发展增值业务。一方面，围绕人们工作生活需要的信息渠道、沟通、娱乐和生活助手等功能，积极发展互联网内容服务形式。另一方面，大力发展移动内容业务。在完善短信、彩铃、

WAP、彩信等传统移动内容业务的同时，积极开拓手机 IM、手机邮箱、手机游戏、手机视频等面向 3G 的业务，发展独立的免费手机 WAP 网站，加快手机媒体化进程，开发和推广移动 UGC、移动博客、移动社交网络等更多移动 Web2.0 的业务和内容，着力拓展和创新数字电视的增值业务。

（3）以文化创意、影视制作、出版发行、印刷复制、广告、演艺娱乐、文化会展、数字内容和动漫等产业为重点，推动文化内容产业发展。

（4）面向市场需求，通过发挥第三代移动通信网络、下一代广播电视网、宽带光纤接入网络等网络基础设施的作用，加速信息流和服务流发展，促进现代物流、移动办公、导航定位、仓储安防、生产环境监测、离岸服务外包、电子商务、物联网等内容产业新型业态发展。

（5）创新信息服务延伸产品开发。以信息服务创意形成的核心产品为基础，结合信息技术特征，对核心产品进行个性加工，拆借、组合、编辑、包装、集成形成新的延伸产品，不仅可以提高内容资源的利用率，而且使整个内容产业的产品供应数量增加。

信息服务业同传统产业的融合发展，具体体现在信息服务借助信息技术，对传统产业生产方式、生产技术、企业管理、组织结构、竞争方式、交易方式和产业要素等方面不断进行渗透、延伸和融合。在这个过程中，一方面，信息服务借助信息技术改造和提升其他行业，产生了"隐形"信息服务业。另一方面，其他行业不断提供给信息服务业发展需要的"内容"，形成新的信息服务业。

第五章 发达国家和地区信息服务业发展的特点与经验借鉴

第一节 美国信息服务业的特点与经验借鉴

信息服务业是利用计算机和通信网络等现代科学技术对信息进行生产、收集、处理、加工、存储、传输、检索和利用，并以信息产品为社会提供服务的专门行业的综合体，是服务者以独特的策略和内容帮助信息用户解决问题的社会经济行为。从劳动者的劳动性质看，这样的行为包括生产行为、管理行为和服务行为。信息服务业是信息资源开发利用，实现商品化、市场化、社会化和专业化的关键。主要分为三大类：即信息传输服务业，IT 服务业（信息技术服务业），信息资源产业（主要指信息内容产业）。

信息服务业是信息产业中的软产业部分。信息服务业是从事信息资源开发和利用的重要产业部门，属于第三产业。信息服务业是连接信息设备制造业和信息用户之间的中间产业。对生产与消费的带动作用大，产业关联度高，发展信息服务业有助于扩大信息设备制造业的需求和增加对信息用户的供给。

美国政府十分重视信息服务业的发展。注重以法律手段保证和促进信息服务业的健康发展，建立了独具特色的市场信息服务体系；重视数据库资源建设；建立了比较完善的风险投资机制和信息服务业行业协会。美国完善的信息服务体系对于促进美国经济的发展和市场经济的成熟发挥了重要的作用。我们应该借鉴美国信息服务业发展的成功经验，推进信息服务业的法制建设，建立有效的专门信息服务系统，发展特色数据库，建立风险投资机制和信息服务业行业协会。

一、美国信息服务业发展现状

1. 美国信息服务业的发展概况

信息服务业是一个产业关联度、感应度和带动性都很高的产业。美国是世界上最强大的经济体，信息产业已成为美国重要的支柱产业之一，对美国经济产生了巨大的推动作用。近些年来，我国的信息产业已取得了很大的成就，实力有了很大提高，但与信息产业强国相比，我国信息产业总体发展水平依然较低。借鉴美国信息产业成功发展经验，有利于促进我国社会经济的发展。美国信息服务业起步早，并得益于其得天独厚的条件以及成功的市场运作模式，已经形成了完备的市场体系。美国的信息服务业约占全球市场的1/3强，并在软件业（尤其是系统软件）、数据库业、因特网服务业、咨询业（如工程咨询和管理咨询）等产业领域中占据了全球领先的地位。

美国是当今信息产业最发达的国家，其强大的计算机技术、通信技术以及网络技术构成了美国信息技术产业的基础构架，从而带动了美国信息服务业的快速发展，其增长速度已超过了硬件及软件的发展。2003年，美国信息服务业的附加值已达到4 937.9亿美元，就业人数为320万人，并且形成了功能齐全的信息服务系统。美国信息服务机构通过为客户提供各种增值服务和技术手段改善了企业的运作，降低了成本，提高了市场竞争力。目前，美国的金融、商业、能源、交通、制造业的日常业务都是通过先进的计算机系统和通信网络来完成的。近年来，随着科技的进步，美国的信息服务业无论是方式方法，还是服务内容上都发生了根本性的变化。传统的图书馆式科技信息服务通过利用现代的计算机技术正在向网络信息服务转变；专业化、专题化的数据库发展迅速；信息服务的功能越来越优化，面向政府和市场解决实际问题的咨询服务业日益强大。可以说，美国信息服务业的发展对于促进美国经济的发展和市场经济的成熟发挥了不可替代的作用。研究美国信息服务业发展的经验，对于加快我国信息服务业的发展和完善市场经济来说是值得借鉴的。

金融危机后，美国将信息服务业作为经济复兴计划中的重要环节。奥巴马政府不仅将信息技术视为21世纪基础设施的关键组成部分，而且力图通过实施经济刺激方案等给予力度较大的政府支持。美国设立了国家级的CIO，将政府的决策层级向上提升，来强化国家政策推动的执行力。为应对国际金融危机，美国政府在信息产业和信息服务业发展方面出台了一系列政策。例如，总投资72亿美元的宽带刺激计划提出，将创建覆盖全美且资费合理的高速互联网。再如总投资110亿美元的智能电网项目，将建设可安装各种控制设备的新一代智能电网。由以上举措可以看出，金融危机后，美国不再简单地把信息技术和信息服务业作为独立的产业来发展，而是将信息技术和信息服务业作为促进其他产业发展的手段或措施，试图通过信息技术和信息服务业的发展，促进传统产业的升级、智能系统和先进通信技术的发展，实现绿色经济振兴计划。政府建立权威性协调机构，注重与私营企业的密切合作，保证资金投入。同时，运用经济杠杆并加以适当的政策引导，引入竞争机制，确保私营机构在信息资源开发战略中的主导地位，并在协调关系的基础上，使政府与私营机构在信息资源的开发活动中建立起亲密合作的伙伴关系。

2. 美国信息服务业中信息技术产业的发展

信息服务业与信息产业是密不可分的，它涉及信息产业中除电子信息设备制造、电子信息设备销售和租赁之外的大部分细分领域，信息服务业在信息产业中的重要程度和影响力在不断加强，渗透范围逐渐加大。

美国是世界上信息产业最发达、信息化程度最高的国家，其高技术产品占有全球市场的重要份额。按服务形态划分为无偿的公共信息服务和有偿的信息服务产业。其信息服务产业大致有八种类型。①信息处理服务（Processing Service），包括事务处理服务，应用服务和系统操作。②网络服务（Network Service），包括附加价值网络服务、电子数据交换、数据库服务、可视图文、联机数据库服务。③系统软件产品（System Software Product），包括系统管理产品、系统中心运营工具、应用开发工具。④应用软件产品（Application Software Product），包括支援计算机软件、在库管理软件、财务计划软件、其他应用软件。⑤交钥匙系统（Turn Key System）和系统集成（System Integration），包括设备的选择和提供、软件包的提供、专用软件的提供、专门服务、操作运行、设备维护。⑥作业外包，包括承包信息管理业务和提供先进的信息技术服务。⑦专业服务（Profession Service），包括咨询服务、教育、培训等。⑧网络服务。网络化是20世纪90年代美国信息服务业的最显著特征。美国信息技术和信息产品的优势地位集中体现在计算机硬件核心技术（如CPU）、大型计算机系统、系统软件、网络技术四大领域，几乎涵盖现代信息技术的所有领域。除了信息产品和信息技术外，美国在航空航天、生物工程、新能源、新材料以及海洋开发与利用等领域的优势也无可匹敌。现代高新技术的发展有力地支撑了美国信息服务业的高速发展。各个企业不仅创造了高额利润，更成为美国主导全球信息产业技术标准、全面控制和抢占新时期科技制高点、强化国家竞争力的重要基础。

美国是当今世界信息技术最强大的生产者和消费者，IBM、英特尔、惠普、微软、摩托罗拉等著名的美国生产企业主导着当今计算机、通信和网络领域的发展潮流，其强大的半导体、微处理器、计算机和通信设备的制造能力，构成了美国信息技术产业的基础构架。美国信息产业基础设施完备，带动了其相应的信息服务业的发展，随着网络技术的成熟和因特网的扩展，电子商务和电子交易等一些崭新的概念已开始在各商业活动中得到广泛运用。在这种环境下，美国信息服务业通过为客户提供各种增值服务和技术手段改善了企业的运作，降低了成本，提高了市场竞争力。目前美国的金融、商业、能源、交通、制造业的日常业务都是通过先进的计算机系统和通信网络来完成的，随着新技术的不断涌现和竞争的加剧，这种对信息技术的依赖将会越来越强烈。可以说，美国信息服务业的发展带动了美国经济的全面发展。

随着美国经济趋于向"信息经济"发展，高技术产品及其服务将发挥重要作用。例如，在信息服务业中，电子信息服务业的收入前景继续看好，1991年估计增长20%，其中电子计算机专业服务的收入增长17.9%，电子数据处理服务的收入增长16%。企业对信息服务的依赖日益加剧。而1997年到2002年美国信息服务业总收入平均增长7.6%，远高于美国同期经济增长速度。2003年，美国信息服务业的增加值为4 937.9亿美元，就业人数为320万人。信息服务业也成为美国发展最迅速的产业之一。

二、美国信息服务业发展的主要特点

1. 美国信息技术领域盛行合并之风、不断强化知识竞争力

目前，无论是计算机软硬件和信息服务，还是数据通信和电信领域，都在通过合资、合并和收购等方式迅速结成联盟，这种信息技术产品与服务之间的有机结合，为客户提供了更大的选择，并大大增强了自身在国际和国内市场的竞争力。如2005年5月IBM将其旗下的个人计算机业务卖给了中国联想集团，表明了IBM向服务商转型的战略正在逐步实施。近年来，技术、经济与文化相结合的创意产业在美国日益受到重视，也是服务业与制造业加速融合的一个明证。美国电信业一些著名的公司，如MCI、AT&T等也都通过合并和收购的方式，扩大业务范围，向客户提供了新的服务，获得了更多的利润。

全球著名的DIALOG联机检索系统从洛克希德导弹公司所属的情报实验室而发展为世界第一的国际联机信息检索系统，是与其紧跟时代潮流，不断强化自身的知识竞争力分不开的。所谓紧跟时代潮流主要指以用户为中心，以市场为导向。DIALOG最初只提供科技信息的检索与提供服务，由于时代的发展，用户对商业性信息的需求日渐增多，DIALOG于20世纪70年代初就果断地对数据库建设进行调整，从1972年开始为用户提供商业性在线服务，商情数据库的比重也逐年增加，已从1985年的18%发展到今天的50%以上。服务形式也由原来的联机批处理发展到如今的联机原文提供、专题服务、光盘服务等多种形式。强化知识竞争力主要指强化核心竞争力和核心运作能力。

2. 信息服务网络化的全面发展，重视数据库资源建设

美国建设了全球性的国际计算机网络，即因特网，还有在这之前和之后推出的无数的各种各样的计算机网、书目网、情报网和地区及局域网，这些信息网络的汇集，构成了浩瀚无边的信息资源库，它们将全球范围的信息资源以链接的方式连接起来。这些高技术的文献信息服务网络，以灵活的检索方式和友好的界面，给全球用户提供了优质的网上信息服务。美国的信息服务网络化，给美国政府、党团、企业、科教、文化以及个人提供了全方位的服务。它既能使美国中央政府和各级地方政府决策者能及时掌握当前的国际政治、经济、军事的各种动态，获取决策依据，又能使企业及时了解国内外同类型公司和相关公司的生产经营、市场走向以及世界主要地区的商品、行情、物价、管理、政策状况，以便采取有效举措，在世界市场竞争中抢占一席之地。美国政府还确立了今后"重点建设数据库，促进网络信息资源开发和利用"的战略发展重点。目前美国在册的数据库已有 3 万多个，且数据库的规模大、容量大，内容丰富，包括科技、商业、新闻等领域，功能齐全，更新速度快，电子化和商业化程度极高。这些丰富而宝贵的数据库资源为美国信息高速公路的建设奠定了广泛而坚实的物质基础，提供了可靠的数据保障。网络化的全面发展，全方位地服务于美国社会，这已成为美国信息服务的又一项重要特色。如果是一个民办公助网络，就由州政府拨款，统一为各成员购买数据库和自动化管理系统，以避免异构系统管理和信息交换的麻烦，该网络信息服务的高效、便捷是闻名于世的。同时，网络技术的发展对数据库服务业带来了新的挑战和机遇。一是第二次世界大战以后发展起来的综合性数据库，虽然在人类文明史上做出了重大贡献。但由于综合数据库选题宽而不专、投入大、更新速度慢，特别是网络技术的发展对它的冲击，到 20 世纪 90 年代末，大多综合性数据库举步艰难；二是专业化、专题化数据库发展异常迅速。最近几年网络和计算机技术的快速发展，使行业的交流更加频繁，行业建设数据库的信息传播速度甚至超过了数据库机构的信息传播速度，特别是有了 e-mail，数据的加工、存储、提供变得更加简单，从而导致专业化、专题化数据库的快速发展；三是数据库建设不再为信息服务业专门机构所垄断。过去，研究单位、工程单位都要到信息服务机构查阅资料。随着计算机技术、网络技术、通信技术的发展，这些单位建造了自己需要的数据库，信息服务机构对信息资源的垄断局面已经不复存在。

3. 以法律手段保证和促进信息服务业的健康发展

为了促进信息服务业的发展，美国制定了比较完备的法律体系。早在 20 世纪 60 年代，美国就颁布了《信息公开法》，此后，又制定了《联邦政府信息资源管理条例》。80 年代以后，信息政策的重点主要是保护和支持出版、通信、广播、信息、流通等行业的发展，先后通过了《版权法规》（1970）、《计算机软件保护法》（1980）和《消费者因特网隐私保护法案》等。尤其值得一提的是 1996 年美国国会通过了《美国电讯法》，该法案不仅为美国信息服务领域的服务商提供了一次新的机遇，而且也带来了新的挑战。该法律不仅允许美国长话公司、市话公司、公用事业和有线服务公司之间在关键的通信和信息领域相互竞争，同时，还将美国电讯市场向国外开放，引入来自国外的竞争对手。此举无疑刺激了美国电讯界的创新需求。促使其通过开发新技术，改善服务质量，扩大在新闻、媒体、娱乐、商务和教育信息及数据库方面的增值服务来与对手相抗衡，使客户最终能得到更多物美价廉的产品和服务，可以说电讯法的公布，使美国信息服务领域的竞争和发展进入了一个新的时期。

4. 信息意识普遍较强，咨询业十分发达

这造就了一批在国际上享有盛誉的综合性咨询机构，如美国斯坦福国际咨询研究所、兰德公司。据估计，美国 2/3 以上的大型公司和更多的中小型公司都需要利用咨询服务。美国咨询业中有 55％左右的业务来自企业界，45％左右来自联邦、州、市、县各级政府和公众团体。还有与国家和政府保持相对独立从事信息咨询服务的协会组织。如美国科技促进会（AAAS）就是一个向会员单位提供信息和专题咨询报告的民间组织。他们利用与会员单位的广泛联系和充足的信息资源，开发针对性比较强的信息服务，得到会员单位的积极支持，从 2011 年的美国信息服务业子行业增加值的比重中也可以看出美国对于咨询业的重视。其中，信息传输服务业增加值比重为 17.4％，信息处理服务业增加值比重为 25.7％，经济与代理业增加值比重为 10.8％，而信息分析与咨询业增加值比重为 46.1％。信息分析与咨询业的大比重也直接显现于企业数量和总产值、企业盈利能力（人均劳动生产率）远远高于其他国家。

5. 完善的信息服务业风险投资机制

近年来，美国信息服务业发展异常迅速，成为最受风险投资家关注的行业。美国信息服务业风险投资机制的内容主要有五个方面。①美国的风险投资资金来源多元化，有个人及家庭、企业、传统金融机构、养老金、国外投资者、保险公司、各类基金会和政府投资。其中，民间基金占主导地位，提供了 70％以上的资金。②美国风险投资机构可分为三种类型：私营风险投资公司、风险资本分公司和小企业投资公司。其中占主导地位的是私营风险投资公司。③成熟的风险投资退出机制。美国风险投资通常有三种最基本退出方式：公开上市、收购和兼并以及执行偿付协议。其中，公开上市往往是一种被优先考虑的退出形式，NAS-DAQ第二板市场最具有诱惑力，其上市标准、规范化要求等上市条件明显低于纽约证券交易市场（主板市场）。④宽松和稳定的政策环境。a. 体系完善的法律环境。1928年颁布了《中小企业投资法》，80年代以后又先后颁布了《技术扩散法》等，形成了对风险投资、技术扩散等强有力保护的法律体系；b. 强有力的政策支持环境。首先，政府提供税收优惠，20世纪80年代后期，美国对税制进行改革，降低了风险投资税率，使风险投资税率由49%降到20%；其次，政府提供信贷担保。美国1953年成立的中小企业管理局（SBA）承担对高科技中小企业银行贷款担保；c. 市场化的经济环境。美国有完善、成熟的生产资料市场、人才市场、技术交易市场，有宽松的金融环境。美国具有世界上最发达的金融市场，具有一批实力强大、经验丰富的金融机构。d. 具有一批一流的风险投资人才。

6. 强大的信息服务业行业协会组织

美国信息服务业在政府的支持下成立了许多行会组织，主要有五个方面的特点。

（1）为企业提供全方位的服务。①为企业提供信息服务。各行业协会都具有健全的信息渠道，向企业提供包括市场、技术、社会和政治情报等信息。其中以市场信息为主。②帮助企业解决资金难题。由行业协会出面疏通融资可使中小企业比较快地获得所需贷款。③提供其他服务。美国行业协会通过教育培训、技术援助、技术培训、调解纠纷、会展等途径，为企业提供服务。

（2）成为沟通政府与企业的桥梁。行业协会作为会员利益的代表，注重与议会及政府的沟通，将会员的意见反映给立法机关与政府。使新制定的法律和政策有利于本行业的发展。政府和议会也愿意在制定法律和发布有关政策前征求行业组织的意见，听取行业协会反映的情况，使政策和法律制定得比较合理、贯彻得更顺利。

（3）组织自立。美国政府对行业协会的管理较为宽松，少有成文法律对其成立、组织形态、功能、运行等进行明确而具体的规范。

（4）经费自筹。行业协会的运行经费来源主要是会费。会费的标准，通常由全体会员或理事会根据共同讨论的预算决定，以支定收。行业协会经费的另一个重要来源，是通过提供服务和政府委托协会所承办任务获得收入，后一部分要纳税。

（5）行业自律。美国市场经济得以有序运行的一个重要因素，是依靠行业协会等社会组织的自律作用。在美国现实生活中，违法违章现象与经济纠纷不一定都诉诸法庭，有不少是通过行业协会、中介组织协调和仲裁予以解决和处理的。

三、美国信息产业发展的经验

1. 由政府制定信息产业发展的战略举措

美国是世界上制定国家信息产业战略最早、颁布国家信息产业政策最多的国家。政府主要从宏观上把握信息产业的发展趋势，制定信息产业发展的国家战略，设立相应的管理机构并采取一系列中长期科学技术发展规划促进信息产业的发展。如1950年成立的国家科学基金会；1958年《贝克报告》又建议在国家科学基金会内设立科学情报服务局，表明信息在研发中的作用已得到相当的重视，它成为美国国家信息产业政策研究的开端。

20世纪80年代以来，信息革命在美国初现端倪；1991年布什总统向国会提交《国家的关键技术》报告，对美国在20世纪90年代的信息技术发展提出了总的要求，同年还颁布了《高性能计算法案》；1992—1996年实施了《高性能计算与通信计划》，其目标主要是扩大美国在高性能计算与通信技术方面的领先优势，并为信息基础设施建设提供支撑技术；1993年克林顿总统制定了《国家信息基础设施的行动纲领》，明确宣布实施"信息技术产业政策"，建设"信息高速公路"；1996年签署了旨在消除电信市场竞争的管理法规壁垒的电信法案；2004年美国投入巨资推行一系列包括信息技术在内的、被称为"美国创新的基础"的重大研究发展计划，以确保信息产业核心技术的领先地位。

2. 把硅谷打造成为产学研高度结合、投融资一体化的世界一流科技创新聚集地

美国硅谷是斯坦福大学、国防工业和主导型产业集群相互融合的产物，也是产学研三位一体优势互补的结果，更是创新文化结出的硕果。硅谷以实践为基础，以创新文化和广泛认同的价值观为源泉，以技术创新为起点，以风险资本为助推器，摸索总结出了有利于硅谷发展的模式，即为世界所推崇的"硅谷模式文化"，一种完整、科学的创新文化体系。

创业和冒险是硅谷成功的核心驱动力。新想法、新产品、新工艺、新市场，从无到有，弃旧从新，形成了硅谷特有的企业家创业文化和精神。接受失败也是硅谷文化的重要组成部分，它淘汰了开创公司开发产品初期不切实际的想法，同时锤炼了那些从失败中成长起来的新企业。企业可以自由进入市场、吸引投资和提高公司信誉，并可以防止竞争对手进入公司潜在的市场。

硅谷成功的另一个重要因素是得到了丰富发达的风险资本和完善的金融服务体系支持。硅谷的风险投资始于 20 世纪 70 年代初，全美 600 多家风险投资企业中近半数将总部设在硅谷。银行及纳斯达克市场为企业提供了完善的金融服务。纳斯达克市场还为风险资本的退出提供了市场，形成完善的融资，加速了资本的流动和进一步的风险投资运作。硅谷有着丰富充足的中介服务资源。硅谷的中介服务主要包括人力资源机构、财务和法律服务机构及技术转让机构等。中介服务体系不仅是企业技术创新体系的一部分，而且它在整合各种创新要素、提高技术创新能力等方面起着重要作用。

3. 加强基础研究和提高研发投入

美国一贯注重耗资大、费时长、风险高的基础研究。"二战"时期，基于军事研究的需要，创建了许多大型实验室，引进了一流科研人员，装备了一流技术设备，很快就把美国的基础研究推向了世界领先地位，信息产业领域很多技术创新成果就是在这一时期开发出来的，如电子计算机集成电路、电子计算机等。1950 年成立了国家科学基金会后，通过加强研发投入来支持各个领域的基础研究，仅 2000 年在高技术产业投入的研发经费高达 2 653 亿美元，占世界研发经费总支出的 41.7%，2003 年为 1 015 亿美元，2006 年为 1 320 亿美元。与此相对应，美国在信息技术领域的发明专利数量在全世界遥遥领先，占全球总额的 67.4%。为了提高信息产业的全球竞争力，美国从克林顿政府时期起扩大政府与企业界的合作，拟定了一系列的电子信息开发计划，积极引导大公司进行信息技术的应用开发活动。同时，美国民间数目众多的私人企业基金、风险投资基金向国内许多的非营利性研究机构和大学实验室提供大量基础研究资助，在相当程度上促进了基础研究的长盛不衰，为信息产业的发展打下了坚实的基础。

4. 风险投资加速信息产业的发展

美国斯坦福国际研究所所长 W.F. 米勒曾说："由于风险投资的参与，科学成果转化为商品的周期已由原先的 20 年缩短至 10 年以下。"风险投资对信息产业的经济效应表现在以下几个方面：第一，风险投资对半导体行业的大力资助，为信息产业的基础——微电子技术奠定了基础。英特尔公司芯片技术开发与制造就曾得益于风险投资的大力支持。第二，风险投资为信息技术的发展拓展了广阔的空间。由于得到美国研究与发展公司的资助，数字设备公司（DEC）研制的程控数据处理机 PDP-1 使得用户可以通过键盘和显示器与机器人直接对话，把人们带进一个小型计算机的新时代。第三，风险投资对软件业的投资，加速了信息技术的商业化。如比尔·盖茨投资 75 000 美元为 IBM 的新型个人电脑开发 MS-

DOS 操作系统获得成功，成为风险投资至今最杰出的案例之一。

美国政府对风险投资的支持措施有：国会通过降低长期投资收益税的税率，刺激更多资金进入这个领域；联邦政府每年将 3％的 R&D 经费投入风险投资；政府为小企业提供信息收集、情报分析和咨询服务，解决小企业没有能力广泛收集信息的问题；由国家财政出资设立信用担保基金并由专门组织管理，对商业银行向中小企业放款提供担保，以此拓宽风险投资的融资渠道；对风险企业申请专利、并购等商业行为放松管制，让其自由发展；根据国家发展计划有倾向性地集中采购，从而降低投资回收风险和市场营销风险。

5. 税收优惠政策

除了直接的经费资助外，税收豁免和税收优惠也是美国政府支持高科技产业的重要手段之一。美国的政策法律中明确规定：政府下属的科研机构，免征所得税；任何人如果向一家政府下属的科研机构捐款，捐款人可以获得相应的减税待遇；大学是美国从事基础研究的重要力量，它可以获得免税待遇；对于独立的科研机构，只要它是非营利机构，并且从事的是"公益性科研活动"，就可以享受免税待遇。

1986 年制定的国内税收法还规定，商业性公司或机构如果其研发活动经费比以前有所增加，则以获得相当于该增加值 20％的退税，该规定有效期是 10 年，2000 年美国国会通过的《网络及信息技术研究法案》将此项退税待遇的使用期限永久化；美国《经济复兴税收法》还规定，从事研发活动的信息产业企业在 R&D 方面超过三年平均水平的开支增加额可享受 25％的税收减免；减免税收也是因特网发展的催化剂，1998 年 2 月克林顿明确支持被称为"网络新政"的因特网税收自由法案，这意味着不能对网上贸易征收特别赋税。

6. 知识产权的保护

美国的知识产权保护制度历史悠久。早在美国立国之初，便在宪法第一条第 8 款规定："国会将有权通过保障作者和发明者对其作品和发现的独占权利，促进科学等有用艺术的进步。"随着新经济的发展，美国的知识产权政策对信息产业提供了强有力的知识产权保护，明确保护与计算机相关的各种创新。

在软件专利方面，美国是最早采用版权法来保护软件知识产权的国家，并且美国所准许的范围比欧盟和日本的范围大得多，一个专利可以包括一种产品或一个过程，这意味着在美国不需要更多的专利来完全涵盖一种新的软件包，这就大大减少了产权保护存在漏洞的可能性。

《国家合作研究法》和《综合贸易和竞争力法》还规定，企业之间在信息产品销售之前研发阶段的合作，可通过向司法部和联邦贸易委员会注册而免受反托拉斯之扰，并给予美国信息技术专利持有者很大的权力。除此之外，美国还通过大量的双边或多边科技协定、贸易协定以及 GATT 的乌拉圭回合，来改进知识产权的保护。

7. 重视信息人才的培养和引进

随着信息产业近十几年来持续快速增长，为弥补人才不足的缺陷，美国政府专门出台了许多人力资源政策措施，以培训和引进信息人才，为产业的长期持续发展创造了良好条件。具体而言包括四个方面的措施：政府通过建立网上大学等形式直接参与人才培养计划；政府和教育部门联手，政府提供资金，教育部门提供技术支持；采取相关措施，调动企业培养信息技术人才的积极性；增加了信息技术人才的签证数量。

四、美国信息产业发展经验对我国的启示

与发达的美国相比，我国的信息服务业起步较晚，20 世纪 80 年代才逐步受到人们的重视。但是，经过十几年的发展，我国的信息服务业已初具规模，形成了一个全方位、多层次、网络化的体系，具体表现在：从事信息服务的机构和企业大批涌现；信息服务业从业人员成倍增加；信息服务范围不断拓宽，水平逐步提高，内容不断充实；数据库与信息网站急剧增加。我国信息服务业虽然取得了长足的发展，但还存在许多不足，具体表现为：法制建设落后，信息系统基础设施薄弱，各自为政现象依然存在，市场信息服务发展缓慢，信息服务业发展缺乏良好的融资环境，缺乏行业组织等协调政府与企业的中介机构。针对上述问题，美国信息服务业的发展经验对我国极有启发作用。

1. 加强政府对信息产业发展的整体规划和宏观指导

政府应为信息产业发展进行战略规划，合理设计信息产业发展布局，充分发挥政府的宏观导向作用，制定前瞻性、可操作性的产业政策，扶持信息产业的发展。我国自 1992 年《国家中长期科技发展纲要》颁布以来，政府出台和实施了一系列发展信息、科技的方针政策，如 863 计划、科技攻关计划等。现在关键问题是要制定统一、科学的高技术创新规划，结合美国经验和我国实际，重点推进信息技术开发，确定重点高科技产业发展目标，通过政府组织协调产、学、研关系，安排重点技术的具体扶持政策，为公共 R&D 和技术转换项目确定战略方向，确定优先资助的项目和有利于技术扩散的项目，加快信息产业基础设施建设，推动信息技术在教育、贸易等产业部门的应用。

2. 发展信息产业核心技术、努力建设世界性的信息产业基地

我国在制定产业发展战略和政策时，应以推动核心技术发展、抢占产业制高点为要务。根据我国信息产业在短期内不能与美国等发达国家匹敌的现实，有选择地发展核心技术，在某些领域实现技术领先是有可能的，即从本国实际出发、结合自身优势、突出特色、重点突破。

研发投入不仅需要政府的推动，更需要企业的共同努力。因为从美国的经验看，政府对信息产业研发投入是对产业界的补充，而不是代替产业界，企业是信息开发和产业化的主体。所以，增加信息产业投入一方面要靠增加财政投入，同时借鉴美国税式支出的经验，注意采用间接的减免税来推动信息技术开发及产业化，注重向重点企业和关键技术倾斜以优化财力支持的结构；另一方面是要深化科技体制改革，培育企业在技术开发中的主体地位，增强企业的创新积极性。另外，还要鼓励风险资本在信息产业的投资，拓宽信息企业的融资渠道，成立风险企业担保基金，为信息企业向银行贷款提供信用担保，解决信息企业发展的资金问题。还可以与外资合作引入风险投资机制，使中国条件优良的信息企业能获得国外资金和高科技管理经验，从而培养出信息企业的创业者、管理人员和风险投资专家，这也相当于为国内信息企业创造了国际竞争环境。

美国硅谷聚集了九千家高技术公司，其中60%是IT为主的实业公司，形成了巨大的规模经济效应。我国也应建设自己的国家信息产业基地，依托已形成的长三角、珠三角和环渤海地区的信息产业制造基地，进一步扩大信息产业总量规模，遵循电子信息产业区域聚集的发展规律，注重产业发展综合环境和配套体系的建设，使之成为世界性的信息产业制造基地。

3. 推进信息服务业的法制建设，为信息服务业创造良好的发展环境

从美国信息服务业的发展历程可以看出，信息产业必须依赖于国家信息政策及相应的法律保障。虽然我国目前已颁布了《专利法》《关于技术转让的暂行规定》等信息服务业的有关法令。但这些法规不能满足实际需要，我国尚未形成完善的信息法律体系，有关电子商务及ISP、ICP等方面的立法明显滞后，软件和数据库的立法有待加强。特别应抓紧制定有关信息服务市场的单行法规和信息技术标准规范，如"信息法""数据库振兴法""信息服务业管理条例""政府信息资源管理条例"以及信息标准、软件标准、网络技术标准等。还应加强信息法规、政策的监督执行。使信息服务业在法律的保护下迅速发展。与此同时，还应借鉴美国的经验，通过立法的形式放宽信息服务业的市场准入。除个别涉及国家安全和必须由国家垄断经营的领域外，所有信息服务领域均应允许外资和私营资本不同程度的进入，增加市场主体，建立互惠互利、平等竞争的市场机制。从而促使我国的信息服务业通过改善服务质量、开放新技术来提高自己的竞争力，使百姓最终得到更为物美价廉的产品和服务。

4. 重视数据库建设，发展特色数据库

（1）从宏观上统一组织协调与规划指导，制定相应的政策，重点扶持具有全局性、先导性影响的基础战略资源数据库和大型数据库。

（2）建立具有自身特色的专业化、专题化的数据库。任何有价值的信息总是与专业知识分不开的。专业化数据库有利于形成权威性，有利于促进信息服务机构的业务发展和为客户提供更全面、专业性更强的业务服务。特别是网络和计算机技术的快速发展，使行业的交流更加频繁，从而加快了专业化数据库的发展。有条件的研究单位、工程单位可以建造自己需要的数据库。

（3）建立以市场需求为导向的数据库，重点发展为企业、居民和社会服务的各类商用数据库，建立具有本地区特色的数据库。同时，引导社会资金积极投入商用数据库和特色数据库的建设。

（4）数据库走小而精、有市场的发展道路，把经济效益放在第一位。

（5）必须实施标准的原则，软件、硬件、数据指标和文档标准化，要尽量向国际通用的标准靠拢，与国际市场接轨，提高服务质量。

（6）推进信息资源电子化建设。建立多种类型的数据库。如全文数据库、图像数据库、数值型数据库、声像数据库、书目数据库等，同时采取多种不同的服务手段，提供全方位的服务，以便更好地为我国的经济建设服务。

5. 建立和完善信息服务业风险投资机制

（1）建立多元化的风险投资融资体系，包括：①政府财政资金；②机构投资者资金，主要包括商业银行、证券公司、保险公司、各种社会保障基金和信托投资公司等；③个人投资基金；④产业资本；⑤国外风险资本。投资主体多元化可以使投资者利益共享、风险共担达到降低风险的目的。

（2）设立多种形式的风险投资公司，包括：①混合型风险投资机构，政府发挥引导作用，用少量启动资金带动大量非政府资金；②依托大公司、大集团，组建风险投资机构，主要有两类：一类是大型的金融机构；另一类是大型企业；③组建私营风险投资公司。

（3）建立有效的风险投资撤出机制。风险投资的撤出渠道主要有：企业并购、股权回购和股票上市等形式，其中股票上市是风险投资撤出的最佳渠道。因此，有必要在我国建立二板市场，为信息服务业等高科技企业的迅速成长提供一个广阔的空间。

（4）营造中国风险投资的政策环境。①建立规范中国风险投资的法律制度。尽快制定风险投资法、风险投资公司法等一系列相关法律来保护投资者的权益，对风险投资公司的经营管理进行约束，并对风险投资基金的发起、设立、募集、交易、投资限制、基金财务及基金清算等一系列问题予以明确。②创造中国风险投资的政策支持环境。制定税收优惠、信贷担保、风险补偿等优惠政策。③完善中国风险投资的市场经济环境，规范市场体系，进一步完善技术交易市场、产权市场、人才市场，特别是金融市场，为投资、融资、收购、兼并创造良好的金融市场环境。

（5）加快培养风险投资专门人才。通过在大学的教学计划中跨学科、宽领域的课程设置，委托高校对在岗人员进行培训，到国外风险投资机构见习等多种渠道进行培养。

6. 建立和完善信息服务业行业协会组织

（1）协会必须以为会员企业提供服务为根本宗旨。①为企业提供信息和开拓市场服务。依托协会的服务网络和沟通渠道，为会员企业提供市场、技术、政治法律、经贸商务、财税等信息。同时，为企业开拓市场服务，尤其是开拓国际市场。应多举办和参加国际展览，组织国际市场考察，为企业介绍合作伙伴，与国外行业协会建立合作关系，组织企业进行国际研讨和交流。②帮助企业解决资金问题和开发新技术。为解决中小企业融资难的问题，由行业协会出面疏通融资渠道，使中小企业尽快获得所需贷款。同时，通过提供技术和开拓市场等途径，帮助企业研究开发所需的信息处理技术。③提供其他的服务。如通过教育培训，提高企业员工的业务水平，为企业培养更多的高级信息处理技术人员，通过提供咨询服务，帮助企业解决经营管理中遇到的问题。④增强服务的主动性。主动了解企业的服务需求，及时为企业提供各种服务，切实解决企业的实际问题。

（2）参政议政，发挥行业协会的桥梁纽带作用。一方面，行业协会及时向政府反映会员的意见、建议和呼声，使政府制定新政策时充分考虑会员企业的利益，并不断完善和修改现行政策，维护行业的合法权益；另一方面，政府和议会也愿意在制定法律和发布有关政策前征求行业组织的意见，听取行业协会反映的情况，同时，协会还应及时向企业宣传国家最新颁布的有关法律、法规和国家或地方的经济政策，并协助政府贯彻实施。

（3）注重行业协会的独立自主性。政府对行业协会应从直接管理、忽视监督转变为放开限制、加强监督，增强行业协会的独立地位。政府要把本属于行业协会的职能，如行业服务标准的制定、技能资质的考核、同业竞争规范的制定等转交给行业协会。使协会自主履行职责，独立运行，充分发挥其综合服务的功能。

（4）经费来源。①财政支付。由于我国目前的行业协会仍比较弱小，在经费方面需要政府每年在财政预算中给予少量补贴。②会费。改革现行政府决定的会费收费标准，应由会员大会讨论决定会费标准。③有偿服务支持。如出版刊物、登载广告、进行行业培训等。

（5）行业自律机制。我国的各种行业协会都应在遵守相关的法律、法规的前提下，制定本行业的行规，建立一些规划性的制度、章程、标准等，约束行业内部各企业按规则要求进行有序竞争。如发现违反行业规范、不正当竞争，损害同行业和消费者利益的会员，协会将以取消会员资格、禁止在本行业经营等措施予以惩罚。

第二节　日本信息服务业的特点与经验借鉴

进入 21 世纪以来，信息产业作为国家支柱产业体系的组成部分，必将以其更加强劲的发展态势迅猛而来。信息化的本质就是不断扩大信息技术在各个领域、各个层次上的应用。因此，在信息化建设中应该把提高信息应用水平作为国家信息化建设的出发点与归宿。发达国家的信息服务业已从信息产业中脱颖而出，1998 年以后，其增长速度超过硬件及软件业的发展。ASP（Application Service Provider）是目前国外最受风险投资家关注的业务。

20 世纪 90 年代以来，在日本经济长期停滞的情况下，信息服务业依然保持了持续发展的势头。信息服务业的营业额等主要经营指标相应提高，数据库服务业也有了显著的发展。为了促进信息服务业的进一步发展，日本政府除制定个人信息保护法和实施新的标准产业分类外，在引进 IT 人才和规范政府采购方面也采取了积极的政策措施。

仅在 1984—1994 年的 10 年时间里，日本信息服务业的年销售额就增长了 8 倍，即平均每年增长 24%，这种异乎寻常的高增长在日本其他行业中是罕见的。成熟的现代信息服务产业是成熟的市场经济的根本条件和表现之一，没有成熟的现代信息服务业，就不可能有成熟的市场经济。现代信息服务业的快速发展必须着力于开发信息资源，满足国家宏观管理、企业微观活动和人民群众日益增长的信息需求。信息资源开发利用的水平直接影响到一个地方区域经济发展的速度，从国外信息化进程的成功经验看，往往是三分信息技术，七分信息设备，十二分的信息资源。信息资源正以其极高的知识性、渗透性、高增值性、再生性和时效性而成为推动经济增长的新引擎。中国要加快经济增长，完善市场经济，纳入全球经济体系，就必须改变信息服务业发展严重滞后的现状，积极推进现代信息服务业的快速发展。

一、日本信息服务业的发展

1. 发展概况

日本信息服务业比较发达，占世界信息服务业总量的 10％左右，信息服务业已成为推动日本经济发展的重要引擎，也是日本保持国际竞争优势地位的战略性新兴产业。

20 世纪 90 年代以来，日本经济因泡沫经济崩溃陷入了长期停滞的局面，在企业设备投资受到抑制的情况下，信息服务业一时也受到了很大的冲击。尽管如此，正因为要走出困境，对信息化的投资才成了非常关键的投资举措。现在日本的企业经营者们已经非常清楚地认识到，不是有资金条件就上，没有资金条件就停，而是为了企业的生存和发展，通过企业经营战略决策来判断是否需要搞投资信息化。可以说，在企业经营活动中，必须要提高对信息化的认识的思想观念，已在日本企业经营者中稳稳地扎下了根。因此，信息服务得以保持迅速发展的态势。根据 EITO（European Information Technology Observatory，欧洲 IT 监测站）调查统计，2000 年，全世界信息服务的市场约为 5 362 亿美元，从市场占有率的构成来看，日本信息服务业为 11.2％，居美国的 49.2％之后为第二，而远远高于位于第三的德国的 5.3％、第四位英国的 5.1％、第五位法国的 4.9％，是第六位意大利 2.1％的 5 倍还多（表 5.1）。近几年来，印度等国在美国的软件市场上获得了可观利润，而现在已开始将目光转向了日本市场。信息服务业的发展不仅仅是一个行业、一个产业的问题，而且关系到国民经济与社会发展的全局。我国的信息服务业虽然快速发展，但尚处于起步阶段，需要吸收、探究邻国日本的信息服务业迅猛发展的经验。2000 年以来，由于美国 IT 业低迷，主要 IT 厂家纷纷重组裁员等，世界信息业的形势非常严峻，日本信息业也受到了很大的影响，根据日本经济产业特定服务产业实态调查统计，2000 年日本信息服务业的营业额为 1 072 288 亿日元，比上年增长 5.6％；从业人数为 515 462 人，比上年减少 3.6％；实体单位数为 7 554 家，比上年减少 5.1％。由此可见，尽管日本信息服务业整体的营业额呈增长态势，但由于中小企业中存在着不少业绩不佳的企业，一些中小企业或关闭或裁员，从业人数和实体单位数却减少了，这样，信息服务业也明显地出现了运转良好的大企业与运营艰难的中小企业逐渐两极分化的倾向。

表 5.1 2000 年世界信息服务市场（共计约 5 362 亿美元）

国别	美国	日本	德国	英国	法国	意大利	其他
占有率	49.2%	11.2%	5.3%	5.1%	4.9%	2.1%	22.4%

资料来源：日本情报处理开发协会《信息化白皮书》2002 年版。

2. 信息服务项目的营业额

信息服务业的主要营业项目有三大项，即软件开发、软件产品和信息服务处理服务。根据表 5.2 的统计：2000 年，日本信息服务业营业额为 107 228 亿日元，同比增长 105.6%，其中接受软件开发订单为 57 070 亿日元，同比增长 3.8%，占全部营业额的 53.2%；信息处理服务营业额为 16 110 亿日元，同比增长 34.8%，占全部营业额的 15.0%；软件产品营业额为 9 882 亿日元，同比增长 10.9%，占全部营业额的 9.2%；上述三项营业额合计为 83 062 亿日元，占全部营业额的大约 77.5%。在其他营业项目中，系统等管理运营受托和数据库服务的营业额虽很小，分别只占 7.4% 和 2.7%，但其增长速度却很快，同比增长分别为 109.0% 和 108.7%。

表 5.2 2000 日本信息服务业各项营业额

各项	年销售额（百万日元）	构成比（%）	同比增长（%）
合计	10 722 844	100.0	105.6
信息服务处理	1 610 989	15.0	34.8
接受软件开发订单	5 707 006	53.2	3.8
软件产品	988 162	9.2	10.9
系统等管理运营受托	795 782	7.4	109.0
数据库服务	291 597	2.7	108.7
各种调查	292 103	2.7	84.2
其他	1 037 206	9.7	—

资料来源：日本情报处理开发协会《信息化白皮书》2002 年版。

按照 2005 年版《信息化白皮书》，日本的信息产业包括：通信业、广播电视业、信息服务业、影视音乐文字信息制作业、信息通信设备器材制造业、信息通信相关服务业、信息通信设施建设业、研究开发业 8 个行业。信息服务业属于信息产业的一个组成部分。2004 年信息服务业增加值在信息产业增加值中的比重为 16.5％，在日本国内生产总值中的比例为 1.9％。

日本的信息服务业主要有四个部分：软件业务、信息服务、信息提供服务和其他信息服务。从统计数据看（表 5.3），从 1995 年至 2005 年，日本信息服务业年度销售总额从 63 621.83 亿日元增长到 145 560.04 亿日元，年均增长 8.6％，远远高于同期日本的经济增长速度。同时，日本的信息服务业产业结构也发生了变化，软件业务和信息服务的比重不断提高，其中软件业务在信息服务业中的比重由 1995 年的 58.8％提高到 2005 年的 63.7％，信息服务业务由 1995 年的 26％提高到 2005 年的 27.4％。从四项主要业务的增长情况看，1995 年至 2005 年，软件业年均增长 9.5％，信息服务年均增长 9.2％，信息提供服务年均增长 3.7％，其他信息服务年均增长 2.9％。可以看出，软件业和信息服务业务的增长是推动日本信息服务业发展的主动力。

表 5.3　日本信息服务业年度销售额结构　单位：百万日元

年份	总数	软件业务	信息服务业务	信息提供服务业务	其他信息服务业务
1995	6 362 183	3 741 009	1 656 446	168 982	795 747
2000	10 722 844	7 421 121	2 121 428	211 102	969 193
2004	14 527 056	9 243 642	3 713 479	227 232	1 342 703
2005	14 556 004	9 273 371	3 981 741	243 800	1 057 092

资料来源：《日本统计年鉴平成 20 年》。

从日本信息服务业的从业人数看（表 5.4），1995 年至 2005 年就业人员总数由 40.74 万人增加到 53.7 万人，其中软件业从业人数由 23.57 万人增加到 34.31 万人，增加近 11 万人，信息服务业务从业人数保持基本稳定，其他信息服务业务从业人数下降 1.4 万人。

表 5.4　日本信息服务业从业人员结构　　单位：人

	总数	软件业务	信息服务业务	信息提供服务业务	其他信息服务业务
1995	407 396	235 704	110 587	5 066	56 039
2000	515 462	339 810	117 603	5 952	52 097
2004	533 062	339 776	139 891	6 159	47 236
2005	536 994	343 103	146 359	6 096	41 436

资料来源：《日本统计年鉴平成 20 年》。

3. 政府对信息服务业采取的支持方式

（1）地方政府所属情报机构

日本的政府所属情报机构与我国的体制相类似，在日本几个主要省厅（如文部省、科技厅、通产省、邮政省）下面都有相应的直属科技情报机构。对于这些情报机构，主要以国家财政预算和政府补助金的形式予以资助，并通过有关立法为其开展经营和服务活动提供法律依据。以日本科学技术情报中心为例，该中心依据 20 世纪 50 年代初颁布的科学技术情报中心法而成立，法律规定了其"特殊法人"地位。作为国家级的科技情报中心，归口管理科技情报业务，是国家综合性的科技情报中心和检索服务中心；在规定范围内的经营活动所创收益可予免税，主要用于中心事业的再投入。每年该中心的部分事业性开支列入国家财政预算，给予经费保证，如资料采购费、大型计算机的购置费、正式工作人员的工资，等等。对于符合国家政策的开发项目给予政府补助金，不足部分由自己解决。由于政府的扶植政策，1993 年该中心自行创收部分已占其年度总开支的57％。文部省所属的日本学术情报中心与科技情报中心略有不同，该中心的主要经费都来自国家预算，只是中心自行聘任的非公务员的人员工资由中心创收解决。该中心主要为文部省系统内部提供服务，并采取内部收费办法，很少为社会提供服务，所得收入的绝大部分亦上交国家财政。

（2）民营情报机构

民营情报机构是日本信息产业界非常活跃的部分，从三菱综合研究所和日本关西情报中心来看，这些企业的经济效益非常好，信息服务的软产品的商品附加值高于其他一般商品。三菱综合研究所每年的纯利润可达 6 亿日元。政府对这类企业的扶植大致有三种方式。

①政府补助金。对于符合产业政策的私营信息服务机构，通产省及地方政府给予相应的补助金。以关西情报中心为例，该中心 20 世纪 70 年代初成立时，政府给予大约占总资产 1/3 的一次性启动经费，以后通产省及大阪府每年都对其带有公益服务性质的开发项目给予一定比例的补助金。

②出面召集并资助成立产业振兴财团。如数据库产业是信息服务业的重要支柱，目前西方大国，特别是美国发展非常迅速，已形成面向世界服务的数据库产业。为了缩小差距，由日本通产省牵头，组织各大财团出资成立了"数据库产业振兴财团"，专事发展日本的数据库产业。同时还给予其一定权限的行业管理职能，负责组织协调，统筹规划数据库建设工作，每年出版指导本行业发展的"数据库白皮书"。

③委托民营情报机构承担政府研究任务。三菱综合研究所在日本是仅次于野村综合研究所的第二大"思想库"，主要从事战略情报和软科学研究。每年接受政府各部门委托的研究课题经费占其总收入的70%。

4. 结构网络化是日本情报服务产业化、服务社会化的重要基础

计算机化的通信网络系统是信息化社会的重要基础。日本信息网络结构主要包括：企业（单位）－地区－全国－国际网络几个层次。企业（或学校）内部网络系统是整个国家网的基本单元。作为大企业来讲，其网络本身又是多层次、国际化的，如NEC公司各事业部内部、集团内的各工厂、公司内部本身有相对独立的局域网，同时加入本公司的主网，随着其业务在世界各地的扩展，网络的触角也遍及世界的各个角落。日本科技情报中心内部围绕文献服务工作的各个环节，建立了一套内部局域网系统，同时加入地区网络，并通过地区网，加入全国和国际网络。从情报服务的角度来讲，体现如下特点。

（1）社会化的数据库联机检索服务成为最基本、最普遍的情报服务方式。情报服务机构由此也分化成两大类型：一类是专门提供数据库检索服务的情报检索中心。这类机构主要有国家的各类情报中心、各报业财团组建的信息服务机构等。如科学技术情报中心和学术情报中心，以各种文献数据库的检索服务为主，关西情报中心专门提供各种综合性数据库服务；另一类是专门从事服务于社会发展的情报研究和软科学研究机构，即思想库。如三菱综合研究所，是日本著名思想库之一。

（2）网络的贯通使信息资源可能得到最大限度的开发利用，从而促进了信息资源配置结构在社会的范围内得以合理优化。一个研究人员可以通过网络检索到日本各研究机构甚至世界各主要国家的各种数据库。因而，·个企业或部门的信息需求很大程度上依赖于通过网络提供的社会化信息服务，而无须自成体系地各建一套，重复建设。

（3）网络使信息的流通与消费深入到每个家庭，将可能逐渐改变人类的行为模式。三菱综合研究所已开始实行弹性工作制，研究人员可以在家里办公，所需的研究数据很大部分可以通过个人电脑从网络中检索，与合作者的联络可以通过电子邮件实现。在夏普公司，目前正采取各种优惠政策，鼓励管理人员和科研人员充分利用电子邮件进行业务和学术交流，以提高工作效率。

（4）网络技术和多媒体技术的普及，为未来"电子化图书馆"打下了基础。位于筑波科学城的图书馆情报大学的一个研究室正在从事这方面的专门研究，从纯技术的角度来看，已经没有障碍。

（5）网络使各大公司总部可以及时掌握世界各地的信息，并成为公司日常业务管理的重要手段。NEC 公司、Sharp 公司的网络延伸至其国际业务范围的每个角落，所有相关信息都定期汇集到公司总部的计算机中心，进行集中处理。东北电力公司承担了东北地区的大部分电力供应工作，一直服务到每一个家庭，公司发达的计算机网络系统，使电厂生产监控、电力分配、线路监察、用户管理、公司运营、账单催付和银行结账等工作，都已全面实现了计算机一体化处理，既精简机构又提高了工作效率。

二、日本信息服务业的目标客户战略

日本信息服务业的最大客户是制造业，然后是金融保险业。在制造业方面，主要是嵌入式软件的开发，包括汽车、手机等嵌入式软件，同时在金融方面的投资进一步增加。金融行业对软件开发的要求也越来越多，可以说金融保险业的信息服务是信息服务业发展的重要支柱，有力推动了日本信息化的投资。

1. e -Japan 战略：提升基础建设

2000 年，日本政府首先提出了《IT 基本法》，作为日本所有 IT 政策的基础，其后由隶属于日本首相官邸的 IT 战略本部提出了 e -Japan 战略，希望能提升日本 ICT（Information and Communication Technology）领域整体的基础建设。e-Japan 战略的目标是于 2005 年在全日本建成有 3 000 万家庭宽带上网的环境。此项目目标已在 2003 年提前实现，但宽带的实际使用却不尽如人意，DSL、Cable Modem 和 FTTH 的实际使用量分别为设施能力的 30％、11％和 5％左右。近年来贯彻"e-Japan 战略"的主要成绩是：互联网用户大幅度增加，实现了信息高速公路建设，使 3 000 万用户同时高速上网，其中 1 000 万用户可同时超高速上网的目标；电子商务和电子政府的建设也取得了重大进展，ADSL 用户已达到 700 万户，月租金也是世界上最低廉的。鉴于 e-Japan 战略的第一期目标——IT 基本建设已经完成，目前 e-Japan 战略的实施重点已从基本建设转向了积极改革日本的社会及经济体系。

2. u-Japan 战略：构建安全网络通道

2004 年 3 月，日本总务省召开了"实现泛在网络社会政策"恳谈会，并于同年 5 月向日本经济财政咨询会议正式提出了 u-Japan 构想。"u"代指英文单词"ubiquitous"，意为"普遍存在的，无所不在的"。该战略是希望催生新一代信息科技革命，实现无所不在的便利社会。在这一构想中，到 2010 年，日本将建成一个"任何时间、任何地点、任何人"都可以上网的环境。日本总务省期望通过 u-

Japan 计划的推动，带动日本经济的发展，其影响范围包括了家电市场、biquitous 网络相关市场、制造业、商业、运输业、金融保险业等多项产业。u-Japan 由日本信息通信产业的主管机关总务省提出，即物联网（泛在网）战略。目标是把日本建成一个充满朝气的国家，使所有的日本人，包括儿童和残疾人，都能积极地参与日本社会的活动。通过无所不在的物联网，创建一个新的信息社会。

u-Japan 战略的理念是以人为本，实现所有人与人、物与物、人与物之间的连接。为了实现 u-Japan 战略，日本进一步加强官、产、学、研的有机联合，在具体政策实施上，将以民、产、学为主，政府的主要职责就是统筹和整合。

通过实施 u-Japan 战略，日本希望开创前所未有的网络社会，并成为未来全世界信息社会发展的楷模和标准，在解决其高龄化等社会问题的同时，确保在国际竞争中的领先地位。

u-Japan 政策核心为：①基础建设方面，2010 年国民 100％能使用高速或超高速网络；②ICT 高效活用方面，2010 年 80％的国民能利用 ICT 解决需要的课题；③ICT 利用环境方面，2010 年 80％的国民体验到 ICT 有安全感。

三、日本信息服务业的应用前景

1. 软件工程技术

近年日本软件开发技术日益多样化，提高了系统开发项目的成功率以及软件品质，不再基于经验或者技巧，而是有意识地将基于定量数据的工程学手法导入到开发当中。软件工程技术得到了广泛的应用。根据日本 JISA（Japan Information-tion Industry Association）协会的调查，目前在估价方面，很多的企业依然采用经验手法，真正采取功能点分析的工程学方法的企业还是少数。把有关软件开发定量数据的收集以及工程学手法的确立作为目标，已经成为日本的国家产业政策之一。日本建立了软件工程技术中心，以强化日本企业的软件开发力。在文部科学省的 EASE（Empirical Approach to Software Engineering）项目中，还开发了EMP 项目监控工具，并且达到了开源化。在欧洲国际安全规格 IEC61508 中，"形式的手法（Formal Method）"在软件设计中得到推荐，主要用于嵌入式系统设计。

2. 嵌入式软件

嵌入式软件已经成为数字化产品的核心。嵌入式软件大量应用于家用市场、工业市场、商业市场、通信市场和国防市场。随着硬件技术的不断革新、微电子技术的快速发展，芯片功能更加强大，硬件平台的处理能力不断增强，硬件成本不断下降，产品体积越来越小，同时嵌入式软件的可靠性、实时性、可维护性进一步提高。嵌入式软件已成为产品的数字化改造和智能化增值的关键性、带动性技术。

日本的嵌入式软件产业很发达，在汽车、手机、信息家电等这些信息现代化的电子机械产品当中，嵌入式的控制系统是决定产品价值的一个非常重要的因素。日本嵌入式系统的关联产业达到 59 万亿日元的规模，占日本总体 GDP 496 兆日元的 11.9%。据估计，在日本嵌入式软件技术人员的从业人数大约有 193 000 人左右。另外嵌入式软件的开发费用大约是 2 万亿 7 300 万日元，占嵌入式整体系统整个开发费用的 40% 左右。随着对嵌入式软件需求的不断增加，对嵌入式软件人才的需求也在不断增加。但是从现状来看，人才是供不应求的，现在大约有 94 000 多技术人员的缺口，所以嵌入式软件人才的培养成为当务之急。2005 年 5 月，软件工程技术中心发表了嵌入式开发技能标准（ETSS），制定了基础、开发、管理三个范畴的技能基准，制定了九个职业十二个专业领域的职业基准以及对应于各领域的培训指南图，明确了嵌入式软件人才应有的技能。

3. IT 外包

根据 IDC Japan 公司的调查资料显示，2005 年日本国内 IT 外包市场规模比 2004 年增长 7%，达到 1.79 万亿日元的规模，到 2010 年达到 2.41 万亿日元的规模。IT 外包的最新动向就是以新建商业计划或事业战略的制定作为对象的 BTO（Business Transformation Outsourcing）成为外包服务的新的形态。作为外包的形态，还有 Internet 网络数据中心服务以及应用软件的网络提供服务等。除此之外，由于确保信息安全的需求在不断增加，由此产生的对非法访问等进行监控服务等的应用外包市场也在逐渐形成。

4. 离岸开发

根据 JISA 的调查显示，87% 的离岸开发企业都是以削减开发成本为目的的。当然日本技术人员的缺乏、中国企业的承接能力的提高，也是离岸开发业务量增加的主要原因。另一方面也应该看到，在不断扩大的离岸开发的过程当中，也出现了不少拖延交货期以及成本费用高等问题。即便是非常擅长两国语言沟通的软件工程师也很难将一些微妙的意思传达给文化背景不同的外国人。因此在离岸开发当中，要求接包方能根据 UML 等国际标准进行记载，具有包括沟通技巧在内的较高的项目管理能力。

5. RFID（Radio Frequency Identification）射频识别

RFID 在日本国内作为一种能够确保食品安全的跟踪工具得到了广泛的关注。

同时它还可以应用在家电、服饰、书籍等众多的行业里，今后几年对 RFID 的需求还有爆发式的增长。2010 年，RFID 产业达到 31 万亿日元。当前 RFID 在日本要想得到普及的最大瓶颈是价格和通信的标准化。现在应用 RFID 技术的标签的价格是 10 日元到 100 日元。今后应该关注的问题的焦点是如何保护隐私权，如何防止侵害隐私这些安全性问题。

四、日本信息服务业两大难题

1. 人才缺失与中小企业发展的矛盾

日本是经济强国，也是教育发达的国家，尽管如此，IT 人才的培养却一直跟不上信息化发展的需要。特别是近年来，随着信息化的迅速发展，日本的人才不足情况更加严峻。缺少软件技术人员的企业达 96%，因人才不足而严重制约其发展的企业达 92%。作为对策，有打算中途录用人才的，有通过培训提高员工水平的，另外，还有很多企业准备招聘国外现成的 IT 人才。其实，早在 1969 年，日本通商产业省就创立了信息处理技术人员的国家级考试，现在已成为 1 年约有 80 万人参加的日本最大的国家级考试。截至 2001 年末，已有 645 万人参加考试，其中有 105 万人合格。由此，可以说日本已经确立了 IT 人才能力开发和客观评价 IT 人才能力的指标。这样一来，第一，当为解决日本国内长期以来 IT 人才不足的问题而从亚洲各国引进 IT 人才时，就可以此作为能力测评的依据；第二，当亚洲各国企业开发软件时，就容易拓展与其在业务方面的协作；第三，当亚洲各国的 IT 人才到日本就职或者向当地的日资企业求职时，都可以作为一种能力指标的证明。日本经济产业省提出：如果亚洲各国以 IT 人才能力开发为目的引进考试制度，日本将提供信息处理技术人员考试的专业技术及考题等予以协作，并准备与亚洲各国统一特殊技术标准。尽管存在着语言障碍等现实问题，但日本信息系统的开发的确需要国外特别是亚洲各国 IT 人才的大量涌入。首先，亚洲各国的人工费较低；其次，亚洲各国已有越来越多的学生在学习电脑或软件开发，其中很多都是优秀人才；最后，有些亚洲国家本来就是为了派遣去日求职而培养 IT 人才的。不过，日本国内也有人担心通用软件的大量引进，会抢了日本中小软件企业的饭碗，从国外大量引进 IT 人才，也难免会给中小软件企业带来很大的冲击。由此可见，日本信息服务业的国际化，信息服务业的中小企业是关键。

2. 采购

首先，政府采购方的问题。负责采购的人员跟不上 IT 快速发展的形势，无法制作 RFP（Request for Proposal，提案要求书），而且，由于无法评估厂商的实力，所以以对厂商提交的系统的成果、性能等都无法做出正确评价。其结果，往往将订货都集中到了大的电脑厂商。其次，竞标参加资格审查制度问题。这主要是在投标时，往往对厂商注重营业额或者经营年限等一些外在的条件，导致了对经营年限长的大企业有利，而对有技术能力的、将网络或安全保护技术等 IT 技术作为强项的、经营年限短的中小企业的进入则非常不利。再次，预算措施的问题。跨年度的项目容易造成第一年以超低价中标，第二年后随意签约也可以赢利。这也给超低价中标创造了条件。最后，在签约方面，知识产权的归属问题、机密保护问题、损失赔偿的责任限度问题等，有关条款对投标方的条件可以说是相当苛刻的。为此，软件开发购置程序改善协议会就上述问题进行了反复的研究和讨论，日本政府根据其所提出的改善意见等，于 2002 年开始实施了新的政府采购规则。作为信息服务业，在这种制度改善的大背景下，通过努力经营，以高质量的信息化服务为宗旨，也在积极地参与和配合信息化政府的建设与完善。

五、日本实行政策先行、法规落实的"引进、消化、赶超"型模式

　　日本信息产业主要是在政府倾斜性产业政策，加之多种经济手段的扶植下才得以迅速发展的。进入 20 世纪 90 年代后，日本出台了各种政策措施加强信息产业的发展。2001 年 1 月日本提出了"电子日本战略"，该战略的目标是集合政府与民间力量，迅速在重点领域寻求突破，在五年内将日本建成世界上最先进的 IT 国家。此外，政府在财政、信贷、税收、价格、贸易等方面所制定的一系列优惠政策，赋予日本信息产业发展以雄厚的经济基础和极大的动力。

　　日本发展信息产业的政策措施绝大部分都有法律依据和前提。日本在推动信息产业发展进程中，颁布了一系列法规，几乎所有的政策的制定都落实到了法律上。日本在产业发展中充分发挥了政府的宏观调控作用。具体宏观调控措施包括信贷、税收优惠和政府补贴等手段的运用，政府出面组织、协调官产学联合攻关等。2000 年 7 月日本内阁决定设立旨在全面推进日本 IT 革命的"IT 战略本部"，本部长由内阁总理大臣担任，其宗旨是综合推进以全体国民能够享受 IT 革命带来的利益、形成具有国际竞争力的 IT 大国为目标的各种措施。

　　日本采取了"官学民协作"或"产学协作"的官民并举的组织形式。日本各产业 90% 以上的先进技术都掌握在民间企业手中，与欧美国家相比，日本的研

究开发工作有一个很大的特点，即民间企业型的研究开发工作占绝对优势。日本信息技术领域的重量级企业都拥有自己的研发机构。

日本以大量引进国外先进技术的方式建立和加强了本国的科技体系。其发展科学技术的长远战略方针是：利用国际先进科技成就，注意消化、改进、提高，以建立本国先进的技术体系。

六、日本信息服务业发展对北京的启示

从日本发展服务业的经验可以看出，信息服务业的发展离不开政府的大力支持，相应的发展策略、行业的适度开发等也必不可少。信息服务业的发展已经成为现代经济产业发展中的主导力量。其发展过程可以归结为以知识密集型行业主导的服务经济发展为中心，加大知识研究开发型行业的发展，同时需要政府和行业协会的共同努力。

1. 大力培植数据库品牌企业和产品

大力扶持数据库产业，发展品牌、特色数据库信息资源的开发利用是发展信息服务产业的基础和核心。开发信息资源，就要使物流与信息流紧密结合起来。政府要采取各种有力措施，扶持开发出具有北京特色、涵盖首都各种信息资源的实用型、专业型数据库，组织力量集中建立几个主要行业的大型数据库。大力培植数据库品牌企业和产品，注重信息服务企业和产品的品牌优势地位，以此带动北京数据库产业整体发展，使其成为电子信息资源开发利用的重要支柱。具体做法为重点支持一批有相当基础和规模、发展势头良好的信息企业，可根据各信息机构所拥有的信息资源、技术和市场，引导组建资源—技术型、资源—市场型、技术—市场型、资源—技术—市场型的信息企业集团，或以教育、科研、生产联合为主体，组建科技开发型信息企业集团，还可以以信息中心、科研机构、信息企业为核心，构建生产经营型和信息企业集团。数据库产业的建设要遵循统一规划、统一标准、总体设计、分步实施的原则。采取委托、联合、合作、兼并、购买、招标等多种形式。特别要突出自建特色数据库。同时要采取有力措施避免政府各部门各自为政、重复采集、重复加工、重复建库，要结合北京实际，把有限的资金效益最大化。要明确发展方向，有计划、有重点地选择开发具有显著社会经济效益，且对信息产业化发展能起龙头和促进作用的拳头产品。建立信息服务法制化保证体系。通过建立具体化、有力度的支持和优先发展信息服务业的相关法律法规，营造信息服务业发展的良好社会环境。通过制定适用于京津冀地区信息活动的某一行业、某一方面的专项法规，加强知识产权保护，改善发展环境。

2. 政府信息社会化、积极推动企业信息化建设

政府信息化为市场活动服务。我国政府部门掌握 80％ 以上有价值的社会信息资源，数千个非常有价值的数据库。政府是最大的信息用户，又是最大的信息采集者、生产者和拥有者。政府信息具有准确性、全面性、权威性，需要采取有效手段让这部分信息"活"起来，实现政府信息资源的市场价值。要促使政府信息最大限度地为社会服务，对外开放（除保密信息外），并真正实现政府各部门之间、政府与社会各界之间的信息互通。营造有利于信息服务业发展的大环境，从而带动整个社会生产力的发展。

积极推动企业信息化。企业是国民经济发展的基础，特别是中小型企业，是国民经济信息化的主体和支撑力量。要按照国家信息化的发展方针和规划目标抓好企业信息化的规划，建立以网络为核心的企业信息基础设施，全面实施企业信息化服务。开展企业信息服务典型示范工作。应把企业信息资源的管理同生产、销售放在同一地位上来，把其看成是一种重要的市场竞争武器，是企业领导和专业技术人员获取高价商业性联机网络信息服务的有效途径，企业信息系统网络化，为企业全球性地获取最新经济信息，为公司制定全球市场扩张战略发挥重要作用。产品的开发中，要按行业和地区特点，统一技术规范，分工开发，最后产品集成，统一品牌，包装销售。另外要组织专门力量，开拓、挖掘、消化、吸收互联网上的信息资源，进行整改、加工，为我所用，提高网络资源的信息增值服务。

第三节　印度、英国、新加坡发展
信息服务业的经验做法

一、印度班加罗尔：政府鼎力支持的亚洲信息科技之都

印度政府对 IT 产业的扶持力度很大，为选定印度的高科技发展基地做了大量工作，包括气候、环境和交通、城市整体硬件基础设施、国内整体产业支持和经济发展环境等条件，为解决班加罗尔的数据传输落后的问题，印度政府于 1991 年投资兴建了可高速传输数据的微波通信网络 Soft NET，满足了之后 10 年内软件企业的发展需求，为后来班市能够不断吸引国内外著名企业前来提供了很重要的帮助。班加罗尔以服务外包为主的现代信息服务业，其服务外包产业规模占印度的 36％，其成功与政府的大力支持及低廉而优质的人力资源密不可分。

在吸引外资和向世界宣传班加罗尔方面，印度也做了大量的工作，印度允许外方对软件企业、呼叫中心等 100％控股。班加罗尔科技园集中了超过 130 家企业，其中 65％以上为跨国公司，微软、英特尔、IBM、通用电器、朗讯科技等多家全球 500 强企业均在园区设有离岸软件研发中心。

1999 年，印度成立 IT 产业部，成为当时世界上少有的专门设立 IT 部门的国家之一。2000 年 10 月 17 日，印度 IT 法案生效，为该国电子商务的稳步发展提供法律保障。此外，政府还提供了完全免税的进口硬件和软件，到 2010 年前为止实施了免除公司所得税（最高比例达 90％）、允许设立 100％外资独资公司、购买国内资本货物时免除消费税等许多优惠政策。当地政府制定的完备的经济自由化和科技发展的政策，也是班加罗尔成功吸引国际商家的关键。

印度 IT 技术的发展正在推动一条日益庞大的产业链的形成。一是商业领域。目前在世界范围内企业与消费者之间的电子商务正在迅速发展成为主流活动，它涵盖的业务范围包括商务信息交换、售前售后服务、广告、销售、电子支付、运输及组建虚拟企业等。二是政府部门。根据印度政府颁布的"印度信息技术行动计划"，每个政府职能部门预算的 1％～3％必须用于发展 IT 产业，其中包括 IT 产品的发展、购买、培训和服务。政府采购极大地扩展了印度国内的软件业市场空间。三是其他产业。信息技术产业的影响不仅仅局限在 IT 产业自身，而且极大地影响其他产业的发展。近年来，信息技术产业带动的产业有了迅猛的发展。印度政府十分重视信息技术产业的人才培养和人力资源开发，并把它列为一项长期的战略任务，各联邦政府几乎都有自己的 IT 人力资源开发和培训计划与相关措施。

二、英国：体系成熟、中小企业助推信息产业发展的创意中心

英国政府在信息产业的快速发展中起到了重要推动作用，采取了一系列促进产业发展的措施。英国的文化创意产业在欧洲举足轻重，英国对创意产业进行了大量的基础研究，这些研究为英国政府制定创意产业政策提供了完整的信息支持，从而保证了政府产业政策的有效性、连贯性、一致性。除此以外，在从业人员技能培训、数字化推动、企业财政扶持等方面也给予了很大的支持。英国创意产业主要以中小企业为主，这些企业在发展中往往会面临资金短缺、研发投入不足等问题，政府在加强创意企业资金扶持方面也做了很多工作。政府为高科技企业创造了良好的发展环境，在基础设施建设、税收、融资体系、人才培养、出口

支持等方面出台了一系列政策措施，对信息产业的发展具有重要的导向性和带动性作用。

　　英国经济能够保持强劲、持续增长，正是得益于蓬勃发展的信息经济。据ONS年度商业调查（Annual Business Survey，ABS）数据，2011年英国信息经济营业收入达到1 450亿英镑，相关费用投入为730亿英镑。信息经济增加值总额（Gross Value Added，GVA）达到720亿英镑，占英国经济增加值的5%；同比增速达到5%，是2010至2011年间增长速度的两倍；人均增加值达到99 000英镑，是英国总体工业人均增加值（47 000英镑）的两倍以上。在企业数量方面，2009－2012年，英国企业总数呈现下滑趋势，整体下滑0.1%，然而信息经济企业数量却增加7%，几乎是英国企业数下滑的总量。截至2012年，英国信息经济领域共有131 000家企业和138 000家分支机构。其中，近99%的企业属于小微企业，大中型企业所占比例不高。小微企业是指雇员数少于10人的企业，这类企业主要依赖技术研究和自主开发。在信息经济产业部门中，从事IT咨询行业的企业最多，从事游戏开发和卫星通信的企业则相对较少。在企业地理分布方面，英国信息经济企业主要聚集在英格兰，集群度高达92%，其中47%坐落在伦敦和英格兰东南部。相反，在威尔士、苏格兰和北爱尔兰的信息经济企业分别仅占总数的2%、5%和1%。在从业人口方面，2009－2012年英国信息经济从业人口增长8%，超过经济从业人口总数增速的2倍。据最新调查显示，英国信息经济从业人员达到143万人，占劳动力总量的5%。其中，约有759 000人（53%）在信息技术企业中就职，剩下的670 000人（47%）则在其他公司或企业中从事相关的信息工作。IT咨询和程序设计行业从业人员达到51.9万人，是信息经济最热门的两个行业。IT咨询是近年从业人数增长最快的行业之一，增幅达到26%，超过信息经济总体从业人数增长速度的平均水平。

　　世界经济论坛《2012年全球竞争力报告》显示，英国技术就绪度指标位列全球第七，表明英国已充分做好利用信息经济提升国家综合实力以及优化公民福利的准备。此外，竞争力报告认为，英国拥有利于信息经济发展的政治和监管环境，社会、商业和政府发展都广泛采用了信息技术。英国在数据科学方面占有优势。一方面，英国在运算法则方面已有长足的发展，大学里有计算机科学方面的顶尖研究人才。另一方面，英国拥有世界上最全面的历史数据集，如从1880年开始的气象局数据、社会保健服务数据等。在《信息经济战略2013》报告中，英国政府表示，目前英国信息经济已掌握多项核心技术，成为实现经济转型最有潜力的国家之一，但仍面临不少困难和挑战。首要难题是信息经济部门经营业务时所面临的国际环境，信息经济产品和服务分布的无形性和便捷性使得全球竞争白热化。其次，全球信息产业最主要的参与者——那些相对较少但却家喻户晓的厂商，其总部多设在美国或亚洲。从德国、新加坡、芬兰和以色列等国的信息产业战略不难看出，他们也都在积极利用自己的优势。

英国是拥有世界上最复杂、最具竞争力的在线市场之一。在世界所有组织和国家中，英国拥有最高的个人网上商品及服务购买率。英国的在线市场是欧盟国家中最发达的，占据了整个欧盟线上市场超过三分之一的份额。信息经济将使世界产生颠覆性变化，所有产业都在应用互联网技术，对某些产品和服务需求的减弱将成为其他产品和服务抢占市场的机遇，英国正密切关注自身的优势，并考虑应如何利用这些优势促进信息经济的长足发展。

三、新加坡：信息技术应用广泛的数字化国家

新加坡以"数字化的国家"著称，信息产业发展的规划具有长远性和整体性。在新加坡，信息技术无所不在，其网络化普及指数排名世界第一。新加坡信息化发展的最大特点是规划性。整体和长远的规划使新加坡信息产业快速发展，并在新加坡整体经济中发挥引擎的作用。早在 1980 年，新加坡就开始制定国家级的信息蓝图，到 2004 年为止，新加坡共制定了五大信息化蓝图。新加坡从政府电子化工程入手，通过进行信息化基础设施建设，致力于将新加坡发展成为一个极具活力的全球性信息技术枢纽。2008 年，新加坡政府确定了未来 10 年的资讯通信业的投资计划。

新加坡资讯通信发展管理局（IDA），以在新加坡培育一个充满活力和富有竞争力的资讯通信产业为其战略目标，大力吸引外资，开发、部署和应用创新的资讯通信技术，以保持新加坡 GDP 长期稳定增长，增强新加坡的全球经济竞争力。为达到这一目标，IDA 将自身定位为资讯通信产业的领航者、国家资讯通信总体规划师和开发者，以及政府首席信息官（CIO）。

IDA 制定了一系列政策、标准、指导方针及实施法则，致力于为资讯通信产业创造既有利于民众也有利于企业的创新、竞争的有益环境。IDA 的主要目标之一是鼓励新加坡电信市场的有效竞争。同时，作为技术中立方，IDA 也密切关注本地和全球资讯通信市场的动态、发展趋势和管理措施，以确保资讯通信政策和规章制度得以在迅速变化的世界动态环境中保持其有效性和贴切性。作为新加坡资讯通信产业的领航者，IDA 不遗余力地发展富有活力的资讯通信生态环境，服

务于其间的本地资讯通信企业、领先跨国公司、创新科技企业家以及创业者。IDA 积极地寻求资讯通信产业国内、国际市场的增长机会，通过与他国政府签订双边协议、建立合作伙伴关系以及在中国上海、印度班加罗尔、美国硅谷和中东卡塔尔设立办事处，IDA 为新加坡资讯通信企业进入全球市场提供了机会和便利。为支持资讯通信产业发展，IDA 致力于培育资讯通信智库和具有全球竞争力的人力资源。通过与产业密切协作，IDA 制订了相应的发展计划，对资讯通信专家进行培训，使其拥有丰富的技术知识、对业务需求良好的领悟力及知识产权创新能力。另外，IDA 通过设立奖学金、积极开展校园职业宣讲，竭力吸引顶尖人才进入资讯通信行业。

新加坡有效利用资讯通信技术促进经济发展和社会进步，并在这方面享有国际赞誉。IDA 提供了完善的国家资讯通信基础设施，以满足政府、企业和公民的不同需求。随着智慧国 2015 规划的实施，IDA 逐步建立下一代国家资讯通信基础设施，将互为补充的有线与无线网络进行融合。有线宽带网络，即"新一代全国宽带网络"（Next Generation Nationwide Broadband Network，简称 Next Gen NBN），为家庭、办公场所和学校提供 1G 以上超高速宽带接入服务；"无线宽带网络"（Wireless Broadband Network）则将实现新加坡全国随时随地的无线宽带连接。IDA 大力推进资讯通信科技的应用，使其在增强新加坡经济竞争力方面发挥出关键的作用。IDA 与公共及私有机构共同协作，引导资讯通信的应用战略，鼓励云计算、商业分析及绿色 ICT 等新兴领域的创新研发。IDA 不仅在政府资讯通信总体规划及各项工程上表现出色，还与产业充分合作，利用资讯通信技术促进教育、医药卫生、制造业、旅游业、娱乐业和金融业的发展。

IDA 肩负着新加坡政府首席信息官的职责，帮助政府高效运行，以满足公民和企业的需求。作为政府 CIO，IDA 不仅负责政府资讯通信总体规划，还在资讯通信项目管理和各种系统执行方面承担着重要使命，为政府制定 IT 标准、政策、指导方针和实施流程的监督，并且对重要资讯通信基础设施进行安全管理。这项关键任务包括对整个政府的 IT 基础设施及应用系统的构思、开发、实施和管理。

新加坡现代信息服务业非常发达。根据国际电联发布的《2009 年信息化社会测量报告》，新加坡拥有全球最低的通信价格。根据 2010 年 3 月世界经济论坛发布的"全球信息技术报告"，新加坡在全球的信息化能力排名由 2009 年的第四位一跃上升为第二位。总体而言，新加坡城市各领域的智能化程度在全球均属领先，其交通、政务、环保、金融、商业等多方面的信息化进展一直为人称道。

2006 年 6 月，新加坡启动了"智慧国 2015"计划，当时提出的目标包括实现信息通信业增值至原来的 2 倍，信息通信业出口额增长至原来的 3 倍，新增 8 万个信息通信工作岗位，实现 90％的家庭使用宽带等。尽管从 2009 年开始有金融危机的不利影响，但该目标依然有望提前超额完成。据统计，新加坡家庭互联网普及率已由 2005 年的 66％上升至 2008 年的 76％，家庭宽带渗透率从 2005 年的 51.9％上升到 2009 年 5 月的 115.2％，移动电话渗透率从 2005 年的 97.8％上升到 2009 年 5 月的 133.8％。在新加坡下一代全国宽带网络计划方面，目前已实现接近 70％的最高连接速度可达 1 Gbit/s 的 FTTH 网络覆盖。为如期完成 2012 年覆盖 95％家庭和商业建筑的目标，政府还继续考虑资金投入及相关政策实施，以推动运营商的建设进度。新加坡实施了以免费 WiFi 密集布点为主体的"无线新加坡"项目，免费使用时间被延长至 2013 年 3 月 31 日。现代信息服务业的发展，不仅带动了服务业及其他产业的发展，也吸引了相当数量的跨国企业在该国设立总部和 IT 中心，给国民经济发展带来了很大的益处。

第四节　发达国家和地区发展信息服务业的政策措施分析

一、欧美发达国家政府更偏向于利用自由市场的调节作用

美国、英国等国政府更偏向于利用自由市场的调节作用。如美国在整体上较少提供特殊的倾斜政策，而是更多地依靠市场调节的作用，信息服务企业的生存和发展也主要依赖企业自身的研发投入和市场策略，但是在局部科技园区中如硅谷等地则集中使用了大量的政策工具，这使得美国的信息服务业在这些园区内能迅速形成集聚效应。在政策取向上强调保持公平竞争，而不针对具体的某个企业，从而有利于中小企业的发展。在制定产业集群政策时，与相关行业、企业和区域发展机构高度互动，运用投入产出分析地方经济结构的知识与价值关系，在 SWOT 框架下分析地方经济的结构、知识基础，选择发展机会，在整体上对有限的经济发展资源进行合理配置。而鉴于知识产权在创意集群形成和持续发展中的重要推动作用，美国陆续制定了《版权法》《版权期限延长法案》《家庭娱乐版权法》《数字千禧年版权法》等，形成了全球保护最广、相关规定最为详尽的法律系统。英国的信息服务业发展也是更多地强调公司之间的协作和竞争，但政府

资金、风险投资基金和依托大学形成强大的研发能力也为英国信息服务业的发展提供了强有力的帮助。如伦敦众多创意集群的崛起得益于文化娱乐业的迅猛发展，这与伦敦拥有世界一流的艺术、设计学院，BBC、国家美术馆等众多文化机构有关，而伦敦大型、先进的金融和商业服务渠道则为创意产业融资提供了众多渠道。英国的创意集群产业结构上中下游较为完整，各部分之间能够相互支撑和供给，构成一条完整的产业链。而英国对知识产权的保护也不遗余力，近年来还出现了鼓励降低知识价格水平、提高信息流动量、促进技术和应用的结合、达到知识的总收入最大化等知识产权保护的新趋势，使得集群内知识产权的转移更加畅通。德国政府则主要致力于营造一种适合信息服务业发展的氛围和环境，包括健全的法律法规、良好的创新环境、正确引导社会资金走向的投资机制和培养组织一批高素质的复合型的信息人才等。如拥有"设计之都"称号的柏林，通过为创意活动的开展提供卓越的基础设施和活动空间，使得各类创意人才如设计师、服装设计师、摄影师和建筑师等能够很容易以较低的成本获得办公与居住空间，加上宽容、自由的艺术氛围，便捷的网络和设计方便的公共交流平台以及优良的环境，成功吸引了大量的设计人才和各个领域的创意企业。柏林也十分重视设计人才的培养，约有 5 000 名来自世界各地的学生在柏林学习与设计相关的专业。

二、爱尔兰、印度等国重视政策的引导作用和发展环境的营造

爱尔兰、印度等国不仅重视政策的引导作用，更注重发展环境的营造，主要通过制定政策营造环境吸引投资促进产业发展。爱尔兰曾经是个经济比较落后的国家，但爱尔兰政府较早地把信息服务业的发展定位在国外市场，确定了通过吸引外国直接投资催生本土信息服务业成长的方案。一方面通过努力营造良好的投资环境，成功地吸引外资和跨国公司入驻，包括政府通过成立专门机构负责招商引资，简化手续、提高服务质量和效率；完善立法，改善本国信息服务外包商业环境；建立金融服务中心，为企业提供优质金融服务；实行税收优惠（12.5％的公司税）和政府补贴，鼓励外来投资等。另一方面，爱尔兰政府重视教育，通过建立完善的教育体系，培养了大量的科技信息人才，大公司之所以青睐爱尔兰，一个重要原因就是爱尔兰拥有大批高素质、低成本的软件人才，而这些在跨国公司中工作学习的人才，也为后来本土公司的发展积累了人力资本，成为创造产业

竞争优势的关键因素。此外，通过建立国家科技园，促进大学、研究开发机构与企业紧密结合，以及建设良好的工作和生活环境、富有活力的文化，提供各种优惠政策，爱尔兰政府也成功地吸引了大量国外高素质人才驻留和科技人员创业。政府产业发展机构鼓励本土企业家进入信息服务行业，并给予本土企业广泛的支持，如就业援助、研究与开发拨款、可行性研究补助、出口建议、策略性计划等，还在其他国家设立"共享营销办公室"，帮助本土企业出口，多数致力于软件出口的中小信息服务企业都以某种形式得到过政府的财政援助。总之，通过实行一系列富有远见的政策，爱尔兰政府有效地促进了爱尔兰软件产业的兴起和发展。

印度政府促进信息服务业发展的政策措施与爱尔兰相似，首先政府重视和确立了发展软件外包服务的发展战略，通过政策引导提供的充足人力资源、世界级信息安全环境以及鼓励信息服务业发展的政策环境，使印度信息服务业走上了飞速发展的道路，一跃成为世界性的软件产业大国。

三、日本与韩国都非常重视产业政策的引导

相比之下，日本和韩国的政策引导更为直接和显著。如日本政府对产业结构调整的干预程度就很强，日本的信息服务业之所以能在短时期内迅速腾飞，很大程度上源于政府对于产业的扶植和正确的导向。20 世纪 70 年代受环境和石油危机的影响，日本政府开始将更多的注意力转向知识密集型产业的发展，越来越重视推进电子信息产业的发展。80 年代，日本政府提出"技术立国"的方针，政府大幅度增加科技投资，主持或参与重点科技领域的科研工作，建立企业、大学、政府三位一体的"流动科研体制"。日本政府促进信息服务业发展最有效的调控手段还是经费投入，即在资金方面，政府通过提供补助金来确保企业能够有足够的资金用于人才培养、软件开发和数据库建设事业。在创意集群发展规划方面，日本政府的作用主要体现在确定集群定位和发展方向，并为创意企业提供资金、基础设施、政策等方面的便利条件。日本的文化创意产业链条也比较完整，如在集中了日本 80％的动漫企业的东京，大大小小的出版机构、音像制品商、电视台、电影发行公司和玩具生产商等动漫制片委员会的成员组织功能明确，合作紧密，形成了一条合理、完整的产业链：在漫画原创产品出现之后，紧接着就是平面漫画的出版，再接着动画片和相关电影拍摄播出，最后是动漫衍生产品推出，以及品牌授权和服务。

韩国同样重视产业政策的引导作用，促进地区信息服务业发展的主要手段也与日本类似，都包括资金辅助、财税激励以及加强人才和技术供给。韩国政府将信息服务业置于国家战略高度全力推动，韩国政府强有力的资金支援为信息服务业的发展提供了良好的基础，韩国政府从 2001 年起加大对信息技术领域的投资，同时非常重视计算机教育，积极开展全民信息化教育，还大量启用外籍软件工程师、到海外设立软件研发学院，通过资金辅助、财税激励以及加强人才和技术供给，促进本国信息服务业的发展。在 1998 年提出"文化立国"方针之后，韩国政府也实施了一系列政策加快创意集群的建立和发展，在创意园区内提供资金税收扶持政策，吸引优秀创意企业入驻，目前创意产业园区中的创意集群已经形成了良好的规模效益。

四、世界主要国家地区和科技园区政策工具使用特征总结

虽然各国和地区政府在资金投入、人才培养等方面的支持力度有所差别，但大多更为注重投资和创业环境的营造，同时注意培养和吸引高科技人才，大多以有效利用自由市场为前提，干预手段较为间接，特别是爱尔兰、印度等发展中国家。总体而言，日、韩等亚洲地区发展受到政府产业发展政策的影响更为直接。

从各种类型政策的实行效果看，除了政府性资金的投入和财税激励之外，技术人才的供给以及环境建设对促进本地区信息服务业发展尤为重要。比如爱尔兰和印度之所以能够成为国际软件发展的核心，很大程度上在于两国通过引进和培养人才为本地信息服务业的发展提供了人才基础。而基础设施、信息服务和法律环境的完备程度对于吸引企业入驻和支持企业发展也具有非常重要的意义。如 20 世纪 80 年代早期，有人向英国政府建议设立负责国家信息政策工作的专门机构，遭到政府拒绝，致使在 80 年代初期美国、法国、加拿大等国拒绝向英国输入数据，使英国的信息产业陷入窘境。此后英国接受教训，积极研究和出台了《电子通信法》《广播法》《获取个人数据法》《数据保护法》等许多信息领域的法规，这些法律法规的出台对英国信息服务市场的繁荣起到了不可或缺的作用。同样对于文化创意产业的发展而言，知识产权保护的推动作用也尤为重要，美国的硅谷、日本的关西地区、意大利的米兰地区、法国的巴黎和英国的伦敦等地区，都是通过知识产权创造形成的在全国乃至世界上有影响力的创意集群，不断完善知识产权保护措施，加大创意版权保护力度，并营造有利于集群内知识产权顺畅转移的市场与法制环境，这些都是西方国家制定相关政策的普遍趋势。

表 5.5　世界主要国家和地区促进软件和信息服务业发展的政策一览

		美国	加拿大	墨西哥	巴西	英国	爱尔兰	德国	法国	日本	印度	韩国	菲律宾	马来西亚
战略定位和规划制定		●	●	●	●	●	●	●	●	●	●	●	●	●
资金供给	增加投入，提供资金辅助	●	●		●	●	●		●	●	●	●	●	
	提供投融资渠道	●				●	●			●	●	●	●	
人才技术	吸引、引进人才	●					●				●	●		
	人才培养（学历、非学历）				●	●	●	●		●	●	●	●	
	建设研究机构、学校院所		●				●			●	●	●		
	建设研发中心和公共技术服务平台						●	●		●				
	鼓励产学研合作	●	●				●	●		●	●			
	鼓励联合创新与国际合作	●							●		●			

续表

		美国	加拿大	墨西哥	巴西	英国	爱尔兰	德国	法国	日本	印度	韩国	菲律宾	马来西亚
市场促进	鼓励应用											●		
	政府采购	●									●	●		
	服务出口	●	●	●	●		●				●	●		
	制定标准						●							
	知识产权保护			●			●						●	●
	行业管理	●	●		●				●	●				
	法律法规	●		●	●		●	●	●		●	●		●
创业促进	财税激励	●	●				●							
	信贷支持、信用担保，鼓励中小企业发展	●			●				●					
	设立产业基地、孵化器、科技园区	●					●	●	●	●	●			

注：本表根据互联网相关资料整理。

从国外经验来看，信息产业集群发展是现代信息服务业发展的重要基础，同时政府的规划引导和政策倾斜，对现代信息服务业发展具有重要作用。由上表可见，现代信息服务业发展水平较高的地区都非常重视现代信息服务业，从总体规划与引导、资金和融资、市场需求、人才培养、基础设施、税收、园区发展、重点产业等各个层面，对其给予了大力扶持。当然，由于各个国家、地区、城市发展背景、历史沿革等不同，侧重点也应有所不同。这些国际经验给我们的启示和借鉴主要有：

1. 持续有效的战略规划和政府支持

现代信息服务业的发展离不开政府的支持与引导。从上述城市、区域的发展经验来看，科学的规划与引导、倾斜性的产业发展政策、不断完善的法律法规，都是现代信息服务业发展的重要保障。

2. 大力的资金支持和良好的融资环境

很多城市建立了专项资金，尤其是加大研发投入和人力资源投入力度，支持重点产业的发展，支持企业拓展国际市场，不断拓宽融资渠道。硅谷通过成功的风险投资和股市筹措所需资金；纽约市政府通过各种措施鼓励企业对新技术的研发投入，并加强新技术转化；班加罗尔和爱尔兰积极吸引大量外国投资，首尔和新加坡政府加大研发投入和对电信、基础设施等的投入。

3. 重视发展人力资源和产学研合作

上述地区在人才引进、培养和交流方面均做了很多努力，集聚了大量专业人才，同时积极鼓励行业交流，努力形成良好的创业创新氛围。在这一点上美国的硅谷、纽约，印度的班加罗尔及爱尔兰做得相对成熟，效果也非常显著。

4. 明确市场需求，发展重点产业，规划建设产业园区

上述地区都在市场定位、重点产业和重点园区发展、国际市场拓展等方面积累了不少经验。如爱尔兰瞄准欧洲市场大力发展软件业，班加罗尔立足于欧美市场大力发展软件及其外包；规划建设产业园区则是发展现代信息服务业的普遍做法，事实证明也是非常成功的做法，如纽约市重点发展的"硅巷"，首尔市政府规划建设的"数字媒体城"，东京的动漫文化中心，印度的班加罗尔软件园等。这些产业园区集聚了一批现代信息服务业重点行业和企业，吸引了大量人才和资本，也积聚了大量的行业信息。

5. 重视信息基础设施建设

发达城市对信息基础设施建设尤为重视，如纽约市早在 20 世纪 90 年代就已经实现了大部分建筑物的光缆到楼；2006 年，伦敦就已经开通 Wi-Fi 网络服务，进入下一代网络阶段；东京市在积极投入研发通信新技术的同时，注重宽带的建设和普及；首尔市的宽带覆盖更是全球之最，新加坡的信息基础设施也是全球领先。

6. 出台优惠政策促进现代信息服务业发展

国外城市通过税收、定价、雇主服务、人力资源服务、资金支持等很多优惠政策促进现代信息服务业的发展，如纽约市通过税收优惠、政府采购、房地产租金优惠等措施，促进硅谷发展；伦敦市为了发展创意产业，设立了创新基金并努力支持中小企业发展；首尔市通过政府投入大量资金、提供税收优惠和价格激励等优惠政策推动数字内容产业的发展；班加罗尔对软件产业的支持政策更是全方位、多层次和大力度的。虽然每个城市出台的优惠措施各有不同，但是最终都取得了很好的成果。

第六章 国内一些城市发展信息服务业的经验特点

第一节 上海信息服务业

一、战略规划与措施

(1) 战略愿景。立足加快建设国际经济、金融、航运和贸易"四个中心"的上海,信息服务业的发展尤为重要。从战略性新兴产业发展及智慧城市建设角度,高度重视现代信息服务业,深入实施创新化、品牌化、差异化、标准化和国际化发展战略,以全面提升上海综合竞争力为目标,以推进产业创新发展为主线,以体制、机制和政策创新为突破口,以"市场主导、政府扶持、统筹规划、突出特色"为方针,提升信息传输和系统集成产业,重点发展数字内容产业,加快发展信息专业服务业,大力推进三网融合、产业延伸、移动互联和信息安全,加快集聚产业要素、完善产业功能、构建产业体系、延伸产业链条,强化和积极营造有利于信息服务企业发展的环境,实现信息服务产业的跨越式发展。

(2) 战略目标。上海的总体发展目标是:建设规模壮大、结构合理、体系完备、运转高效、创新活跃的现代信息服务产业体系,推动社会经济持续发展,把上海建成全球有影响力的现代信息服务业中心城市之一。具体是:以完善现代信息服务业产业体系为基础,集聚要素、完善功能、优化环境、创新发展,充分发挥现代信息服务业作为重要的基础性产业及战略性新兴产业的作用,使现代信息服务业成为后世博时代上海经济社会发展的新引擎、绿色经济发展新途径;成为支撑上海现代服务业和其他产业发展、促进产业结构升级和经济发展方式转型的新动力。以后危机时代全球信息化发展尤其是智慧地球发展为契机,充分发挥中国经济长期持续发展、国际影响力提高的优势,以中国经济新一轮改革开放为动力,以长三角一体化发展为基础,充分发挥上海现代信息服务业发展的综合优势,使上海成为长三角现代信息服务业发展的节点和枢纽地区、全国现代信息服务业创新发展的示范和引领区域、亚太现代信息服务业发展中心区之一,并逐步成为全球有影响力的现代信息服务业中心城市之一。

（3）发展思路。借鉴国际先进经验，结合上海自身特点，在上海智慧城市建设战略指导下，以市场需求为主导，以完善环境为保障，以创新发展为指引，以全球信息化、长三角一体化与后世界博览会时代服务经济发展为契机，充分发挥企业的主体作用和政府的引导作用，加快政府管理和服务方式创新，提高政策的有效性和针对性；深入实施创新化、品牌化、差异化、标准化和国际化战略，加强统筹规划，加快现代信息服务业与其他产业的融合、互动发展；以金融、航运、贸易现代信息服务业为重点，创新产业体系，支撑"四个中心"建设；跟踪、引领技术发展新趋势，大力推进三网融合、移动互联和信息安全，形成现代信息服务业发展新优势；以行业性公共信息服务平台建设为重点，加快"先进制造"和"卓越服务"互动发展，提升先进制造业和现代服务业能级。

（4）发展步骤。上海现代信息服务业发展，在尊重和把握产业发展规律的基础上，统筹规划、分布推进、合理布局、突出重点，以创新发展带动产业跨越。第一阶段（2010—2013年）：夯实基础、拓展领域；完善环境，创造条件。统一观念，深化认识，整合各方面资源，形成发展合力；完善创新发展体系，加快技术、市场、业态、模式等产业发展创新，形成新兴产业集群，加强政策创新、法律法规创新、政府管理与服务创新；延伸产业链条，加速产业融合，优化产业结构。重点是制定并完善现代信息服务业发展规划，加快基础设施和公共平台建设，改善园区发展条件，大力引进和培养人才，集聚现代信息服务业发展要素，优化服务外包发展环境。进一步加大招商引资与市场拓展力度，加大产业扶植和企业支持力度，为新一轮现代信息服务业大发展打下坚实的基础。第二阶段（2014—2015年）：加快发展、重点突破、提升品牌、增强影响。在第一阶段基础上，以重点行业、重点园区和企业、重点市场、重点平台等为突破口，加快现代信息服务业的发展，不断做大产业规模、优化产业结构、提高产业质量，提升上海现代信息服务业在国内外的品牌知名度和影响力。重点在现代信息、服务业功能性平台建设、新兴行业和领域发展以及特色园区的能级提升等方面取得突破，成为长三角现代信息服务业发展的节点和枢纽地区、全国现代信息服务业创新发展的示范和引领区域、亚太现代信息服务业发展中心区之一，并逐步成为全球有影响力的现代信息服务业中心城市之一，为上海加快发展服务经济、建设"四个中心"、加快经济社会发展做出重大贡献。

二、定位特点与经验借鉴

1. 上海信息服务业的定位特点

（1）上海信息服务业处于支柱性产业地位。首先，上海信息服务业"整体发展态势良好，对国民经济贡献逐年增加"，是上海现代服务业六大支柱产业之一。其次，在信息产业成为上海的支柱性、基础性、先导性和战略性的产业之后，信息服务业也成为支柱性产业之一。2010 年上海信息服务业占全市 GDP 比重已达到 5.4％，成为上海的新支柱，5％是"支柱性产业区间"的重要标志。2005－2010 年，上海信息服务业经营收入更是以年均 22.5％的速度快速发展。

（2）上海信息服务业是"四个中心"建设的基础性产业。现代服务业是上海建设现代化国际大都市和"四个中心"的重要基础，是体现上海城市综合服务功能的重要载体。四个中心的建成必然要有大量物流、资金、人才等信息的汇集，这种"信息汇集"通过 ICT（Information and Communication Technology）技术以及数据库结构的高效应用来完成，其微观基础是发达的专业信息服务产业。因此，专业信息服务是上海"四个中心"建设的基础。

（3）上海信息服务业已成为上海发展先进制造业的"助推器"。《上海市信息产业"十一五"专项规划》中提出要"加快传统工业信息化改造，促进先进制造业发展"。信息服务业作为第三产业和生产性服务业的一种，在与第二产业的融合发展中可以起到"助推器"的作用。这不仅表现在信息技术向制造业中渗透，而且表现在"先进制造业"在发展中向"微笑曲线"的两端——研发、销售和服务转型。通过先进制造业和信息服务业的发展、扩散、集成和融合，促进不同产业之间的相互渗透和交融，加快新业态的形成。

（4）促使上海信息服务业国际化发展的动力。信息服务业的发展要培育一批具有较强国际竞争能力的著名企业和跨国公司；要实施"走出去"战略，参与国际竞争，融入全球产业链。在国际经济一体化的趋势下，上海信息服务业在战略制定与业务发展方面正在追求与国际接轨，既要有大规模的跨国企业，具有广阔的全球视野和国际标准化的服务产品，还要有广泛的国际渠道和网络，国际化发展是上海信息服务业的重要趋势。

2. 成就与经验

2013 年上海信息服务业全行业实现经营收入 4 317.29 亿元，同比增长 19％，实现增加值 1 387.88 亿元，同比增长 15.1％，占全市增加值的 6.4％，占第三产业增加值的 10.3％。截至 2013 年年底，本市规模以上信息服务企业近

5 000家，其中2013年经营收入超亿元企业381家，累计47家信息服务企业在海内外上市，全行业从业人员47.8万人。①

2013年上海软件产业实现经营收入2 464.9亿元，同比增长18.2%，全行业从业人员达到34万人。全市累计认定软件企业2 226家，其中2013年新增认定软件企业493家，2013年经营收入超亿元软件企业306家，经营收入超10亿元的软件企业32家，人员规模超千人软件企业41家，累计有248家企业获得计算机信息系统集成资质，其中一级资质12家，二级资质41家，累计获得计算机信息系统工程监理资质企业17家。全年新增登记软件产品4 453个，其中进口软件产品登记133个。

上海市互联网信息服务2013年实现经营收入835.72亿元，同比增长30%。其中网络游戏收入达到260.12亿元，同比增长36.8%，客户端游戏企业收入增长乏力，而网页、移动和社交类游戏企业增速较快，成为拉动网络游戏增长的重要因素；互联网金融2013年经营收入近200亿元，其中第三方支付收入超过165亿元，同比增长近40%，重点跟踪的9家网络信贷企业全年信贷额超过60亿元；网络视听产业收入超过70亿元。电信服务业2013年实现经营收入700亿元，同比增长5.6%。截至2013年年底，上海电话用户数达到4 069.9万户，其中固定电话用户869.2万户，较上年末减少33.7万户；移动电话用户数3 200.7万户，较上年末净增192.4万户；随着业务开发、市场推广等不断深入，用户对数据流量的接受度已不断提高，数据流量收入正成为拉动电信增长的重要因素。

上海市的信息服务业发展在历经"十五""十一五"的"黄金十年"高速发展之后，在"十二五"的前三年依旧保持近20%的增速，主要得益于及时以"改革、创新、转型、提升"为主线，充分发挥市场配置资源的决定性作用，着力消除瓶颈障碍，营造良好市场环境，激发市场主体活力，努力做到聚焦产业结构优化调整，在新技术、新业态、新模式发展上实现产业提升新突破。2014年上海信息服务业以高水平创建"中国软件名城"、扩大信息消费和在自由贸易试验区率先开放"增值电信业务"为契机，坚持"软件产业走高端、信息服务业提能级"的发展思路，围绕"名企、名品、名人、名园"的培育和发展，力争全年信息服务业实现经营收入5 100亿元。

---

① www.shanghai.gov.cn/shanghai/node2314.

第二节　天津信息服务业发展战略

　　天津现代信息服务业起步于20世纪80年代，近20年来取得了长足的发展。天津市委市政府高度重视信息化工作，信息化建设和应用取得了显著实效。信息技术在国民经济和社会各领域的应用效果日渐显著，信息化已经渗透到社会生活和经济发展的各个方面，为企业和公众参与经济社会活动创造了便利条件，有效地推进了天津现代化进程。发展信息服务业可以推动整个第二产业的向前发展。

　　天津信息化基础设施条件好，上网工程基本完成，服务水平不断提高，信息化应用在各个领域发挥越来越重要的作用，法规标准建设取得实效，发展前景良好。2006年天津市委、市政府印发了《关于加快发展现代服务业的决定》（简称《决定》）和《天津市加快发展现代服务业实施纲要》（简称《纲要》），明确指出，天津市加快发展现代服务业要着力完善"信息与科技服务、商贸流通、中介服务业、文化服务、社区服务、房地产业"六大体系的目标。《决定》和《纲要》的颁布为天津市信息服务业的发展提供了有利的历史机遇。

一、信息产业继续保持第一支柱产业地位，建设特色鲜明、生产相对集中的产业集聚区

　　天津市拥有丰富的信息资源，以信息资源的开发利用为核心，大力发展现代信息服务业，并依托信息服务业带动第二产业和天津经济的整体发展，是天津市发展知识密集型服务业、充分发挥比较优势、提升天津核心竞争力和国际影响力的必然选择；是天津市充分利用新型生产要素推进经济结构调整和增长方式转变的必然选择；是满足人民群众日益增长的信息需求和精神文化需求、提高天津市公益性信息服务能力、构建和谐社会、消除"数字鸿沟"的必然选择；是天津市政府树立和落实科学发展观、提高数字化管理水平和服务水平、更好地履行市政府各项职能的必然选择。

　　天津市目前已形成五个特色鲜明、生产相对集中的产业集聚区：即以移动通信设备及终端产品制造、集成电子为主体的天津经济技术开发区；以绿色能源、软件及系统集成为主的天津高新技术产业园区；以片式元件、显示器及数字家电生产为主体的西青开发区微电子小区；以电真空器件为龙头产品的武清开发区；以加工配套为主的中心城区电子区。以五大产业密集区为依托，形成了移动通信、集成电路、绿色能源、显示器、电子器件、数字家电、汽车电子、软件及电

子新产品出口等十大专业产业园。不仅形成了产业政策优势明显、配套水平一流、集聚效应显著、具有较强辐射作用的产业发展环境，而且形成了5个国家级、5个市级创新基地，1个国家级企业技术中心，17个市级企业技术中心，整体创新能力显著提高，信息产业连续多年成为全市第一支柱产业。

二、天津市发展信息服务业所面临的机会

1. 政策环境有利于信息服务业的发展

天津正在全面实施"二步走"发展战略，努力实现国务院审定的"国际港口城市，北方经济中心和生态城市"的定位。天津滨海新区开发开放被纳入国家总体发展战略布局，必将更有力地服务和带动区域经济振兴。《天津市信息服务业"十一五"规划》中，天津信息服务业的发展目标是：年均增速达27%左右，高于全市经济增长的速度，成为天津现代服务业的主导产业之一，对传统服务业和传统产业改造起到明显拉升作用。到2010年增加值超过300亿元〔其中通信业180亿元、应用软件和系统集成业100亿元、广电传输业（含数字电视）10亿元、网络服务业10亿元〕，占地区生产总值的比重达到5%左右。目前，已基本建成功能社会化、产业规模化、结构多元化、运营现代化、发展国际化的现代信息服务业体系，使天津成为服务环渤海、辐射三北地区、面向东北业的信息服务中心、电子商务中心、重要的通信枢纽和软件外包基地。

2. 信息服务需求增加

天津作为一个老工业基地，要实现经济增长方式的转变，必须首先实现经济结构的转变，用信息化带动工业化。由于信息具有非磨损性、共享性和增值性，供应、生产、消费通过网络实现联系将明显降低综合成本等因素，发展信息服务业成了促进经济增长方式转变的一项重要举措。天津将以国家电子信息产业基地建设为契机，建成以五大产业聚集区为依托的我国重要的电子信息产业基地。随着天津市整个工业发展规模和水平不断提升及信息产业的快速发展，以它们为服务对象的信息服务业一定会有光明的前景。从天津市营业收入、移动电话用户总数、国际互联网络用户等几项基础指标看，天津信息服务业的需求呈线性增长的趋势，信息服务业的发展潜力巨大。

三、天津市发展信息服务业的技术支撑与战略前景

由于现代信息服务业需充分依托计算机、通信、网络等现代信息技术对信息进行生成、收集、处理、加工、存储、检索和利用，信息产品及其服务，尤其像

网络教育、电子商务服务、网络游戏、移动内容服务等新兴数字内容产业,更要依托信息传输网络。因此,信息技术对信息服务业的支撑作用尤为重要。天津市的信息服务业的发展趋势有以下几个方面:

(1) 信息服务业的发展不断壮大,在规模和数量上将有新飞跃。这种扩大的根本动力是需求的迅速增长。天津城市建设的规模和水平,对信息和信息处理功能的需求不断提出更高的要求。无论是信息服务提供的内容、范围、质量,还是社会企业、消费者的信息需求,都呈现增长的趋势。随着信息化的深入,受益群体不断扩大,对于信息和信息服务的需求已经不再只是少数高收入人群的享受,而成为普通的、基本的公民权利。面向社区的信息服务、面向农民的信息服务,面大量广,对于信息服务业的服务和质量既是一个巨大的挑战,也是巨大的商机。

(2) 信息服务业将进一步分工和细化。走向市场细分和专业化,向社会公众和企业提供更加有效、更加个性化的服务。当前,立足于现代信息技术的现代信息服务业,仍处于发展初期,人们对信息服务业的理解还不够深入,信息服务企业的分工和定位也还有待进一步明确。目前这些服务大多集中于一些主要面对城市和青年人群的业务,如短信、娱乐等。许多面向农村、面向其他年龄层次的信息服务工作尚未大规模展开。针对各社会阶层、各类企业的不同需求,开辟新的服务领域,实现更加有针对性、更加个性化的信息服务,将是信息服务业的主要发展方向。

(3) 信息服务业的服务内容和范围将进一步扩大,数字内容产业将得到迅速发展。从服务内容来说,在面对企业的信息服务业方面,咨询业将向更加深入的方向发展;在面对消费者的信息服务业方面,教育和医疗将是重点。从现在人们的生活和需要可以看出,在这些方面的要求将会越来越高,投入也将越来越多。互联网信息业,尤其是数字出版、网络游戏、动漫制作等新兴数字内容产业将繁荣壮大。

(4) 信息服务业将更加注重社会效益,公益性信息服务能力将得到加强。信息产品和服务向弱势群体倾斜,信息化的受益面将不断扩大。信息服务业的发展不仅能促进经济发展,也能为构建和谐社会,促进经济建设、政治建设、文化建设、社会建设、生态建设做出特别的贡献。通过提供普遍服务,信息服务业对于消除"数字鸿沟"将发挥积极的作用,也是实践科学发展观、实施"五个统筹"的重要手段之一。在这方面,政府可以发挥积极的引导作用,鼓励信息服务企业面向广大群众、面向农村、面向弱势群体,热心公益事业,为社会安定和谐出力。另一方面，正像任何技术一样，信息技术也可能被滥用而产生负面影响，因此，在信息服务业的发展中，政府应进一步提升职业道德和社会责任，弘扬先进文化，抵制不良的、有害的信息。

（5）信息服务业的各项技术将面临升级换代，需要把信息服务业提高一个新的水平。信息技术的更新换代非常迅速。随着信息服务业的发展，各种新技术将逐步取代原有的技术。网络走向宽带，电视走向数字化，各种服务的提供越来越智能化，等等。各级政府和各类企业有意识地、积极稳妥地组织和推进有关技术更新，将是信息服务业健康成长的重要保障。

（6）天津的信息服务业将进一步走向国际化，与国际信息服务业接轨。信息服务业从本质上是开放的，其发展必须与国际接轨。一方面，天津的信息服务业需要走向世界，这既是经济发展的需要，也是弘扬民族文化的需要。同时，国际信息服务业也不可避免将进入天津。

（7）天津的信息服务业走向投资多元化，将有力地促进信息服务的市场化进程。作为市场经济的有机组成部分，信息服务业的投资主体也将会呈现出多元化的格局。除了国有和以国有为主的信息服务企业之外，会有越来越多的外资和民营资本进入信息服务业市场，各种不同类型的信息服务企业将会越来越多，并且占有相当的比例。这种趋势在一些领域已经出现，信息服务业的市场化进程正在逐步提高。

此外，天津的信息服务业的发展环境正得到进一步的改善，法治、标准等逐步走向完善，信息服务业的大批人才将充实到这个新兴行业中来，信息服务业将成为吸引劳动力的主要行业之一。

四、天津发展新一代信息服务产业的重点

《天津市新一代信息服务产业行动方案（2013—2016）》指出，到 2016 年，天津市新一代信息服务产业规模将达到 5 000 亿元，互联网普及率将提高到 45％以上，将形成覆盖城乡的数字化社会服务体系，远程教育系统覆盖比例达100％，医疗和社会保障卡两卡合一，覆盖所有城乡居民，市民电子健康档案建档率达到 75％。到 2015 年，全市网络零售额占社会消费品零售总额比例超过10％，企业电子商务应用率达 50％，移动上网用户普及率达 70％以上。

新一代信息服务产业是集硬件、软件、平台和服务为一体，将移动互联、云计算、物联网、大数据等新一代信息技术综合运用到经济、社会各领域的新型产业，是制造业和服务业融合发展的新业态。加快新一代信息服务产业的发展，对

于促进信息消费、推动产业转型升级、建设智慧城市、打造美丽天津、实现由天津制造向天津创造跨越、促进天津制造向天津服务转型，具有十分重要的意义。

天津下一步发展新一代信息服务产业，确定了五个发展重点。

第一，培育移动互联产业领航区。推进移动互联网产业发展，2016 年，天津市移动互联网产业规模将达到 4 500 亿元。2015 年，全面完成 IPv6 升级改造，IPv6 宽带接入用户争取全覆盖；加快发展智能手机、平板电脑、电子书、车载设备、可佩戴的智能手表、眼镜等新兴终端。到 2016 年，形成 2 亿部智能手机、3 000 万部平板电脑生产能力，产业规模达到 2 000 亿元；重点发展基础软件、工业软件和应用软件，打造滨海高新区软件产业国家新型工业化产业示范基地，聚集 2 000 家软件和信息服务业企业，到 2016 年，软件和信息服务业规模达到 1 500 亿元。

第二，打造国家电子商务示范城市。培育好滨海高新区、武清区、宝坻区三个电子商务产业聚集区，打造和平、南开、河北三个集创业、企业转型、电子商务、人才培养和服务为一体的综合电子商务创业园区，成为培育中小型电子商务企业的"孵化器"；加大招商引资力度，不断完善配套服务，引进五家国内外大型电子商务企业运营结算中心落户天津，进一步扩大阿里巴巴、亚马逊、中国大宗商城等交易额超万亿元电子商务平台交易规模；加快培育苏宁易购、京东商城、亿玛在线、唯品会、渤交所、贵金属、中储、天津物产、天津港散货交易、滨海化工、渤海钢铁、渤海化工、粮交所、易特商城等 20 家电子商务龙头企业，成为电商企业的领军者。2015 年，把天津建设成为交易规模大、集聚程度高、发展环境好、支撑体系强，具有较强国际竞争力和区域辐射力的电子商务城市，网络零售额占社会消费品零售总额比例超过 10%，企业电子商务应用率达 50%，移动上网用户普及率达到 70% 以上。

第三，实施智慧城市示范应用工程。重点推进宽带城市、电子政务、智能电网、智能交通、智能应急、智慧社保、智慧教育、智慧社区、智慧旅游、智慧港口十个专项工程，到 2016 年，形成覆盖城乡的数字化社会服务体系，远程教育系统覆盖比例达到 100%，医疗和社会保障卡两卡合一，覆盖所有城乡居民，市民电子健康档案建档率达到 75%。

第四，建设泛娱乐产业创新基地。以发展高端、培育新兴、集聚总部为重点，以优化产业发展环境为抓手，搭建网络游戏、网络视听、版权交易等专业技术支撑平台，加快推进三网融合，积极促进网络游戏、工业设计、动漫、生活资讯等娱乐产业发展。到 2016 年，产业规模达到 400 亿元。

第五，构建国家级信息安全产业基地。加大力度引进一批国内信息安全产品生产企业，构筑一流的以信息安全为核心的新兴信息技术产业集群高地。到2016年，实现信息安全产业规模100亿元。

为促进新一代信息服务产业发展，天津市已成立由市经信委、发改委、市商务委、市科委等部门组成的领导小组，专门负责统筹协调政策措施，组织重点项目建设；建立健全促进新一代信息服务业的投入机制，相关专项资金将向项目聚集；创新政府扶持资金支持方式，通过资本金注入、贷款贴息、服务外包补贴、融资担保等形式，吸引集聚民资、外资等社会资本参与。同时，还将研究出台财政、金融、税收等相关的扶持政策，形成产业发展合力。

五、天津市信息服务业的发展策略

1. 建立信息服务业协调管理机制

加强组织领导，针对行业管理机制问题，成立负责全市信息产业（包括信息服务业）的政府管理机构，并由市发改委、市经信委、市科委、市文化局、市广电局、市新闻出版局、市财政局、市档案局、市统计局等相关部门组成协调联动小组，统筹协调信息服务业发展中的战略、规划和政策等重大问题。实现政府职能的转变，加快实现政企分开、政资分开、政事分开，政府与中介组织分开。在掌握全市信息服务业整体状况方面，要进一步完善信息服务业统计制度，建立适合天津市信息服务业的统计指标体系。建立信息服务业发展监测、预警、预测机制，加强行业发展科学研究，并将相关信息定期发布，及时为政府主管部门和企业机构决策提供科学依据。此外，确立行业企业认证标准，加强行业信用管理和服务。

2. 创建环渤海区域信息服务业协作网

环渤海地区是我国工业较为发达的地区之一，拥有十分雄厚的科技实力和人力资源。从区域经济的分工协作和一体化整合的角度看，区域内部依靠自然禀赋资源和资本所建立的竞争优势正在弱化，信息资源已成为最重要的战略资源。因此，实现信息资源共享，加速资源流动，优化资源配置，实现优势互补，建立一体化的信息资源共享机制势在必行。环渤海区域社会经济协调发展在客观上需要开展区域信息化的合作，区域信息化的合作需要信息服务业合作的进一步增强。应消除区域信息壁垒，实现信息资源互通，逐步实现区域信息服务业的统筹规划、联合建设、互联互通、资源共享。在此基础上，建设覆盖整个环渤海地区的信息服务业协作网。成立区域性信息服务业协作组织，对整个区域信息服务业进行行业管理和业务协调，制定统一的行业政策，对区域信息服务业进行数据整理和发布、行业政策规划与引导，推动区域重要信息、通信基础设施的合理规划和有效利用；实施多领域信息资源的联合开发、利用和共享。

3. 推进滨海新区信息化和信息产业试验示范区建设

建设滨海新区电子政务示范先行区。推进社区信息化建设，建立统一的综合信息服务平台，提升社区管理和服务能力。加快滨海新区的电子商务应用，建立以龙头企业为带动的企业产业链电子商务应用平台。加快推进滨海新区物流企业信息化，建设天津市国际物流公共信息服务平台。着力推进滨海新区企业信息化，建设滨海新区制造业协同设计公共服务平台。搭建生物制药、集成电路、汽车制造、模具制造设计协同服务平台，着力提高装备制造业国产化水平；建设滨海新区宽带无线试验网，推动宽带无线应用和产业发展。建设完成天津市国际航运中心和物流中心信息系统。建设开源软件与集成电路公共开发平台，用嵌入式软件提升天津市装备制造、仪器仪表、家用电器等传统产业的竞争力，形成新的产业优势。落实信息产业部与天津市合作协议提出的建设滨海新区信息产业创业园，完成项目论证、立项、报批、规划工作，成立信息产业部赛迪研究院滨海分院，为滨海新区信息化和信息产业提供智力支持。做好空间地理、智能交通、口岸通关、保税监管、应急指挥、网上协同办公、市民服务、外来人口管理、宽带无线应用等方面工程的先行示范。

4. 多渠道增加信息服务业的投入

市场开放和充分竞争是产业发展的活力之源。天津抓住我国加入 WTO 和京津冀、环渤海区域合作的机遇，着力吸引国内外知名信息服务业企业投资，利用其先进的技术和管理经验提升天津信息服务业的水平。投资渠道多元化，形成政府投资、信贷投资、入股投资、引进外资及风险投资等多种投融资体系。充分发挥政府扶持资金保障作用，充分利用本市服务业发展引导资金、信息化建设专项资金、软件产业发展资金和高新技术产业发展资金，对政府部门及公益性信息化基础设施建设项目和信息服务业中关键技术项目投入、贴息、补助和奖励，加大支持力度。鼓励各类担保基金向信息服务业倾斜，引导银行积极向各类符合条件的信息服务业企业和项目发放贷款。发挥信用担保机构作用，引入风险投资机制，支持符合条件的信息服务业企业进入资本市场融资。鼓励主体多元化的创业投资公司，通过股票上市、企业债券资产重组、股权置换等方式筹措资金，鼓励和允许上市公司以资产重组和增发新股方式进入信息服务业。

5. 实施错位发展战略

为避免与北京的信息服务业发展重点相重复，天津利用自身特点和优势，实施错位发展战略。依托靠近北京的地理位置和滨海新区的政策优势，支持各大学、企业与中国科学院各院所结合，发展文化科技创意产业。依托滨海新区软件开发的优势和电子信息企业的集聚优势，建立国际信息服务外包基地。引导企业积极承接动漫产品、影视产品、呼叫中心、软件开发、研发设计、电信网络服务、人力资源系统开发管理、金融分析、创意产品等外包业务，抢占外包市场。利用与北京相邻的地理优势和人力成本优势，借助北京数字图书馆产业的发展，开展信息资源采集、加工服务。北京现有全国最大的中文电子资源数据库：中国知识资源总库及 CNKI 网络资源共享平台、万方数据、超星数字图书馆、方正数字图书馆，人大复印资料等，涵盖电子期刊、电子图书、电子报纸、电子商务信息。天津市正在利用自身优势，承担相应的数字图书馆的电子资源采集、加工工作。

6. 吸引和培养信息服务业各类人才

鼓励高层次信息服务人才到天津从事信息服务工作或创办各类信息服务机构，放宽其人力资本入股的限制。通过政府多边、双边及民间合作等多种途径，鼓励与国外知名信息服务机构开展人才交流工作。积极发展各个层次、各种类型的信息专业教育，培养一批既广博又精深，既懂理论又能熟练操作的复合型人才。有计划地在现有高等学校和中等职业学校增设信息服务业相关的专业。委托高校设置信息服务专业的研究生培养基地。搞好岗位职业培训。全面推进职业资格证书制度，建立信息服务业职业资格标准体系。市教委、市科委与新技术产业园区共建"天津软件与信息技术服务业人才培养基地（大学生软件园）"，把创建园区一流软件和人才培养环境放在首位，创新建设、管理和运营机制，实现软件园与人才培养基地一体化和同步发展，为天津市软件产业和信息服务业的大发展做出贡献。

第三节 广州信息服务业

一、广州信息服务业的发展状况分析

广州信息服务业集群竞争力在近几年的发展中得到逐步提高，在国内已具有一定的影响力，信息服务业在广州产业转移中占有重要战略意义，广州信息服务业集群健康有序发展的战略意义不容忽视。

广州信息服务业从无到有，从小到大，凭借行业技术积累，在广州市委、市政府高度重视和系列政策促动下，顺应了国际现代信息服务业发展潮流，获得了又好又快的发展。经过多年的发展，广州成为与北京、上海和深圳齐名的中国四大软件业中心之一，已形成各具特色、功能互补、协调发展的"一区五园"发展格局，布局更加合理，集群效应更加显著。据工业和信息化部软件与集成电路促进中心（CSIP）统计，2009 年软件与信息服务外包行业保持较快发展速度，产业规模继续扩大，尤其是增长速度达到了 24.5%，成为金融危机时期发展的新亮点。在产业载体方面也基本形成了东北、环渤海、长三角、珠三角、中西部"五大集群""东西映射"的良好发展格局。

1. 广州信息服务业的发展特点

广州信息服务业发展主要呈现四个特点。

第一，信息服务业发展良好，产业规模不断壮大。2007 年，广州信息服务业增加值达 335 亿元，比 2006 年增长 15.9%，占全市服务业增加值的 8.1%，信息服务业占全市 1.9% 的从业人数，创造了全市 4.7% 的增加值。信息服务业每万元 GDP 电力耗费量为 0.006 万千瓦时，是全市平均每万元 GDP 电力耗费量的 1/12。

第二，信息服务业结构进一步优化。一是软件和系统集成业高速发展。"十五"期间，软件和系统集成业年均增幅达 32.2%。2006 年全年软件与系统集成业技工贸收入达 320 亿元，其中软件收入约 190 亿元。二是互联网增值服务业快速成长。网游动漫、互联网广告和移动信息服务快速成长，2005 年实现收入超过 30 亿元，涌现出网易、光通等一批骨干企业；电子商务进入快速发展期。建立了粮食、金属、塑料等一批电子交易中心和音像、旅游等专业电子商务服务平台，数字认证、支付平台等支撑平台逐步完善。2006 年，全市电子商务交易额达 1 340 亿元，约占 GDP 的 20%，位居全国前列。三是信息传输业稳步增长。电信网络、有线电视网络和宽带互联网覆盖全市，宽带网络性能接近国际一流水平，国际信息通信枢纽功能进一步强化。

第三，民营企业成为信息服务业发展的中坚力量。至 2007 年年底，全市有信息服务业私营企业 6 454 家、从业人员 5.67 万人，分别比 2006 年增加 6.5% 和 5.6%；企业注册资金 973 170 万元，户均注册资本约 151 万元。2007 年，全市信息服务业增加值为 335 亿元，比上年增长 15.9%，在全市信息服务业持续增长的大环境下，广州市民营信息服务业逐渐形成产业结构不断优化、企业规模不断做大、企业效益不断提高的良性发展趋势。2007 年，全市信息服务业从业人员总数约 12.9 万人，其中私营企业的从业人员总数超过 5 万人，占信息服务业从业人员总数的 44.2%。另外，软件产业 80% 以上是民营企业，尤其是中小型民营企业异常活跃。拥有一批龙头企业和自主创新产品，如京华网络的 OA 办公系统，网易公司的《梦幻西游》和网易百宝箱，速达软件的 ERP 系统，华微软件的电力智能巡检系统等，逐渐形成了具有行业影响力的自主品牌产品。2007 年，广州共有 9 家企业入围"国家规划布局内重点软件企业"，其中广州数控、天海威数码、方欣科技、高科通信、华南资讯、从兴电子 6 家为民营企业。

第四，自主创新能力不断增强。广州市采取有效措施提高信息服务业创新能力。一是加强信息服务内容的创新和服务模式的创新，在政府引导和支持下，广州市一批网络运营商与中小企业联合，开展业务创新和应用创新，推动信息服务专业化和多元化，不断满足用户的个性化需求。二是加强技术创新支持力度，通过财政支持、政府采购等方式，引导鼓励信息服务企业开展技术创新，逐步培育了一批具有较高影响力、较大市场价值的信息服务业品牌和自主知识产权成果。三是加快了信息服务业集群的建设，营造产业发展氛围。加快推进天河软件园、广州科学城、黄花岗信息园、南沙开发区等现有产业园区的建设，启动数字家庭孵化基地和产业园的规划和建设工作，吸引自主创新型企业在园区集聚发展。

2. 广州信息服务业集群的发展过程与结构

（1）广州信息服务业集群的发展过程

改革开放以来，广州信息服务业迅速发展，随着其发展规模的扩大，信息服务业给广州经济的发展带来了极大的推动作用，促进了广州的产业结构调整、城市的规划以及信息技术的广泛运用。随之出现的是政府主导的各式各样的信息服务业产业园，广州信息服务业集聚的现象也逐步显现。广州信息服务业集群的形成是历史、政策、经济、规划与建设等因素共同作用的结果，但政策是主要因素，它决定了广州演变为以第三产业为主导的产业结构，使信息服务业能够按照经济规律发展。而城市规划因素是政策在地域上的具体体现，经济发展水平是信息服务业发展的经济基础，历史因素则影响着政策和规划的制定。

随着计划经济体制向市场经济体制转轨，广州城市发展侧重点开始转变，于 20 世纪 80 年代中期开始将发展重点转到第三产业，90 年代更将信息产业作为带头产业，强调优化第三产业的内部结构。目前，在广州市乃至国家的城市战略规划中，都将信息服务业作为重点发展行业。广州发展战略的调整，使广州的特点和优势得到有效发挥，促进了第三产业的发展，增强了城市的经济实力。近年来，广州充分发挥地方优惠政策、丰富的人力资源、便利的交通条件以及良好的工业和市场基础等比较优势，具有支持信息服务业发展的几项重要影响因素，使广州具备了信息服务业聚集的条件。为了进一步促进信息服务业的发展，广州在近20年中，制定了信息服务业的高技术园区规划，天河软件园、广东科学城软件园、黄花岗信息园相继成立，信息服务业集群的发展延广卫—黄花岗—石牌—五山一线向东伸展。区域内，有华南理工大学、广东工业大学等21所大专院校和40多个研究所，这些高校和研究所构成了高水平的研究与开发能力的来源，形成了广东信息服务业研发能力最强的区域。此外，随着产业结构的不断优化，尤其是有区域比较发达的运输网和通信网等有利的区位因素，吸引了越来越多的高技术的信息服务业在园区内集聚，初步形成了信息服务业的高新技术企业集群。

（2）广州信息服务业集群的结构分析

根据集群的主要特征：①地理位置集中；②产业领域集中；③相关人才集中；④行业信息集中；⑤消费者意向集中；⑥配套设施和服务型公共机构集中。广州在延广卫—黄花岗—石牌—五山一线，形成了以天河软件园、黄花岗信息园、广东科学城为核心的高科技产业集群，并随着城市规划重心的改变，信息服务业的分量越来越重。2008年年底，广州市软件及相关企业总数约1 700家，其中经认定并享受软件企业优惠政策的有823家。一批龙头企业综合实力继续增强，市场影响力不断上升：目前全市软件企业年总收入超10亿元的有2家，超5亿元的7家、超亿元的43家；认定市级重点软件企业46家，其中从兴电子、海格通信和网易互动娱乐等10家园区内的企业被列入国家规划布局内的重点软件企业。在人才方面，广州一直重视软件和信息服务业人才培育，已建立健全人才培养体系，具有中山大学、华南理工大学等国家示范性软件学院，使相关人才比较集中。在配套设施和服务型公共机构方面，由于政府的支持与扶持，园区内的配套设施完备。广州信息服务业集群的效应日益明显。

在广州的几个具有信息服务业集群特点的园区内，已初步形成了产业分工雏形。其中，天河软件园以软件产业为特色，园区的软件产业已由低门槛的学习与积累的第一阶段（1999.8—2001.7），积累和创新的第二阶段（2001.7—2004），到目前的核心技术集群创新（即多项创新成果凝结成核心技术）的第三阶段发展。天河软件园已在企业数和收入总额上仅次于北京中关村成为全国第二大软件园户。黄花岗科技园是广州市软件产业另一个相对集中区域，并于2008年分别被授予"中国服务外包基地城市广州示范区""国家信息服务业发展基地"。目前已有企业 800 多家，其中信息技术及其服务业企业占 60％以上。广东科学城作为广州老牌的高新技术研发基地，也开始重点发展电子信息产业，致力于发展成为广州电子信息产业重要的研发、生产和出口基地。微软、甲骨文、英特尔、IBM 等知名跨国公司以及大展科技、华智科技、西艾、方欣科技、IBM 软件创新中心等实力型企业相继在区内落户，广州信息服务业集群的特征日益明显。

二、提升广州信息服务业集群竞争力的措施与经验借鉴

广州信息服务业集群迅速发展得益于其明显的地理位置与需求状况，得益于抓住了难得的机遇。在新的发展阶段，进一步提升广州信息服务业的综合竞争力，是广州突破瓶颈、培育经济新增长点、转变经济发展方式的必然选择。

1. 鼓励企业做大做强，形成品牌

广州品牌在国际市场上具有一定的知名度，通过鼓励广州信息服务企业做大做强，形成具有竞争力的国际品牌。通过制定相关政策，鼓励当地具有一定国内外市场竞争力、具有开拓国际市场能力、发展前景较好的信息服务企业做大做强，使其具有品牌效应；积极引导强势企业以资金、技术、品牌等优势通过收购、重组等形式组建一批大型信息服务业企业；利用行业特征或行业优势，推动组建信息服务业企业联盟，形成围绕大企业核心产品、上下游紧密合作的企业集群，提高国际竞争力，发展自主品牌，以此带动中小信息服务业企业参与国际竞争，提升广州信息服务业品牌知名度。

2. 加快重点园区建设，发挥产业园区集聚效应

广州的产业集聚的模式表现为园区模式，广州信息服务业的发展也是通过园区模式发展。作为国家软件产业基地之一的广州软件园，由广州天河软件园、广东软件科学园和南沙咨询科技园三个相互独立的分园组成，其软件业总收入占全市软件业的 80％。在政府的规划引导下，广州信息服务业集群的竞争力的确得到一定程度的提升，但是这些产业集群规模还不大，集群的综合效益还没有充分发挥出来。像天河软件园的信息服务业集群效应还没能充分显示出来，黄花岗信息园还只是刚起步阶段，招商引资还得继续进行。因此，未来一方面应按照"政府引导、市场运作、集群发展、品牌经营"的模式，利用广州的有利的地理位置、高新技术资源及各种有利条件，加快广州信息服务业园区的建设，推动形成"一区多园"的信息服务业布局，力争把广州的信息服务业园区打造成国内知名的信息服务业技术研发中心与信息服务业集聚中心，形成成熟的信息服务业链，培育出有国际影响力的品牌。重点推进天河软件园、黄花岗信息园、科学城信息

园区、广东软件科学园和南沙咨询科技园等专业性园区和产业基地建设，建立软件业、数字音视频、数字出版、动漫游戏等专业孵化器，推进专业园区孵化器服务体系建设。同时适应信息服务业发展趋势，超前规划建设新的专业性园区，强化信息服务业的集聚效应。另一方面，应注重汇聚跨国资源，坚持"引进来"战略，加强招商引资，大力吸引国内外知名的信息服务企业、总部型信息服务企业、旗舰型信息服务企业和拥有自主知识产权的信息服务企业落户广州。扶持龙头企业，并通过龙头企业带动相关行业企业入驻，推动信息服务业链的整合。

3. 加强人才的培养与引进

广州信息服务业方面人才缺乏，加强信息服务业人才的培养，特别是高级人才的培养，成为当务之急。目前广州还是有不少高校设有软件学院，但总体素质并不高，而且除了软件学院外，信息服务业其他方面的专门的学院少之又少，应该充分利用广州的科技和教育优势，在有条件的高校设立专门的信息服务业学院，积极聘请一批国内外高水平的专家、学者作为专业培训课程的主要带头人，着力提升培训的专业化水平。可以建立专业实验室，鼓励专业人士相互合作并加强国外专家交流合作，培养与领域中顶尖学校及海外一些相关高校和研究机构的交流与合作，在满足园区内信息服务业企业人才需求的基础上，力争尽快培养、造就一批具有国内外影响、行业权威、善经营、懂管理的核心人才，为提升信息服务业集群综合竞争力提供坚实基础。加强人才的培养还可以从企业入手，政府应通过完善鼓励企业培养、引进、培训、使用人才的各项政策，建立人才引进和培养的专项基金，对信息服务企业人才培养费用给予补贴或税前扣除，并鼓励信息服务业企业与大专院校、各类教育培训机构共建人才培训机构和实训基地。除了加强人才的培养，还应该大力引进海内外高级信息服务人才，根据广州信息服务业发展的实际需要，建立信息服务业人才引进目录，重点引进一批高素质人才和紧缺人才。逐步建立广州信息服务业人才智囊库和统计分析系统，实现企业人才需求信息管理，推动企业建立科学的人才评价体系和灵活、高效的激励机制。

4. 加强制度建设，发挥政府的作用

现代服务业集群的兴起需要一定的市场基础，政府的作用在于为市场健康发展提供必要的引导和周到的服务。当广州的信息服务业集群的园区刚起步之时，政府就应出台有力的扶持信息服务业集群的优惠政策，提升其综合竞争力。可以设立信息服务业的发展基金，鼓励对信息服务业的投资，支持这类人才的引进与培养，推动信息服务业集群园区环境和基础设施建设等。给予信息服务业集群园区内企业以税收优惠，鼓励民营资本和外资进入园区。应扩大扶持面，对有发展前景的企业和项目积极扶持，包括对进驻园区的信息服务业企业进行租金返还，对一些相关精品项目实行前期资助，对有发展前景的该类创业的企业给予一次性创业资金的资助，对应发展需要向银行借贷资金的企业按照贷款利息给予贴息补助。建立与完善相关行业协会，如软件业协会与信息服务业协会。利用公共服务平台，为企业提供注册、专利申请、工商税务、产业政策和法律咨询等便利服务；筹备、开通广州信息服务业专业网站，为企业的产品发布和及时了解产业政策信息提供支持。另外，政府应该打破某些有碍信息服务业发展的垄断，优化招商引资的质量，并给予相关优惠政策。紧紧抓住商务部开展"千百十"工程和设立国家服务外包产业基地的有利机遇，加快推进申报工作，为引进现代信息服务业特别是高附加值的外包服务业项目，扶持、引导区内的服务外包企业承接跨国公司的高端领域的离岸服务外包业务，提供更多的配套资金和政策扶持。

5. 抓住机遇，加强区域合作，提升在国际市场的竞争力

服务业尤其是信息服务业的国际产业转移新趋势和国家对发展现代服务业的重视，给广州大力发展信息服务业集群带来了难得的发展机遇。信息服务业的发展与传统服务业的发展不同，对高新技术、资金、人才等有较高的要求，也不能急于求成。因此对信息服务业的发展必须有一个合理的定位，否则将会错过发展机遇。广州信息服务业集群的发展离不开国内相关地区服务业发展的强大支撑，特别是产业基础雄厚且地缘优势明显的珠三角的支撑。因此，要发挥广州的国家中心城市的优势以及香港等周边区域的信息服务业的市场优势，加强信息服务业相关领域的产业合作，加大广州信息服务业园区的创新优势向大珠三角的辐射，形成区域产业发展的良性循环。此外，应通过举办交流会、论坛等多种形式，加强与国内信息服务业发展较好的城市之间的产业合作与交流。

第四节　深圳信息服务业发展路径

进入 21 世纪以来，全球信息产业发展"服务化"趋势日益显现。现代信息服务业连接信息设备制造业和信息用户，对社会生产与消费的拉动作用大，产业关联度高，已经成为信息产业中发展速度最快、技术创新最活跃、增值效益最大的产业。现代信息服务业的发展推动深圳信息产业链向上游的设计、研发延伸，提高其附加值，助推深圳的信息产业从"深圳加工"到"深圳制造"再到"深圳创造"的成功转型。现代信息服务业的发展也将促进用信息技术改造传统产业和推进市民经济信息化，形成深圳信息产业乃至深圳经济新的增长点。

一、深圳市信息产业创新发展已经具备较好的基础

深圳目前所确定的四大支柱产业中，金融、物流和文化产业都属于现代服务业的范畴，高新技术产业又必须有现代服务业作为重要支撑。现代信息服务业作为现代服务业的一个重要组成部分，在现代服务业中广泛渗透和应用，推动着现代服务业的高速发展。其态势直接影响到深圳产业结构调整、升级及优化。

经过 20 多年的发展，目前深圳的电子及通信设备制造业已经形成了完整的产业链条，是国内移动通信设备、计算机及其外设产品、光电子产品、数字视听产品、IC 设计与制造产品的主要生产基地，是我国集成电路元器件的主要消费市场，信息产业在深圳市高科技产业和工业中都已占据主导地位，信息产业增加值占深圳全年 GDP 的 30％以上，信息产业对深圳 GDP 增长的贡献率高达 35％以上，电子信息产品制造业从业人员占全市就业人员的 30％以上；电子信息产业的工业总产值占广东省电子工业总产值的 50％以上，占全国电子工业总产值的 1/6；软件产业产值连续多年排名全国首位；以数字内容产业为代表的现代信息服务业成长迅速，成为经济增长的新亮点（图 6.1）。

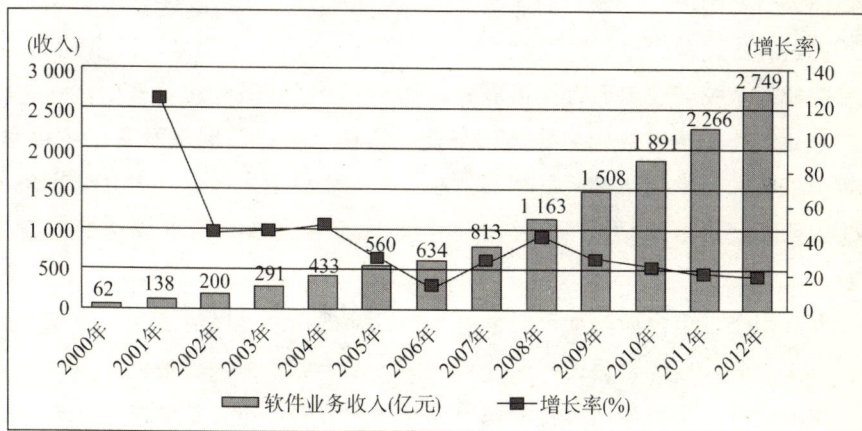

图 6.1　2000—2012 年深圳市软件业务收入情况

二、深圳市促进信息产业创新发展具有较好的优势与环境

（1）广东省高度重视科技创新工作，科技整体实力较强。改革开放以来，广东的科技综合实力逐步提高，广东省委、省政府先后颁发了《关于加快建设科技强省的决定》和《关于推动高新技术产业持续快速发展意见》，进一步优化了科技创新环境。

（2）深圳市的经济发展形势良好，对信息产业自主创新的支撑能力较强。一是经济保持了平稳增长，经济总量位居全国大中城市前列；二是经济发展的质量和效益进一步提升。全市财政收入保持了快速增长的势头，万元 GDP 能耗、水耗逐年下降，每平方千米产出同比大幅增长，环境污染治理初见成效；三是经济结构进一步得到调整和优化。支柱产业贡献进一步提升，经济增长的内生性增强；四是经济发展与社会系统的协调统筹得到改善。

（3）深圳市委、市政府一直把提高自主创新能力放在重要位置，大力培育和发展自主创新型企业，不断优化和提升产业结构，增强城市的核心竞争力和综合实力，取得了明显成效。

①高新技术产业已成为深圳第一支柱产业。在高新技术、现代物流、金融服务业和文化产业深圳四大支柱产业中，高新技术产品产值年均增长 46.5%，高新技术产品出口占全市出口总额的 45%。

②基本形成了以企业为主体的自主创新体系。以企业为主体的自主创新体系体现在四个 90%，即全市 90% 的研发机构设立在企业，90% 的研发人员集中在企业，90% 的研发资金来源于企业，90% 的发明专利出自企业。专利申请和研发费用占 GDP 的比重位居全国前列。形成了较好的自主创新发展环境。在实施自主创新的过程中，深圳市形成了两个体系：一是以企业为主体，以市场为导向，以大专院校为依托，辐射周边，拓展海内外，官产学研资介相结合的区域创新体系；二是初步建立了以政府为导向，企业为主体，银行、创业投资、产权交易、证券等为依托的自主创新投融资体系。培育了一支以创新创业型人才为主力的高素质人才队伍。形成了敢于冒险、勇于创新、宽容失败、追求成功的创新文化氛围。

③深圳市委、市政府高度重视信息化建设，把推进国民经济和社会信息化放在优先发展位置，信息化建设已成为提升城市综合竞争力、促进创新型城市建设的重要组成部分。目前深圳市各领域信息化建设发展迅速，部分信息化指标已达到发达国家中心城市水平，是国内信息化程度最高的地区之一，信息化综合指数在广东省处于领先地位。

④深圳毗邻香港，地处珠三角中心区，具有交通、物流、通关等方面的区位优势，对深圳市信息产业创新发展仍具有独特的作用。同时，也应清醒地看到，深圳市促进信息产业创新发展、建设创新型城市也面临着不少突出问题和严峻挑战。国际环境中的不稳定不确定因素增加，国际竞争更加激烈，贸易保护主义趋于强化。我国信息产业自主创新能力不强，关键核心技术还受制于人，产业结构

不合理和粗放型增长方式还没有根本改变；深圳市的政策优势、体制优势、成本优势和先行优势正在丧失，信息产业的层次还较低，源头创新能力不强、创新基础薄弱、创新体系不完整，IT技术创新的风险和压力逐步加大，创新所需的后续人才供给不足，法规标准工作相对滞后，信息化建设仍需加强，信息产业创新的体制机制亟待创新。深圳市应高度重视这些矛盾和问题，做好克服各种困难和应对风险的充分准备。

三、深圳市创新发展信息产业的重大意义

深圳市是我国最先承接信息产业国际转移的城市之一。经过20多年的艰苦发展，深圳市信息产业已经具备了进一步加快创新发展的条件和基础。促进深圳市信息产业创新发展是贯彻落实中共中央和国务院《关于实施科技规划纲要增强自主创新能力的决定》的重要举措。深圳市信息产业在全国信息产业发展中比重大、地位突出，是我国信息产业的重要基地。掌握一批事关国家竞争力的信息产业核心技术，改变关键技术依赖于人、受制于人的局面，使信息产业技术水平进入世界先进行列，深圳市责无旁贷。推进深圳市信息产业创新发展是做大做强我国信息产业，实现电子强国和电信强国目标的重要途径。改革开放以来，尤其是经过"十五""十一五"时期的快速发展，我国信息产业已经成为国民经济的基础产业、支柱产业、先导产业和战略产业。但是，信息产业核心技术和关键技术受制于人、以企业为主体的技术创新体系尚不健全、产业自主创新能力薄弱等问题十分突出。深圳市发挥自身的区位和先行优势，切实抓住当前世界信息技术变革和信息产业结构调整的战略机遇，将掌握核心技术的自主知识产权作为提升信息产业竞争力的突破口，实现产业由大到强的战略转变，对于国家信息产业自主创新能力和核心竞争力的提升具有积极作用。推进深圳市信息产业创新发展是深圳市坚持科学发展观，转变发展观念，创新发展模式，提高发展质量，加快推进新型工业化的步伐，实现"和谐深圳、效益深圳"目标的必然选择。

四、促进深圳市信息产业创新发展的思路

应对当前和今后世界经济形势的变化和国际竞争的挑战，深圳市应立足市情，面向世界，服务珠三角，服务泛珠三角，服务全国，将增强信息产业自主创新能力作为调整产业结构、转变增长方式和建设资源节约型、环境友好型社会的中心环节，经过艰苦努力，到2015年使深圳市位列世界创新型城市行列。

（1）以科学发展观为指导，优先发展特色信息产业。深圳市紧密围绕建设创

新型国家的战略需求，立足于具有比较竞争优势的通信设备、计算机及其外设产品、光电子产品、数字视听产品、IC 设计与产品制造业和软件业，面向产业发展瓶颈和重大应用，实现核心技术突破，掌握关键技术，显著提升具有比较优势信息产业的核心竞争力，不断增强城市竞争力。

（2）发挥已有基础和先行优势，率先发展创新型信息产业。以建设国家信息产业基地和产业园为契机，综合利用深圳的各种优势，增加知识、信息等要素的投入，加强信息产业自主创新基础条件平台建设，鼓励创造自主知识产权，营造尊重和保护自主知识产权的法治环境，建立以自主知识产权为基础的标准体系，加强重点领域标准研究制定，争取更多的拥有自主知识产权的技术标准成为国际标准，为全国信息产业的自主创新提供经验和示范。

（3）加强引导和服务，积极构建区域性信息产业创新体系。应围绕深圳市信息产业创新发展，逐步形成完善的区域创新体系和有关政策法规，形成以高等院校和重点研究院所为依托的原始创新体系，以促进知识、技术转移为目标的创新服务体系，以企业为主体、产业技术创新为重点的技术创新体系，以制度创新和环境建设为重点的政府宏观管理调控体系，以政府投入为引导的社会多元化创新投入体系，以后继人才培养为重点的高技能人才成长和发挥作用的制度环境和社会氛围。通过建立完善而又充满活力的信息产业创新体系，最大限度地提高创新效率，降低创新成本，提升深圳市信息产业的综合竞争力。

（4）以大公司为重点、以市场为导向，加强企业的创新主体地位和作用。应做好宏观调控、组织管理、政策协调、公共服务工作，着力增强大企业开展技术创新的内在动力和能力，鼓励大企业成为研究开发投入的主体、技术创新活动的主体、创造知识产权的主体、制定技术标准的主体和集成应用的主体，积极鼓励企业"走出去"发展成为国际创新型企业，引导和支持大企业拓展和深化与科研机构、大学之间的创新合作，鼓励企业之间建立不同类型的自主创新联盟，努力形成一批集研究开发、设计、制造于一体，具有一定产业国际控制力的跨国骨干企业。加强金融环境和创新创业服务体系建设，为中小 IT 企业的技术创新提供良好条件。

五、促进深圳市信息产业创新发展的重点领域选择

（1）软件产业。以嵌入式软件为核心，重点发展第三代移动通信、下一代网络设备、生物医疗、工业控制、汽车电子、平板显示、智能家电等领域的关键软件技术和产品；继续加强国家软件出口基地建设、外包业务培训等工作，进一步

推动软件出口和外包服务业务；充分发挥政府采购、首购和订购的作用，重点支持具有自主知识产权的软件产品的市场推广和应用；进一步加强软件人才培养、培训和引智工作。

（2）集成电路产业。继续以集成电路设计业为突破口，重点发展移动通信、数字电视、移动数字多媒体终端、信息安全等产品专用集成电路的研发和创新，大力发展整机与集成电路联合的集成电路设计项目；进一步加强集成电路设计产业园区建设，加强与香港的合作发展。

（3）计算机产业。应充分利用计算机产业现有的优势及本市的综合优势，积极把握计算机技术发展的网络化、智能化、由计算中心走向多媒体信息处理中心、3C技术的融合、信息安全日益重要等趋势，把发展计算机产业，加强计算机产业自主创新，提升产业的国际竞争力作为建设创新型城市和深圳市可持续发展的重要战略。

（4）通信产业。应鼓励发展通信系统设备和通信终端产品，通过加强技术创新打造完整的移动通信终端产业链，鼓励手机参考方案设计企业的发展，支持华为、中兴等企业加快3G、NGN、IPv6技术的研发及产业化，鼓励其他大型系统厂商、手机厂商以及关键元器件配套企业联动发展，将深圳建设成为国内最大的民族企业聚集的主要产品门类齐全的通信产品研发、生产基地，力争形成在新一代通信领域的国际领导地位。

（5）数字音视频产业。应重点抓住数字电视推广所带来的发展机遇，坚持机卡分离的数字有线电视发展技术政策，开展基于机卡分离模式的数字电视的推广工作，支持康佳、创维、TCL等一批骨干消费类电子生产企业加强在机卡分离数字电视接收机领域的自主研发和产业化，实现数字电视产业链的整体竞争力。

（6）电子基础产品制造产业。应加大电子基础产品产业与下游产业的合作力度，促进深圳市电子信息产品的产业链建设。在液晶产业领域，以推动建设TFT-LCD生产线为重点进行产业结构调整，实现由低端产品向高端产品的转变，由小尺寸产品向大尺寸产品的转变，由低世代线向高世代线的转变；围绕液晶面板生产，完善产业链建设，提高本地化配套率，密切追踪技术发展趋势，进行新产品的研发。在激光装备产业领域，加大国产设备推广应用力度，支持大族激光等拥有自主知识产权的企业积极开拓市场，重点在半导体行业、印制电路行业、EMS行业等领域推介其激光打标机、激光钻孔机等产品，扶植企业做大做强。在印制电路产业领域，应鼓励印制电路企业建立研发机构，培育一批技术创新型企业和研发中心，形成以企业为主体的自主创新体系。

第五节　苏州、长沙、大连信息服务业发展模式

一、苏州：打造国家高层次的现代化信息制造业基地

信息服务业作为现代产业群中一个具有相当发展潜力的新兴产业、低能耗的环保产业，凭借其便捷的网络和现代化的管理思想，对社会经济的全面健康发展起着不可替代的作用，对传统产业的结构升级具有重要的拉动作用，对促进信息资源的深度开发、推动信息经济的全面发展均有着极大的促进作用，因此得到了国内外政府的高度重视。在市场经济环境中，信息服务作为政府管理部门的一项重要职能，正日益成为政府实施产业政策、加强宏观调控的重要手段。大力发展信息服务业，对于完善苏州城市功能，加快苏州信息化进程，提升城市综合竞争力，具有重大意义。

苏州凭借紧邻上海得天独厚的区位优势，同时拥有良好的要素供给和产业政策，对于电子信息产业的设计、制造、封装和测试企业都具有较好的吸引力。苏州同时依托乡镇工业崛起形成的巨大加工生产能力、已有的市场流通网络和良好的人力资源基础，大力发展电子信息产业。苏州工业园区是国家信息产业部首批认定的国家集成电路产业园，园区经过十几年的发展，已经成为中国乃至全球的集成电路制造基地之一，奇梦达、三星、友达光电、超微等一批国外著名芯片及面板制造企业均落户于此。此外，苏州高新区、吴江经济开发区、昆山市产业园区也聚集了名硕、飞利浦、明基、佳能、索尼、松下、日立、NEC、富士康等一大批国际知名品牌企业入驻，形成了结构合理、产业链完善、具有明显集聚效应的电子信息制造业基地。

2008 年，苏州工业园区电子信息制造业实现规模以上产值 1 384 亿元，占全区工业总产值的 46％，占苏州市规模以上电子信息制造业产值的 19.2％。昆山经济开发区是全球最大的笔记本电脑生产基地，笔记本电脑产量约占全球出货量的 1/3，数码相机占到全球产量的 1/8。苏州高新区的罗技鼠标、爱普生手机用液晶显示器、水晶振子、国巨电子芯片电阻、华硕电脑主机板等 8 个产品的市场份额位居世界第一。吴江经济开发区目前是电源供应器、网络数据机的全球最大生产基地。苏州已经成为长三角地区最重要的电子信息制造业基地。2007—2011 年，苏州电子信息产业总产值呈现逐年递增的趋势，2011 年，规模以上电子信息产业实现工业总产值 11 227.4 亿元，比上年增长 18.3％，增速高于全市规模

以上工业增速 0.6 个百分点，占全市规模以上工业总产值的 39.79%；电子信息产品制造业发展也非常迅速，无论是电子信息产品制造业的价值指标还是数量指标都稳步提升。从数量指标来看，苏州市手机产量从 2007 年的 1 234.12 万台，增加到 2011 年的 1 891.14 万台，增幅较大；邮政电信业得到进一步发展，到 2011 年年底，苏州市邮电业总收入已经由 2007 年的 131.2 亿元，迅速增加到 2011 年的 203.6 亿元，增长 55.18%。

　　苏州信息服务业发展的主要对策是：①积极引导信息消费。由于信息服务业的繁荣发展，离不开信息市场的发展，因此政府必须积极引导信息消费，大力开拓信息服务市场。随着信息基础设施建设的不断完善，人们对网络的依赖性呈现不断上升的趋势，网络服务，特别是电子商务的盛行，使得信息服务产业渗透到千家万户。一方面，政府注重培养公众的信息意识，刺激信息消费，完善网络服务；另一方面，加大对信息服务业企业的财政支持和税收优惠力度。②注重人才的培养。信息服务业作为服务业的一个重要组成部分，不同于一般服务性行业，其行业人员作为一种复合型人才，既需要掌握现代化的信息分析、鉴别、筛选和处理能力，又要具备专业的经济管理知识。政府应重视引进外部人才，为信息产业集群的发展注入新鲜的血液，增强产业活力，鼓励在职在岗的信息服务产业人才进行再教育，提升知识技能，培养创新能力，丰富专业经验。另外，江苏拥有众多高等院校、科研院所和学术团体，特别是在省会南京，学术研究更加突出，通过引进其他省市前沿的信息资源，可以为苏州实现"产学研"的无缝对接提供强大的后盾。③制定相关法律与政策。信息服务业的有序发展，离不开政府部门的监督与管理。加大对信息服务行业的监管力度，有利于创造和谐健康的网络环境，有利于保障消费信息的买卖双方维护自身合法权益，确保信息产品销售渠道的畅通。同时，信息市场体系和结构的不完善，也要求政府加强信息安全监管和评估，巩固信息服务安全防火墙的建设，制定健全的信息资源交流规范，最终实现信息产品结构的多样化、信息市场的有序化以及信息服务产业的蓬勃发展。④加强国内外合作交流。面对数字时代的挑战，政府应该重点扶持电子信息网络的建设，制定合理的信息服务行业收费标准，优化信息服务产业发展环境，加强行业间信息与人才的交流与合作，吸引国内外专业信息服务商进入苏州，加快信息产业国际化，实现信息资源的共享。

二、长沙：创建创意氛围活跃、现代化的中西部文化创意产业中心和高科技信息产业园

2001 年，长沙市出资 100 万元，向全国征集文化产业发展规划纲要。规划出台后，长沙 5 年内启动了 45 个文化基础设施项目建设，一系列扶持政策纷纷启动，在税费减免、工商注册等方面给予优惠，优先发展文化产业。2012 年，信息服务业全行业实现增加值 126.56 亿元，比上年增加 5.04 亿元，增长 4.2%。

长沙市委、市政府为长沙发展划定了定位"文化名城、休闲之都、创意中心"，长沙将以"创作、创新、创造"为手段，以文化内容和创意成果为核心价值，建设一批特色创意园区、创意街区，壮大数字传媒、出版印刷、艺术创作、广告设计、民间工艺等创意产业，让长沙逐步成为中西部地区的创意中心。

成立于 2008 年 6 月的长沙信息产业园，是长沙高新区第一个专业园区的信息产业园，积聚电子制造、软件与服务外包、动漫文化创意三大产业。自湖南省委提出"全面推进'四化两型'建设"的方针以来，园区牢牢把握历史性发展机遇，如今，生态环境优美、智慧产业云集的长沙信息产业园正逐步成为湖南的"硅谷"，引领湖南乃至中部地区电子信息产业的大发展。在发展思路和实践中，信息产业园重点做了三个方面的规划。一是土地利用规划。合理开发利用土地资源，发展'两型'产业；二是产业发展规划。信息产业园有自己的功能分区和组团，尖山湖和'两带'着重功能配套，这是一块高端商务区；三是城市建设发展规划。信息产业园是专业园区，同时也是一个小型的城市。高新区有几大优势，一是专业的服务团队，二是产业的聚集效应，三是平台建设。因为高新区专业的服务团队，引进了不少企业，形成了产业聚集效应，通过高新区内各个优质的服务平台，为企业创造了良好的发展环境。预计 2020 年园区信息产业实现总产值 1 000 亿元，从业人员 10 万人，10 亿元以上的骨干企业 20 家以上，园区技工贸总收入达到 1 200 亿元，园区将建成综合配套服务设施完善的现代生态科技产业新城。

文化创意产业发展促进了长沙转变经济发展方式，提升了长沙的自主创新能力。长沙通过文化创意产业的带动，通过自主创新的力量，给未来的发展装上新引擎。长沙已逐步建设为文化基础设施完备、文化创新能力较强、文化产业化程度较高、文化生态环境良好、文化特色鲜明，市场活跃、人才集聚、精品迭出，带动全省、领先中西部、辐射全国并具有一定国际影响力的现代化区域性文化中心。

三、大连：建设集群和集聚效应明显、中国软件与服务外包行业的领军城市

十多年来，大连率先把软件和服务外包产业作为城市战略来发展，在国内赢得了先发优势。大连的信息产业思路发展明确，多年来一直鼓励软件和服务外包企业大力开展自主创新，研发具有自主知识产权的技术和产品；进一步推进产业国际化，促进服务外包的结构优化和产业升级；尽早研究和开拓国内服务外包市场，全力做好软件和服务外包人才的培养和引进工作，大连市已成为全国软件和服务外包产业的代表城市。

大连软件和服务外包业规模效应和集聚效应日益显现。目前，全市已有从事服务外包业务的企业近700家，其中外资企业近300家，40多家世界500强企业在大连设立了软件开发和服务外包中心，使大连市成为跨国公司在中国投资软件和服务外包最为集中的城市。产业集群的形成，使软件和信息服务业影响城市的综合效应更为强烈。软件和信息服务业通过产业关联效应和扩散效应，正逐步提升大连产业结构的水平。从对GDP的贡献来看，软件和信息服务业对城市经济总量的贡献逐年增加，而且增加的速度逐年加快。

大连市软件和服务外包产业已经从十年前的年销售收入2亿元发展到超过300亿元，创造出68.2%的年均增长率，成为全国发展速度最快的城市之一，探索出一条具有大连特点的软件发展道路。2008年大连市软件和服务外包销售收入实现306亿元，出口额实现10.5亿美元，增幅均在40%以上，从业人员超过6万人。2009年上半年继续保持平稳增长态势，全行业实现销售收入196亿元，同比增长30.5%。大连已成为中国软件和服务外包产业的领军城市，初步具备了成为全球软件和服务外包新领军城市的基础条件。

近年来，大连市软件与信息服务业飞速发展，2013年销售收入已过千亿元，从业人员达到16.8万人，企业数量为1 600余家，形成了以软件开发、信息服务及离岸服务外包为显著特点的产业集群。产业集群是当前世界经济中颇具特色的经济组织形式。集群内的企业通过互动的合作与交流，可以发挥规模经济和范围经济的效益，同时也可产生强大的溢出效应，带动某一地区乃至整个国家经济的发展。韦伯最早提出了聚集经济的概念。他从工业区位理论的角度阐释了产业集群现象，认为产业集聚分为两个阶段：第一阶段仅通过企业自身的扩大而产生集聚优势，这是产业集聚的低级阶段；第二阶段是各个企业通过相互联系的组织

而形成地方工业化，这是最重要的高级集聚阶段。按照韦伯的理论，大连软件和信息服务业正处在产业集聚的高级阶段，正在对大连的其他产业产生外部效应，带动大连第三产业的发展，进而推动大连经济的整体发展。目前大连软件和信息服务外包产业集群、动漫产业集群发展火热，分别形成旅顺南路软件产业带和高新园区动漫产业走廊两大集群发展基地。另有高新园区的新型网络产业集群正在蓬勃发展中，并取得了初步的成效。大连市政府正在现有的产业集群基础上，给予一定的政策支持及资金资助以促进产业集群的持续发展，以寻找新的产业集群方向，实现突破式发展。

第六节　国内主要城市发展现代信息服务业的经验总结

通过前述可见，国内现代信息服务业较为发达的城市尽管具体措施有所差异，但有很多共同的特点，本课题认为其中借鉴程度较高的成功经验包括：

1. 提高产业集群和制度创新意识，培育适宜的区域文化氛围

信息服务业属于知识密集、创新型的产业，而在创新产业集群中，企业家是产业集群的核心，也是最为稀缺的要素，因此，制度的设计必须能够体现以人为本的原则，致力于提供激活企业家的制度平台，使其能够充分释放创新精神和冒险精神，及时发现和捕捉商机。为此，作为区域产业发展的规划者和相关政策的制定者，该区域政府必须转变角色定位，更多地服务于为产业集群提供制度和创新环境。比如某地区地价较贵，企业入驻成本较高，但通过改善园区的交通、网络等基础设施水平和建设公共服务平台提高服务便捷性等方式，反而可以吸引高端产业入驻。此外，通过建设一些共性技术和服务平台，开展各类软件与信息服务业相关的宣传展示和合作推介活动，可以帮助企业开阔视野和发展思路，促进相关企业之间的合作，从而促进相关产业链的形成。

此外，对高科技产业而言，比资本更为重要的是要有一种能发挥人的创造力的体制和文化，是能够造就创业者的栖息地。硅谷成功的关键是它的开放、动态、互相信任的社会关系网络，是对失败的宽容氛围，使得人人都想尝试开办创业公司。这种氛围被认为是一种社会资本，与产业集群的繁荣和衰弱密切相关，因此，政府应该培养企业家精神和适宜的区域文化氛围。对特定区域而言，就是要积极培育信任、合作和敢于冒险的区域文化，通过技术扩散、知识外溢和创新，借助产业集群完善产业链，提升产业竞争力，促进区域产业发展。比如，可以通过开展各种创业体验和培训活动，如联合投资基金开展各类创业活动大赛等，充分挖掘群众创业智慧，并形成区域内的良好创业氛围。

2. 立足本地实情，突出特色发展

产业的选择与发展与地区经济结构、知识结构、人才储备、市场因素等密切相关，因此规划本地信息服务业发展时应该本着合理利用优势资源、突出特色、统筹规划、协调发展的原则，培养特色化的产业集群，加强产业链的构建和延伸，积极打造完整的产业链条，努力形成具有自身优势的产业链形态的产业集聚规划和经营格局，对产业链中附加值较高的环节给予较高的重视。

政策导向应该能够帮助企业查漏补缺，要从供给、需求条件调节关联产业的互补等方面考虑，有意识吸引最薄弱环节的企业弥补产业链缺口，推动产业集群的核心产业链不断完善，带动产业集群发展、提升竞争优势。比如，虽然设计属于产业链中的高附加值环节，但仅依靠单独的设计环节往往难以获取产业链高额利润，针对某区域大量工业设计企业汇聚的情况，就可以考虑通过促进设计企业与产品生产企业的合作，完善产业链，提高对附加值的获取。由于未来高新技术园区的竞争主要在于技术创新能力和技术转化效率，更适合发展研发、设计等前端性产业链。针对这种情况，作为高新技术园区的区域也可以向以研发中心、研发型产业、科技服务业为主体的研发型高新技术园区方向发展，并遵循这一原则在制定促进软件和信息服务产业发展的政策时加强产业链选择方面的引导。

3. 吸引人才聚集，注重人才培养

信息服务业属于知识密集型行业，人才是产业发展的核心和灵魂。聚集人才可以从吸引人才和培养人才两方面开展工作：一是可以通过加强城市软环境和硬环境建设、改善城市基础设施、营造城市氛围、提升生活品质、培植发展环境等措施，吸引优秀人才；二是要努力做好人才培养工作，特别是通过"产学研联合体"人才培养方式，培养与市场接轨的人才。比如，某区域由于地处市中心，土地资源受到限制，生活成本较高，同时受户籍政策限制，难以大规模引进人才。针对这种情况，在人才政策方面，该区域就可以考虑采取重点引进稀缺高端人才与培养普通人才结合的方式，并结合区域产业发展规划，重点引进能够带动区域产业发展、具有较强业务拓展能力的创新和创业型人才，比如，带有专利技术和产品的人才。对其他普通业务和技术人才，可以考虑通过开展专业技术培训、加强与本地高校合作等方式培养，达到同时支撑重点产业发展和引导促进就业的效果。三是重视人才培养、引进与交流。尽管各个城市发展水平不一，人才培养条件也不一样，但从上述城市的经验来看，引进和培养人才、促进交流与合作、增强技术溢出效应，是一种普遍做法。例如，上海市不仅自身有丰富的人力资源，还重视全球招聘人才，而成都市不遗余力地开展人才采购计划。

4. 加大知识产权保护力度、突出创新，重视新技术的研发和应用，努力培育新型业态

信息服务业属于知识密集型行业，加强知识产权保护对发展信息服务业的意义十分重大，对相关产业集群的形成和持续发展具有巨大的推动作用。近年来，我国知识产权保护状况得到很大改善，但相比发达国家，保护措施还是显得比较无力，特别是对于创意产业集群的保护。比如，对某区域而言，可以利用好新闻出版机构较为集中的特点，加快区域立法，加强执法监督，为相关产业集群的培育和发展营造规范、有序的制度环境。

各地均制定了鼓励自主创新的政策，从资金、信息、公共服务、人力资源等各方面给予扶持，尤其是对技术创新、业态创新，以及科技成果的转化和利用，都给予大力支持。重视培育新型业态，提高市场服务水平与服务能力。积极鼓励技术创新，投入大量的经费促进自主创新，进行科技攻关，努力掌握核心技术，深圳市还对创新团队的创新产品进行政府采购。

5. 创新强化政府政策支持和法律体系建设，有持续有效的战略规划

信息服务业内有相当一部分企业属于创新型中小企业，这些企业往往以技术起步，资金是企业发展最大的困难。为促进这类创新型集群的培养和发展，政府可以提供配套的金融和政策支持，比如对集群内具有中小型企业提供资金支持，通过给予税收优惠，对集群内具有发展前景的企业项目和影响大、牵动力强的企业给予贷款贴息、专项资金补助或提供信用担保等方式，扶持具有发展前景的创新型产业集群发展。此外还可以考虑采取投资项目采购等方式带动相关企业发展，比如在硅谷，政府常常以顾客身份而不是组织者身份出现，不仅为产业集群营造了市场空间，而且积极引导其创新走向。

高新技术产业只有集群化发展，才会激发出更大的能量，世界高新技术产业的发展大都经历了"单个企业→同类企业集群→产业链→产业集群"的发展演变路径。对特定区域而言，未来高新技术园区优惠政策可以逐步从区域倾斜转向技术倾斜和产业倾斜，这也是国外通行的做法。

与此同时，各地均制定了科学的现代信息服务业及相关产业发展规划，实施倾斜性的优惠政策，提供资金、税收、价格激励、人才引进和培养、公共平台建设等各种支持，并通过完善相关法律法规来保障和引导其实施。值得注意的是各地均大大加强了知识产权保护和信用体系建设方面的力度，有效维护了从业人员的根本利益，促进了产业的发展。

6. 明确市场需求，突出重点产业，规划建设产业园区、重视信息基础设施建设

各地结合自身特点，突出某些优势产业，大力发展重点行业、重点企业与重点区域，并注重以新兴业态带动其他业态发展。如大连市重点发展"软件和服务外包"，杭州大力发展"电子商务"，深圳积极发展互联网产业、建设"智慧深圳"，等等。围绕着这些现代信息服务业发展的战略思想，形成和发展了一批重点行业，规划建设产业园区，大大推动了本地经济的发展，促进了各地现代信息服务业的建设。

上述城市对信息基础设施建设尤为重视，都投入大量的人力、财力，并给予全方位的支持。例如，成都全面启动国家级通信枢纽建设，深圳着力建设公共研发和技术服务体系、创新政府公共服务等（表6.1）。

表6.1　国内促进信息服务业发展的政策一览

		国家	北京	上海	广东	福建	江苏	浙江	中关村
战略定位和规划制定		◎	◎	◎	◎	◎	◎	◎	◎
资金供给	增加投入，提供资金辅助	◎	◎	◎	◎	◎	◎	◎	◎
	提供投融资管道	○	◎	◎	○	◎	○	◎	◎
人才技术	吸引、引进人才	○	◎	◎	◎	◎	◎	◎	○
	人才培养（学历、非学历）	○	○	◎	◎	○	○	◎	
	建设研究机构、学校院所	○		◎	◎			△	
	建设研发中心和公共技术服务平台	○	◎	○	◎	○	◎	○	◎
	鼓励产学研合作	○		◎	◎	○	○	○	○
	鼓励联合创新与国际合作	○	○	◎	△		○		○

续表

		国家	北京	上海	广东	福建	江苏	浙江	中关村
市场促进	鼓励应用				○	△	△	○	
	政府采购	○	○	○	◎	◎	○	○	○
	服务出口	○	○	○		△	○	△	○
	制定标准	○	○	○	○	△	△	○	○
	知识产权保护	○	○	◎	◎	◎	○	△	○
	行业管理	△	○	○		○	○	○	○
	法律法规	○			○	△			
创业促进	财税激励	◎	◎	◎	○	○	○	○	◎
	信贷支持、信用担保，鼓励中小企业发展	○	○	○		○	○	○	○
	设立产业基地、孵化器、科技园区	◎	◎	◎	○	○	○	◎	◎

图示说明：◎重点应用，○普遍应用，△少量应用。

注：本表根据互联网相关资料整理。

第七章　北京发展信息服务业的 SWOT 与实证分析

第一节　北京发展信息服务业的经济与社会环境背景

信息服务业作为信息产业的一个重要组成部分，其发展规模和水平已成为衡量一个国家经济信息化和社会发达程度的重要标志。今后 10 年，我国信息服务业的发展目标是：逐步建成一个门类齐全、完整高效，与我国市场经济体制相适应的社会化、产业化、网络化、现代化与国际化的信息服务体系。实现这一战略任务，必须紧跟世界信息化的步伐，借鉴美国等发达国家发展信息服务业的成功经验，发挥后发优势，因地制宜，科学制定符合中国国情的信息服务业发展战略。发达国家发展信息服务业的经验表明，信息服务业的成长主要依赖于政府政策的扶植、完善的基础设施以及配套的科学的规划、高素质的国际化人才。信息服务业的快速发展，对于我国"信息化带动工业化"发展战略的更好实施，对于促进我国经济增长，进而实现北京建设世界城市的战略目标，实现经济与社会的跨越式发展，都具有重要的现实意义。

一、技术创新和突破处于孕育期

1. 世界和中国经济由繁荣期进入调整期，为北京市信息服务业投资提供了重要契机

从 2008 年开始，世界和中国经济由繁荣期进入调整期。由于经济调整的负面影响，全球信息产业市场需求明显放缓，并在未来几年难以获得快速增长，虽然中国信息产业规模逐步扩大，但信息产业的发展增速已经放缓。2004－2006 年中国信息产业保持快速增长，年均增速超过 30%；但 2007－2009 年产业增速明显放缓，其中 2007 年中国信息产业同比增长 16.8%，销售收入增速下降了 6.3 个百分点；2008 年，中国信息产业增速进一步趋缓，同比增长 14.4%，较 2007 年下降了 2.4 个百分点；2009 年，中国信息产业在受国际金融危机冲击，出口负增长 12.4% 的不利影响下，增速下滑明显，全年销售收入同比仅增长

3.4%，较 2008 年下滑了 11 个百分点。正面的影响是在产业投资增速周期性调整见底后，在未来几年将会逐步加速，为新一轮宏观经济、产业发展做准备，而这个时期正是北京市信息产业扩大投资，为产业中长期发展奠定坚实基础的关键时期。

2. 全球产业发展步入低谷，新一轮产业增长有待酝酿和恢复性增长

20 世纪 90 年代以来，以通信、计算机及软件产业为主体的信息产业凭借其惊人的增长速度，一举成为当今世界上最重要的战略性产业。2008 年，受全球金融风暴和产业周期性调整的影响，世界信息产业重新步入低谷。2008 年世界信息产业规模达到 42 638.2 亿美元，较 2007 年增长 5.5%，增速较 2007 年下降 1.1 个百分点。其中，电子信息产品制造业产业规模达到 16 247.7 亿美元，同比增长 2.6%，大幅下降了 4.1 个百分点，降幅明显；而软件和 IT 服务业行业规模则达到 10 387 亿美元，同比增长 10.8%，继续保持较快增长。

二、科技创新成为我国应对产业竞争的战略选择

1. 金融危机加大导致全球及中国信息产业技术升级和结构调整的压力增大，科技创新成为摆脱金融危机影响的根本途径

20 世纪 90 年代后，产业发展逐渐由技术创新驱动转变为成本下降和 IT 技术应用双轮驱动。这一方面导致全球信息产业成本压力加剧；另一方面也倒逼 IT 技术应用向基础设施建设、工业、服务业等领域渗透。其结果是在全球 IT 产业面临巨大的结构调整压力的背景下，信息产业结构软化的趋势明显。同时，国际主流 IT 企业开始通过直接投资或外包的方式向发展中国家进行产能转移，以降低成本。在全球 IT 技术创新放缓，成本压力上升的环境背景下，金融危机的冲击，加大了全球产业结构调整、技术升级的压力，科技创新已成为摆脱金融危机影响的根本途径。

2. 大力发展战略性新兴产业成为中国政府一项战略决策，北京要顺势而为，抢占制高点

2009 年 9 月，国务院召开三次战略性新兴产业发展座谈会，听取经济、科技专家的意见和建议。与会同志就发展新能源、节能环保、电动汽车、新材料、新医药、生物育种和信息产业建言献策。会议指出："全球科技将进入一个前所未有的创新密集时代，重大发现和发明将改变人类社会生产方式和生活方式，新兴产业将成为推动世界经济发展的主导力量。"我们要以国际视野和战略思维来选择和发展战略性新兴产业，着眼于提高国家科技实力和综合国力，着眼于引发

技术和产业变革。北京市要发挥科技创新优势，大力发展战略性新兴产业，以科技创新应对金融危机的中长期影响。

3. IT 技术与传统工业技术深度融合，催生新兴产业

信息技术、网络技术的发展和变革，推动了信息产业内部和信息产业与其他产业间相互支持、相互关联程度的进一步加深，产业边界融合进程日益加快。一方面，电子信息技术与机械、汽车、能源、交通、轻纺、建筑、冶金等传统工业技术的互相融合，加速了汽车电子、医疗电子、能源电子、安防电子等新兴市场的兴起和迅速壮大；另一方面，数字化、网络化技术的不断成熟与广泛融合，带动了整合信息产业链多环节的新兴产业的形成，数字家庭产业和数字内容产业就是其中的突出典型。产业融合所带动起来的新业态和新市场，具有更高的成长性与更大的市场规模，使其成为信息产业增长的新引擎。

三、北京要充分发挥科教资源丰富的优势，抢占并强化产业链高端环节

1. 全球信息产业分工遵循价值链呈现金字塔结构，后发地区被动处于产业价值链低端环节

信息产业是全球化程度最高的产业之一，其价值活动的各环节遍布全球，一个国家、地区或企业已有的产业竞争力和产业基础决定了其在全球价值链中的地位，而其位置进一步直接决定了其在该产业中能获得的附加价值大小和主导产业发展方向的能力。

从世界范围看，全球信息产业的产业分工按照价值链规律，呈现出典型的金字塔结构，美国拥有全球信息产业最先进的技术和研发实力，掌握国际标准的制定权，具有最强势的品牌和最强的营销能力，位于金字塔的塔尖；欧洲国家和日本在技术、标准、品牌等方面弱于美国而居于第二层级；韩国、中国台湾、中国信息产业的发达地区（北京、上海、深圳）则以制造和研发为重点，拥有部分关键技术和产品，位于第三层级；中国的中西部地区、印度、东南亚等以加工、组装为主，缺乏核心技术和标准，位于第四层级。形成这一产业分工的重要途径就是产业转移，美、欧、日 IT 巨头在主导全球产业发展格局和方向的有利条件下，将制造等低端环节转移到后发地区。

2. 后发地区通过积极主动进行产业升级，获得有利位置

在后发地区被动承接产业转移的情况下，改变其不利地位的主要办法就是主动进行产业升级。从发达国家和区域发展信息产业的历史可以发现，产业升级依

循从工艺流程升级—产品升级—产业功能升级—价值链条升级这一规律。同时，随着产业升级不断深化，附加价值不断提高，经济活动非实体性或产业空心化程度也不断提高。比如，中国台湾信息产业升级抓住了美国 IT 产业转移的机遇，经历了 OEM（Original Equipment Manufacturer，原始设备制造商）、ODM（Original Design Manufacturer，原始设计制造商）、全球化物流、OBM（Original Brand Manufacturer，原始品牌制造商）四阶段的过程，仅用十多年的时间，就使信息产业成为台湾第一大支柱产业。20 世纪 90 年代，台湾 IT 产业通过外包，将加工组装环节逐渐转向中国大陆，而其自身则沿着全球价值链的高端如研发、服务营销等附加值更大的环节向上攀升，实现了产业的升级。

四、国内竞争加剧，要求北京发展电子信息等优势产业

1. 全球电子制造业中低端环节向中国中西部地区转移的趋势确立，要求北京市加快淘汰落后产能，集中资源发展优势产业

全球信息产业主要经历了四次大规模的产业转移，第一次是欧美发达国家信息产业的产业链低端环节向日本转移；第二次是欧美日信息产业的产业链低端环节向韩国和中国台湾地区转移；第三次是日本、韩国、中国台湾信息产业的产业链低端环节向中国大陆的珠三角、长三角、环渤海地区转移；目前全球信息产业正在经历第四次重大转移，韩国、中国台湾、珠三角、长三角、环渤海地区将信息产业的中低端环节向中国的中西部地区、东南亚、印度等地转移，这一趋势已经在近两年确立。

目前，中国中西部地区成本比较优势逐步显现，承接国外、沿海地区信息产业梯度转移的成效日益显著，一批重大信息产业投资项目已陆续落户中西部地区。随着产业链中低端环节逐步从东部沿海向中西部地区转移，产业集聚效应已开始在中西部地区凸显，西安、武汉、重庆、合肥等城市群信息产业集群已初见端倪，构成了现有三大产业集群外的新兴产业集群萌芽地。

2. 全球产业结构软化的趋势加强，要求北京市顺势而为，进一步巩固在软件和信息服务业领域的优势地位

近几年，全球信息产业结构软化趋势进一步深入发展，产业和市场的竞争重心正逐步由"产品和技术"向"应用和服务"转变。这主要表现为：

（1）软件及 IT 服务在全球信息产业中的比重上升。全球信息产业结构逐渐从以硬件为核心向以软件和服务为主导的方向过渡，形成产业发展的服务化趋势。从 2007 年开始，软件及 IT 服务的比重不断扩大，2008 年软件与 IT 服务业

在全球信息产业中的比重上升到 39%，较 2006 年上升了 1.8 个百分点，上升趋势明显。

（2）发达地区大力发展软件及 IT 服务业，不发达地区获得承接制造业转移的机遇。从全球看，欧美已经将部分电子制造业，特别是其中的制造环节，转移到日本、韩国和中国，进而大力发展软件及 IT 服务业；从国内看，北京、上海、深圳等信息产业发达的城市，近几年来都把软件及 IT 服务作为产业发展重点，而低端的制造业则逐步转移到周边地区。

（3）电子信息企业也逐步将"应用和服务"置于战略重点地位。电子信息领域中的知名企业大多将 IT 服务作为重点发展方向，以 IBM、惠普为代表的跨国巨头已实现了从传统硬件制造商向软件与服务商的转型，进一步提升了自身的竞争实力与市场地位。

五、中国 IT 企业地位提升

1. 欧美跨国 IT 企业占据产业价值链的高端，主导产业发展格局

在全球信息产业领域，欧美等跨国 IT 企业充分利用全球产业分工体系的优势，凭借其领先的技术和产品优势、强大的研发能力和人才基础、卓越的品牌形象、全球化的物流网络、巨大的资金规模、丰富的管理经验，成为全球信息产业国际分工的主导力量。从价值链来看，跨国公司已形成了高投入研发—控制全球产业中的高附加值产业链环节（标准、专利、营销、渠道、核心部件生产）—高利润率—高投入研发与营销投入的良性循环，并在主导产业发展格局的基础上，形成了一个基于先发优势基础上的封闭系统。

在这一背景下，北京市等后发地区要夯实产业发展基础、壮大产业规模，需要引进和培育一批具有国际竞争力的大公司，带动地区在人才、资金、技术等方面进行长期积累，以期最终能在产业链条的主要环节上实现突破，真正实现产业的做大做强。

2. 中国本土 IT 企业崭露头角，逐步提升全球 IT 产业话语权

近几年，中国本土 IT 企业通过在人才、资金、技术等方面的长期积累，已经在产业链条的某些关键环节形成局部突破，并逐渐打破欧美日跨国巨头基于先发优势的封闭系统，在全球产业发展中的话语权逐步提升，逐渐成为主导全球产业发展格局的一个重要力量。如在计算机产业领域，联想通过收购 IBM 的 PC 业务，已经跻身全球 PC 市场前五位；在通信设备领域，华为、中兴的国际市场份额连续多年快速增长，特别是华为已逐步取代北电网络、3COM、朗讯等传统通

信设备巨头，跻身全球通信设备商前列。

六、产业集群化发展是大势所趋

1. 产业链已经成为产业竞争的关键环节，产业集聚效应凸显

从产业组织形式看，推进信息产业的可持续发展，进行产业链竞争。从根本上讲，产业的竞争优势，并不只是某个环节本身具有竞争优势，更要求与其相关的产业链上的各个产业也同样具有竞争优势。是否具有完备的产业链，能否调动整个产业链的协调运行，已成为产业竞争能否取胜的关键。因此，全球范围内信息产业的空间集聚效应日益突出，产业基地建设已成为一种发展趋势。从整个产业来看，全球信息产业主要集中在几个国家和地区，并逐步形成以产业链为基础、相关配套产业高度聚集的产业基地和产业园。

2. 园区建设成为产业集群发展的载体和根本

园区经济的根本特征是大量企业在一定区域的聚集，而产业园区的发展有赖于园内企业的产业关联性或者业务关联所形成的协同效应。搞好园区建设，必须根据园区自身的综合优势和独特优势，合理选择和布局园区所要发展的产业。要确定主导产业、相关产业和配套产业，形成有效协同的产业链。以此为基础，园区内企业依据产业链的分工以及因长期合作所建立的信任基础，形成了既有相互竞争，又有资源共享和专业分工所形成的协作，从而进一步形成相关的产业集群。从国际范围的成功经验来看，美、日、韩等电子信息强国的产业集群也都是从园区培育、发展、壮大起来的，这进一步说明了园区建设是信息产业集群发展的重要载体和根本。

3. 中关村国家自主创新示范园区建设为北京提供了战略性、全局性调整产业布局的契机

建设中关村国家自主创新示范区，是党中央、国务院在新的历史时期，着力推进自主创新，加快建设创新型国家的重大决策；是北京市深入贯彻落实科学发展观、加快产业结构优化升级和发展方式转变的迫切需要；是充分发挥中关村创新优势，探索中国特色自主创新道路的重要实践。中关村国家自主创新示范区在首都经济社会发展全局中具有重大战略意义，有利于北京市积极探索自主创新的体制机制，营造更好的创新环境。在中关村产生和转化一批国际领先的科技成果，培养和聚集一批优秀创新人才，特别是产业领军人才，做大做强一批具有全球竞争力的国际化企业，培育一批国际知名品牌，全面提高中关村自主创新和辐射带动能力，使中关村成为全球高端人才创新创业的集聚区、世界前沿技术研发

和先进标准创制的引领辐射区、国际性领军企业和高技术产业的发展区、国家体制改革与机制创新的试验区，有利于推动中关村的科技发展和创新在 21 世纪前 20 年再上一个新台阶，成为具有全球影响力的科技创新中心。

七、以国家重大项目、政策措施为抓手，着力实现重大产业突破

1. 国家高度重视信息产业发展，有关重大项目和优惠政策对产业发展起到了巨大推动作用

信息产业发展已受到国家的高度重视。党的十七大报告明确提出要"发展现代产业体系，大力推进信息化与工业化融合，促进工业由大变强，振兴装备制造业，淘汰落后生产能力；提升高新技术产业，发展信息、生物、新材料、航空航天、海洋等产业；发展现代服务业，提高服务业比重和水平；加强基础产业基础设施建设，加快发展现代能源产业和综合运输体系"。《国民经济和社会第十一个五年规划纲要》把推进信息化、加快信息产业发展摆在十分重要的位置，要实现信息产业发展从规模速度型向创新效益型转变。为此，国家重点实施了电子政务、电子商务、下一代互联网、第三代移动通信，以及软件、数字电视等一系列重大项目，作为落实国家信息化发展规划的有力措施，国家对这些重大项目在税收、融资、平台建设等方面给予了大力支持，极大地促进了信息产业的发展。

2. 国民经济和信息产业"十二五"规划的制定，为北京信息产业中长期战略发展提供机遇

在国家优先发展信息产业政策得到落实和加强的背景下，信息产业有望在国民经济"十三五"规划中继续占据重要地位，而信息产业"十二五"规划的实施更将为北京市中长期发展带来难得的历史机遇。北京市信息产业的"十二五"规划一方面要力求把自身的产业规划与国家的信息产业规划结合起来，借助国家的信息产业规划的实施带动北京市信息产业的发展；另一方面要力求把北京市信息产业中长期发展目标，纳入国家的信息产业"十三五"规划，从中获得政策等方面的支持。

八、以科技创新为动力，产业结构调整和技术升级的步伐加快

20 世纪 90 年代后，成本下降、IT 技术应用和技术创新成为产业发展的主要驱动力量，产业技术升级和结构调整压力逐步加强，金融危机的冲击，更是加大

了压力。而随着 IT 技术的广泛应用，工业化和信息化融合深入发展，信息产业结构软化趋势日益明显，全球信息产业发达地区借助这一趋势，在软件和信息服务业领域获得了突飞猛进的发展。与此同时，全球电子信息产业中低端环节向中国中西部转移趋势确立，中西部地区产业集群逐渐崛起，其在电子制造业领域的成本优势逐步凸显。特别是 IT 技术与传统技术的融合在近几年逐步取得突破性发展，不断催生出医疗电子、太阳能光伏、LED 等新兴产业，为整个产业通过科技创新和新兴产业的崛起而在结构调整、技术升级方面实现根本突破带来希望。

北京作为我国政治中心、文化中心、国际交往中心和科技创新中心，信息基础设施完善，信息技术创新基础实力强，信息化应用需求旺盛，具备发展信息服务产业的良好基础。面对国内其他地区各具特色的产业优势和强大的集聚效应，以及其他省市快速发展形成的巨大压力，北京市信息产业的发展面临诸多挑战，比如，移动通信产业独大，造成产业结构失衡；产业规模相对较小，产业集群发育不足，产业配套不充分，对环渤海周边区域的辐射能力不强，等等。因此，信息服务业的发展环境、体制机制还有待于进一步优化，以充分发挥出科教资源丰富的优势。

九、全球信息服务业的未来发展趋势

1995 年 2 月美国政府提出的《全球信息基础结构（GII）合作日程》指出："在 20 世纪即将结束的时候，信息是形成世界经济体系的至关重要的力量。下一世纪，信息产生的速度、信息的获取和信息的无数用途，将会使各国经济发生更具有根本意义的变化。"变化的结果是形成一个全球网络，实现社会信息化。这为信息服务业的发展描绘了一幅美好的蓝图。在未来一个时期，全球信息服务业的发展至少呈现出以下几个趋势：信息服务业将继续保持较高增长率。目前，国外信息服务业的增长速度普遍高于同期 GDP 增长速度。如 1997 年到 2002 年，美国信息服务业总收入平均增长率为 7.6％，而同期美国 GDP 增长率最低为 0.8％，最高也仅为 4.5％，远远低于信息服务业的增长速度；1998 年到 2004 年，英国 GDP 增长率最高仅为 4.0％，同期英国信息服务业平均增长率为 7.3％。在未来一个时期，尽管世界经济增长仍有许多不确定因素，但经济形势总体向好，各国对信息服务业的需求将继续保持较快增长的态势，必将拉动信息服务业快速发展。

现代信息技术广泛应用，新型业态不断涌现。高速数据传输网络的建成、三网融合进程的加快、数据库与联机数据库服务的专业化以及信息资源管理系统、多媒体技术、电子数据交换技术、数据广播技术等的应用与推广，导致了信息存储、加工、传递、查询和利用等领域的重大变革。同时，在需求渐趋多样化、商业模式创新日益频繁等因素的影响下，技术与产业的融合将进一步加深，分工程度也会进一步细化和深化，信息服务业的创新发展将会产生更多的新型服务业态。信息服务趋向商业化。信息服务业在兴起初期，主要依靠政府投资，通常是免费或低收费服务。近年来，由于信息量及信息需求剧增，其中有相当一部分可以带来高额的商业利润。在采用计算机和通信技术之后，新技术的应用还导致了以下结果：服务成本虽然增加了，但效果相当显著，使得人们更乐于将信息作为商品进行交换，信息的商业化趋势随之愈加明显。各商业化信息机构为增强其市场竞争力，不惜大规模投资进行科研活动，以生产高质量的信息产品，这也促进了信息服务的市场化发展，趋向于跨国经营和国际化趋势。英特尔公司与索尼公司合作，共同推行一项由英特尔倡导的 E-home 计划，将现有的各类数字式家电实现数据共享，为今后家电产品利用互联网奠定基础。美国邓白氏公司的企业资信服务遍布全球，由其直接掌管的企业信息有 2 500 万条。我国也将建立由通信网络、计算机、数据库以及其他日用电子产品组成的完备网络，该网络将会使全国乃至全世界的各种组织、个人都连接起来，使整个地球成为统一有序的超级市场。

第二节　北京信息服务业的发展现状

一、发展现状

1. 产业规模稳步增长、产业结构不断优化升级

信息产业作为北京经济的战略性支柱产业，近几年来一直保持稳步增长态势，产业规模不断扩大。2004—2009 年，北京信息产业增加值从 867.3 亿元增加到 1 762.9 亿元，复合增长率达到 15.2%，信息产业对北京经济发展中的战略支撑作用日益显现。

在北京市政府大力支持发展高技术产业的背景下，北京市信息产业得到快速发展。信息产业的发展逐步由"产品和技术"向"应用和服务"转变，产业软化特征显著增强，产业结构不断优化。一方面，电子信息制造业逐渐向高端化转移，形成移动通信设备制造、计算机、集成电路等一批国内领先的重点行业；另一方面，信息服务业和软件业支撑作用稳步提升，成为北京市高技术产业发展的重要推动力量。软件和信息服务业初步成为有全球影响力的新兴软件研发中心和

软件产业集聚区，2009 年实现增加值 1 107 亿元，占全市 GDP 的比重为 9.3％。

从细分产业的角度来看，近年来北京市信息产业结构呈现出新的发展特征。移动通信、计算机和软件产业销售收入总和连年占全市电子信息产业总收入的比重超过 70％，成为北京市电子信息三大支撑产业。同时集成电路、TFT-LCD 及数字电视等产业发展迅速。京东方八代线和数字电视产业园的建设，进一步带动了北京 TFT-LCD 产业、集成电路和数字电视产业的发展，产业结构进一步优化升级。

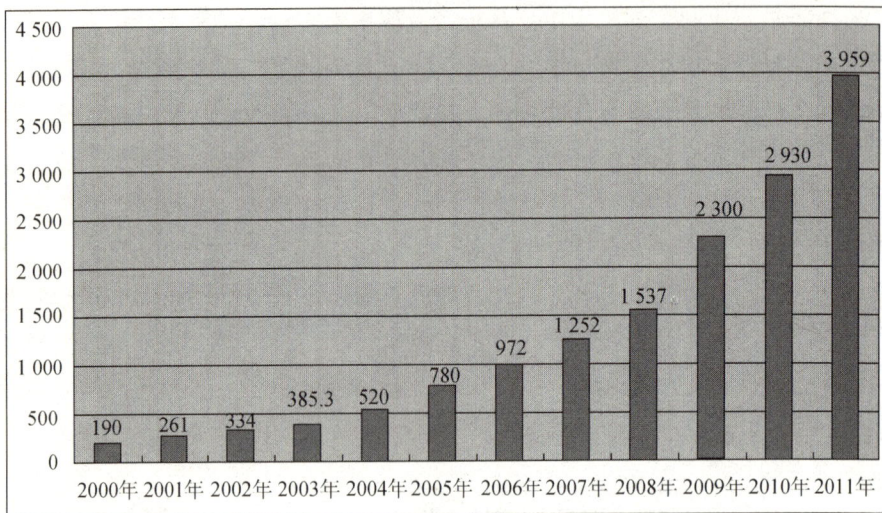

图 7.1　2000—2011 年北京软件与信息服务业销售收入规模（单位：亿元）①

2. 信息化水平全国遥遥领先，形成了辐射力强的信息资源产业群

随着北京社会发展步入提高公共服务质量、促进人的全面发展阶段，北京的科技创新能力不断增强。科技存量、科技投入以及科技成果的产出遥遥领先于其他城市，产、学、研的结合及中介服务全国最优；世界 500 强企业中 293 家在北京设立代表处或研发中心；北京软件产业的技术居于全国领先水平，相关产业基地建设取得明显进展，北京发展信息服务业的科学技术优势在全国遥遥领先，信息化水平总指数全国第一。

在政府的大力支持下，北京信息服务业蓬勃发展，并步入优化、整合和发展的新阶段，呈现出经济总量逐步规模化，产业扩张势头强劲，软件服务业、信息咨询业和互联网络信息服务业三头并举的良好发展格局，成为新的经济增长点。北京信息服务业涌现出一批具有竞争力的龙头企业。既有 IT 服务业中的神州数

----

① 数据来源：北京市统计局网站，北京软件与信息服务业促进中心。

码、联想、用友、中软等业界知名的企业，也有全国领先的信息资源从业企业，如新浪、搜狐、百度、万方数据库、超星数字图书馆、星美联合、当当网等，它们分别在互联网信息服务、数据库服务、数据内容产业、电子商务服务等领域引领着产业的发展方向，形成了辐射力强的信息资源产业群。以软件服务业为龙头，带动信息服务业和第三产业整体的发展，将是北京充分利用信息资源这一新型生产要素推进经济结构调整和经济增长方式转变的有效措施。

3. 信息产业布局初步形成

以中关村科技园区和北京经济技术开发区为主要载体的北京信息产业布局初步形成。中关村科技园区已经形成"一区多园多基地"空间布局，其中国家网络游戏动漫产业发展基地位于海淀园、雍和园、石景山园，重点发展网络游戏、动漫产业和数字娱乐产业；电子城在酒仙桥地区、望京地区，重点发展网络与电子信息设备、光电显示与数字视听、软件与网络信息服务、新型元器件、自动化电力设备等产业。2009 年，北京经济技术开发区电子信息产业实现工业总产值1 219.4亿元，占开发区工业总产值的 62.2%，成为北京经济技术开发区产业集群化程度最高、最具实力的产业。经济技术开发区聚集了诺基亚、中芯国际、京东方等一大批名牌企业，被确定为国家级电子信息产业园。

从电子信息细分产业的区域布局结构来看，目前北京市移动通信、计算机、软件、集成电路等电子信息细分产业主要分布在海淀区、朝阳区、大兴区和昌平区。其中，移动通信产业主要集中在中关村科技园的电子城和亦庄经济技术开发区；计算机与互联网产业主要以上地信息产业基地和电子城为载体；软件产业则重点以海淀园为主；另外，集成电路产业、平板显示产业和数字电视产业主要集中在亦庄经济技术开发区，昌平园则主要发展能源科技、生物医药和电子信息产业。

4. 配套环境日益完备

北京市政府以"搞软件，在北京"为主题，着力营造发展软件服务业的有利环境。在组织上，建立了北京软件产业协调会议机制，发挥"顶层设计，综合协调，重大决策"的作用，各主要委办局围绕软件产业发展目标加强协调合作，有效地推进了产业发展。在软件环境方面，北京的信息产业发展，得到工业与信息化部等各部委和北京市政府的大力支持，是全国独有的部市共建发展信息产业的城市。硬件环境方面，作为国际化大都市的北京，拥有全国最为方便快捷的交通条件，发达的信息网络，充足的能源保障和良好的自然条件，特别是 2008 年北京奥运会的成功举办，进一步促进了北京轨道交通和邮电通信设施等硬件基础设施的完善。政策环境方面，为鼓励信息产业健康快速发展，北京市政府相继制定出台支持产业和科技发展的政策。通过制定实施电子信息产业、汽车产业等重点产业调整和振兴规划，实施《科技北京行动计划》，启动《北京信息化基础设施提升计划》，支持企业上市投融资，安排补贴资金等系列措施，完善产业发展政策环境，促进产业健康发展。

5. 产业对国民经济的支撑作用日益显现

随着北京市信息产业高端化和产业结构软化趋势日益显现，形成了移动通信、软件产业、信息服务业等一批国内领先的重点行业，信息产业已成为全市高技术产业发展的重要推动力量，对北京市国民经济和社会信息化建设的支撑作用日益显现。其中，电子信息制造业、信息服务业增加值占全市 GDP 的比重分别为 3％和 9.3％。2009 年年底，北京固定电话用户 893.1 万户，移动电话用户 1 825.4 万户，互联网宽带接入超过 450 万户。而北京软件产业销售收入增速近几年一直保持在 25％左右，软件产业总体规模位居全国第一。在电子政务、金融、电信等重点产业，形成了一批适合国情、拥有自主知识产权的解决方案。在自主创新上，北京软件及其服务业已经走在全国的前列，发展成为研发及应用具有自主核心的技术产品的示范城市。

6. 互联网信息服务业高速发展

发展互联网信息服务业，开创数字化生活新环境，是新时空条件下的市场竞争焦点，互联网信息服务业的兴起为信息服务业的发展创造了新的发展空间。发展较快的互联网应用水平使北京拥有得天独厚的发展互联网信息服务业的基础条件。作为信息服务业中发展潜力巨大的新兴业态，互联网信息服务业近年来出现快速发展的势头。特别是为其他企业、单位和个人开展电子商务提供交易或服务平台的电子商务服务、利用搜索引擎提供的各种搜索服务以及网络广告等新兴服务业态的快速发展，有力地推动了互联网信息服务业整体规模的持续扩张，表现为市场规模快速发展，产业逐步走向成熟理性的发展道路。在经历了 21 世纪前几年互联网络泡沫之后，北京的互联网产业与国内市场同步迎来了新一轮的理性崛起。以百度公司为代表的北京互联网企业在资本市场表现卓越，众多互联网企业开始尝试多元化业务模式，新浪、搜狐等传统门户网站努力开拓互联网和宽带增值新业务，力求转型，网站增值业务不断壮大。随着互联网产业的发展逐渐走向成熟和理性，企业和用户都意识到，提供有价值信息和内容服务的互联网信息服务业才是网络经济发展的真正引擎。目前，互联网产业已经高度细化、深度拓展，发展成为一个与产业高度结合的大产业，产业链上下游也逐渐形成一个非常庞大的商业合作网络。

二、重点领域产业链分析

1. 移动通信产业

北京已经初步形成以星网工业园等园区为载体，涵盖研发－专用芯片、主板机及零配件制备－通信终端－网络设备及通信网－增值服务等在内的具有国际竞争力的移动通信产业链。随着《北京市调整和振兴电子信息产业实施方案》《北京信息化基础设施提升计划》《电子城高新技术产业功能区发展规划》等系列北京市电子信息产业振兴政策相继落实与实施，北京进一步在标准、芯片、终端、应用等方面发展、完善第三代移动通信产业链。目前，北京在推进 3G 产业化，3G 网络建设，搭建综合业务平台，支持开发多样化移动增值服务，鼓励终端企业进行 3G 终端的研发和产业化，支持后 3G 技术发展等方面已初见成效。

2. 软件产业

软件产业链可以从两个方面分析。一种是基于产品功能的产业链，分为系统软件、支撑软件（平台软件）、应用软件、嵌入式软件和软件服务。另一种是基于产业分工的产业链，分为咨询、集成、设计、编码、测试和运行维护。在整个中国软件产业链相对较短的大背景下，北京充分发挥科技资源优势，通过体制与机制的创新，构建产、学、研、用相结合的技术创新体系，初步形成较为完善的软件产业链。北京软件产业以基础软件、SOA（面向服务的体系架构）等重点领域为核心，以长风开放标准平台软件联盟和闪联产业联盟为支撑，打造出了国内最具整体竞争力的软件产业集群。2009 年，北京软件产业实现销售收入 1 861.2 亿元，销售收入连续 9 年居全国第一位，进一步巩固北京作为"中国软件之都"的地位。

3. 集成电路产业

集成电路（IC）产业链上游包括半导体材料和专用设备，下游是其电子整机应用产品。就产业内部而言，包括集成电路设计、芯片制造、封装测试等环节。集成电路行业经过分化重组，目前业已形成设计、制造、封装、测试四业共同发展的格局。从集成电路产业链分析来看，北京确立了以集成电路设计为突破口，以集成电路产业链各环节互动发展为目标的发展策略，初步形成了微电子技术研发－集成电路设计－芯片生产－封装测试－集成电路应用这样一套比较完整的产业发展链。北京在设计、专用材料制造和专用设备的研制领域均处于全国领先水平，在封装测试方面也有一定的能力，只是在生产线上相对于长江三角洲地区特别是上海还有一定差距，但总体来看，北京发展集成电路的综合实力在全国处于领先水平。

4. 数字电视产业

北京处于我国数字电视产业发展的前沿，具有全国领先的标准、芯片等核心技术优势，拥有具备发展潜力的液晶显示屏生产商。2007 年 6 月，数字电视产业联盟在北京成立，联盟成员在数字电视标准、芯片、终端产品、节目、发射与接收显示服务等环节拥有强大实力，并掌握了一大批具有自主知识产权的关键技术，代表了我国数字电视产业的技术水平。2009 年 8 月底，总投资 280 亿元的京东方北京八代液晶面板线暨北京数字电视产业园，在北京经济技术开发区奠基动工。北京经济技术开发区不断深化数字电视产业园的园区规划和产业规划，将液晶面板制造、数字高清晰电视整机制造、机顶盒及中小尺寸液晶屏消费电子等相关产品研发制造、数字电视关键芯片软件开发以及液晶面板生产线所需关键设备材料研发制造等领域列为北京数字电视产业园的重点发展领域。

5. 高世代平板显示产业

作为我国三大 TFT-LCD 产业中心之一，北京在新一轮高世代平板显示产业发展中积极布局规划，走在我国高世代平板显示产业发展的前列。同时北京智力资源丰富，经济实力雄厚，区位优势明显，具有发展平板显示产业的先天优势。京东方第八代液晶面板生产线奠基标志着我国大陆平板显示产业在核心技术领域取得突破，对于我国产业结构调整升级具有重要意义，对于全球平板显示产业市场竞争格局也将产生深远影响，同时对北京 TFT-LCD 产业的快速发展也将发挥极大的促进作用。

6. 计算机和下一代互联网产业

北京计算机产业在产业规模、品牌建设、销售体系、技术人才等方面处于全国领先地位。凭借良好的产业发展基础，北京集聚了联想、方正、同方、曙光等知名品牌，产业价值链向两端延伸。在下一代互联网产业发展方面，北京初步形成以中关村为主，产业配套发展的格局。目前中关村地区下一代互联网产业链初具雏形，产业链的各个环节具有明显的资源优势。在产业链的上游，中关村科技园区拥有标准制定资源，工信部、电信研究院通信标准研究所作为牵头单位，带动园区更多企业积极参与到这个标准的制定当中，其中清华比威的 IPv6-QOS 体系、天地互连的 IPv6-ready 测试体系、中科院计算所的 IPv6 移动体系已经成为中国标准的体系。在设备制造资源方面，从核心的芯片、网络设备，一直到终端产品，园区聚集了大批企业，并且具有明显的相对竞争优势。在产业中游，中国电信、中国联通、中国移动三大运营商的总部均在北京，对北京下一代互联网产业的健康快速发展起到重要推动作用。在产业链下游应用开发资源方面，IPv6技术的应用开发聚集了如天地互连等一批企业，在视频监控、视频多媒体点播、通信平台、综合业务平台等方面推出解决方案。

第三节　北京发展信息服务业的 SWOT 分析

一、SWOT 分析

1. 优势（strength）

（1）定位国际都市，占据首都品牌优势。北京作为全国政治、文化、国际交往和科技创新中心，赋有独具的首都功能以及人才、信息、政策资源和国际渠道优势。北京的地位、功能、资源及其凝聚力和辐射力具有无可比拟的特殊优势、巨大的开发价值。尤其是北京的品牌优势，十分有利于文化创意、现代信息服务业的发展，有利于打造具有北京特色的优势产业链，首都品牌优势，是北京发展信息服务业的巨大无形资产。

（2）智力资源丰富，拥有人才优势。北京是全国科技和教育事业最发达的地区，是全国科技辐射能力最强的地区，科技人才拥有量及培养力度为全国第一。目前北京地区专业技术人员已达 112 万人，占全国的 10%。中国科学院、中国工程院两院院士有 600 余人在北京，占全国的 51%。国务院各部委的高层次科技管理人员也基本上集中在北京。在人才培养方面，北京丰富的教育资源与人才资源居全国之首，北京拥有北大、清华等 80 多所高等院校，在全国高校 300 多个博士点中，北京的博士学位授予单位占全国的三分之一，在京的重点高校占全国的四分之一，进入"211"工程的有 23 所，硕士的规模占全国五分之一，在校研究生人数达到 12 万人，本专科在校生达到 45.7 万人。丰富的智力资源和人才优势是北京发展信息服务业的宝贵财富，是实现北京产业持续发展的重要保障。

（3）占据产业高地，形成产业优势。依托科技资源，北京在移动通信、软件、集成电路、计算机及网络应用等诸多优势领域已经占据产业发展高地，形成了较强的产业优势。北京市基础设施配备良好，国际交往便利，也十分密切，同时又是全国的信息集散地，信息基础设施完备，互联网用户人数及普及率均居全国第一。北京的软件与信息服务业已居全国首位，是中国的"软件之都"，是中国最大的软件企业集聚地，有良好的集聚效应。在电子计算机及网络方面形成了包括研发－制造－销售－增值服务等在内的计算机产业链和包括研发－网络设备

—网络—增值服务的网络产业链。

（4）国内外知名公司集聚，拥有企业优势。北京作为中国的政治、文化中心，集聚了一批国内外知名企业，形成了稳固的企业资源优势。跨国公司在北京形成了 CBD、燕莎、金融街、中关村、亦庄、望京等产业集群和特色鲜明的跨国公司聚集区。作为国际性的经济贸易中心，目前 CBD 吸引了超过 120 家世界 500强企业入驻。燕莎商圈云集了包括微软、爱普生、松下、爱立信、诺基亚、西门子等大批国际知名企业。微软、INTEL、SUN 等跨国 IT 公司则纷纷把研发机构设在中关村。同时，北京也集中了一批知名的国内 ICT 企业，如中国移动、中国电信、中国联通等三大运营商总部均在北京。国内外知名公司的集聚，为北京带来雄厚的企业资源优势。北京是国有四大银行的总部所在地，金融机构众多；中华人民共和国信息产业部，中国互联网络信息中心等致力于促进软件产业发展的服务机构也在北京，总部经济在北京的发展为北京信息服务业的发展提供了广阔的空间。

上述众多的有利发展环境，构成了北京市适合发展信息服务业的先决条件。在如此优势下，再借鉴一些发达国家信息服务业的成功之处，首都的信息服务业会越发展越好，有可能成为世界上第二个硅谷。

2. 劣势（weakness）

（1）产业上下游配套能力有待增强。随着北京信息产业的快速发展，产业内部分工高度细化，产业链条上下游企业间的合作大大增强，要求企业有一个良好的外部服务环境。产业的区域集聚化发展可以有效降低企业成本，在这方面北京与沿海省市仍存在差距，产业组织结构松散，尚未形成良好的分工协作机制，各企业间协作能力有待增强。

（2）土地、劳动力等成本偏高。北京市的土地、水、电及劳动力等成本与其他地方相比偏高，使得计算机制造、集成电路制造等信息产业在北京市的发展并无明显优势，使产品成本在市场竞争中丧失优势。作为首都，北京对环保极为重视，严格的环保要求也将会增加企业的环保成本，使得产业的个别环节在北京市的发展受到限制。

（3）区域合作基础相对薄弱。相对于长三角和珠三角而言，北京与周边地区企业之间的区域合作基础相对较为薄弱，尚未形成有效的区域间产业协作机制。北京在城市规划、产业发展、功能定位等方面与天津、河北等周边省市的良性联动发展有待增强，环渤海区域间的合作基础相对长三角和珠三角地区而言仍较为薄弱，产业发展协作机制尚未健全。

3. 机会（opportunity）

（1）全球信息产业转移加速，为北京高层次承接产业转移带来良好机遇。进入 21 世纪以来，信息产业在全球范围内的新一轮转移浪潮已开始形成，作为承接国际信息产业转移的主要国家，我国信息产业也迎来了新的发展机遇。世界三大经济体和全球 500 强以及东南亚的许多企业，近年来都纷纷将生产基地迁往我国，来华投资办厂的步伐不断加快，服务外包亦迅速发展。北京作为首都，拥有智力、技术、资金等各种优势，面对信息产业新一轮的加速转移，北京必将迎来新的发展机遇。

（2）城市发展对信息化依存度加深，为北京信息产业发展带来机遇。随着北京城市建设和经济发展对信息化依存度的日益加深，北京信息化投入不断增强，建设步伐日益加快。2009 年正式实施的《北京信息化基础设施提升计划》，从 2009 年到 2012 年，滚动投入约 1 000 亿元，从 3G 网络建设、光纤接入和基础信息建设等领域全面提升信息化基础设施。北京信息化建设步伐的加快将进一步促进信息产业的健康快速发展，3G 商用为北京信息产业的发展提供了广阔空间。自江苏、广东宣布 3G 商用后，北京成为第三个宣布 3G 商用的地区。3G 商用将激发包含电信运营、网络设备提供、终端制造、系统集成服务、芯片制造等在内的产业链。3G 丰富的数据业务将为北京电信增值业务提供广阔的发展空间，对电子商务、新媒体服务等信息服务产业的发展有很大的推动作用。

（3）国家支持中关村科技园区建设国家自主创新示范区，为北京信息产业发展带来机遇。2009 年 3 月，国务院批复同意中关村科技园区建设国家自主创新示范区，以科学发展观为指导，发挥创新资源优势，加快改革与发展，努力培养和聚集优秀创新人才特别是产业领军人才，着力研发和转化国际领先的科技成果，做大做强一批具有全球影响力的创新型企业，培育一批国际知名品牌，全面提高中关村科技园区自主创新和辐射带动能力，使中关村科技园区成为具有全球影响力的科技创新中心。同意采取股权激励、科技金融改革创新试点、支持新型产业组织参与国家重大科技项目等政策措施，支持中关村科技园区建设国家自主创新示范区。中关村自主创新示范区的建设将极大促进北京信息产业的稳步增长，为北京信息产业新一轮的发展带来新的机遇。

（4）振兴规划相关政策陆续出台，为北京信息产业发展提供增长驱动力。为积极应对全球金融危机，2009 年国家及时出台电子信息产业调整振兴规划，提出"两大目标、三大任务、六大工程、七大措施"，来振兴我国电子信息产业发展。同时，北京市相继制定了《北京市调整和振兴电子信息产业实施方案》《"科技北京"行动计划（2009—2012)》《北京市帮扶企业应对国际金融危机若干措施》《北京信息化基础设施提升计划》等系列措施。国家和北京市及时的产业扶持政策和激励措施从扩大内需、调整优化产业结构、增强自主创新能力、保持经济稳定快速增长等多个方面激发了电子信息企业的发展活力，为北京信息产业的发展提供了持续动力。

4. 威胁（threat)

（1）全球经济增长放缓，电子信息产业外需增长乏力，北京面临国际产业日益激烈的竞争压力。对北京市电子信息产业来说，全球经济增长放缓，海外市场需求的回落将在一定程度上影响电子信息产业的出口。信息产业是世界上发达国家和发展中国家都高度重视的产业，许多国家对信息产业的发展实行了特殊的激励政策，产业竞争越来越激烈。特别是近年来，亚太地区许多发展中国家正在展开吸引新一轮国际产业转移的竞争，马来西亚、印度尼西亚、越南、印度、墨西哥等国都凭借自身的优势大力引进国际资本，积极发展信息产业，部分分流了跨国公司在中国的投资。在新一轮全球信息产业的转移中，面对印度、马来西亚等发展中国家的积极举措，北京要有效承接并大力发展高端信息产业，仍面临严峻挑战。

（2）沿海省市信息产业快速发展，给北京带来竞争压力。近年来，上海、深圳、广州、浙江、江苏、山东等省市都加快了发展信息产业的步伐，纷纷制定产业发展规划，出台相应的扶持政策，将信息产业的发展作为地区发展的重点任务。以上海为中心的长三角产业结构不断优化，集成电路和软件等优势产业发展迅速，集成电路产量占全国的三分之一，软件产业经营收入亦保持快速增长；广东省通过不断的努力逐步形成了通信设备制造、消费电子、计算机生产等颇具竞争力的优势领域，这些区域的蓬勃发展给北京信息产业的发展带来了竞争压力。

二、对北京信息服务业发展存在问题的分析

1. 产业结构失衡、产业结构不合理

移动通信行业独大的局面使北京市电子信息产业整体抗风险能力较弱。2008年，移动通信销售收入占北京市电子信息制造业销售收入的60%，位居第二的计算机产业销售收入仅相当于移动通信的1/3，集成电路、数字电视、液晶面板等行业的销售收入总和也仅相当于移动通信的1/3，由于移动通信产业自身的基数较大，今后一段时间继续保持高速增长的难度较大。北京市信息产业的结构有必要进一步优化，产业格局实现由移动通信"单一支柱"型向"多极支撑"型转

变，使重点产业领域的配套更加完善。

2. 强有力的产业发展战略支撑点还有待进一步培育

在新的经济发展形势与产业发展趋势下，北京电子信息产业的发展面临着较大的产业结构由"单一支柱"向"多极支撑"转变的压力，亟待通过统筹规划、挖掘和培育出一个新的重点支柱产业，成为自主创新和产业技术升级的重要载体，通过产业升级来有力带动北京市信息产业的技术升级。这就需要北京市要有大思路、大举措，需要找准产业发展的战略着力点，并进一步培育。目前，北京市在平板显示产业、数字电视产业、物联网产业以及其他战略性新兴产业方面，在全国都具有一定的比较竞争优势，但有待进一步突出重点，从中培育出强有力的产业发展战略着力点。

3. 重点产业的发展缺乏联动性，有待找准契合点以形成合力

北京电子信息产业在集成电路、数字电视、TFT-LCD 等多个领域具有领先优势：集成电路具有全国领先的芯片设计与制造优势，数字电视占有产业的标准制高点，TFT-LCD 拥有国内一流的液晶面板显示生产商。从产业发展的内部规律看，三者之间存在产业关联性，集成电路为 TFT-LCD 提供芯片支持，数字电视的兴起将为 TFT-LCD 提供大规模的终端需求市场。但目前北京这三个行业之间缺乏联动性。因此，寻找这三者之间的契合点，构建一个发展的新引擎，将有利于北京电子信息产业关联发展，形成发展的巨大合力。

4. 产业链衔接不畅，自主创新转化能力有待提高

北京市信息产业还存在着产业链条衔接与配套不畅、产业投资力度不足、自主创新转化能力有待加强等问题，而企业自主创新的动力和活力与政府营造的政策环境紧密相连。政府应从税收、信贷、采购等各个方面为企业自主创新营造良好的政策环境。第一，要制定和落实激励企业自主创新的税收优惠政策，降低企业的研发成本，争取财政对信息产业研发投入的稳定增长，引导和支持有条件的企业开展关键技术和重大装备的研发；第二，要做好与政策性金融机构的衔接与协调工作，争取国家政策性资金对北京市信息产业重大科技项目、信息技术产业化项目、引进技术消化吸收项目等的贷款支持，利用基金、贴息、担保等方式，引导商业金融机构支持北京市信息产业自主创新与产业化；第三，要优先采购列入国家或北京市自主创新产品目录的电子信息产品，充分发挥政府采购对北京市信息产业自主创新的激励作用，推动北京市信息产业自主创新成果的应用。

三、北京信息服务业的未来发展趋势

1. 电子制造业高端化趋势日益明显，信息服务业和软件业支撑作用稳步提升

2008 年受全球金融危机、原材料价格上涨、人民币升值、劳动力成本增加、节能环保减排降耗等多种因素影响，北京市电子信息制造业出现了出口下降、产量下滑、效益下降的局面。在电子制造业整体增速放缓的大背景下，北京市电子信息制造业高端化趋势日益显现，形成了一批国内领先的重点行业。信息服务业和软件业支撑作用稳步提升，已成为全市高技术产业发展的重要推动力量。其中信息服务业增加值占全市 GDP 的比重为 9％左右。北京软件产业销售收入增速近几年一直保持在 25％左右，软件产业总体规模位居全国第一。

2. 战略性新兴产业崛起将成为北京市信息产业实现结构调整和技术升级的关键

北京市信息产业的一些深层次、结构性问题是制约北京市信息产业的持续、快速、健康发展的瓶颈因素。当前，信息产业发展正处于关键阶段，战略性新兴产业的发展得到国家政府的高度重视，科技创新成为推动结构调整和技术升级的根本动力，北京市市场、资源优势为信息产业发展提供了机遇。信息产品和信息服务市场规模日益扩大，城市经济社会发展对信息化依存度日益加深，必须把握机遇，采取有效措施，加快产业优化升级，加强技术创新，大力推动北京市信息产业领域的战略性新兴产业的突破性发展，从而促进北京市电子信息产业平稳较快发展。

四、北京与国内外对标国家和城市信息产业发展差距的原因探讨

1. 产业结构不尽合理，产业体系仍不完善

北京电子信息产业内在结构不合理是制约产业发展、约束产业应对市场变化的重要瓶颈。在电子信息产业领域，北京移动通信产业一家独大，产业外向型特点比较明显，对外依存度比较高，造成北京市电子信息产业受国际经济形势冲击较大，抵御国际风险能力相对较差。相比而言，上海的信息产业已形成了涵盖集成电路产业、光电子产业、通信产业、信息家电产业、信息服务业、软件业等多项产业的较为完整的信息产业体系，深圳也形成了相对完整的八大产业链，苏州四大园区也构成了电子信息产业比较完整的产业链。合理的产业结构和完善的产业发展体系，使这些地区产生了良好的产业集聚效应，极大地推动了信息产业的

快速发展。

2. 产业集聚尚未形成，区域联动效应较弱

我国电子信息产业集中分布在沿海、沿江地区和中西部一些产业基础比较好的地区，区域化特征十分明显，产业集群逐步显现，其中以深圳为龙头的珠江三角洲，以上海、苏州为龙头的长江三角洲两大产业集群发展势头最为强劲，地区电子信息产业的综合实力相对较强，注重"地方"、强调"全球"是这两大产业集群促进电子信息产业集群的主基调。长三角、珠三角地区凭借独特的区位优势，积极承接国际资本投资和产业转移的历史机遇，电子信息产业得到了快速发展，在全国起到举足轻重的作用。从上海到苏州的科技走廊，已经成为世界电子信息产业的重点投资地区，国际电子信息产业，特别是电子信息产品制造业正在大规模移入，一个以电子信息产业为主的新经济产业带已经形成。北京所处环渤海地区，虽然有大连、天津等信息产业较为发达的城市，但几大城市相互之间的联动、带动与促进作用不够明显，并未形成如长三角、珠三角地区那么成熟的信息产业集群带，城市之间信息产业的发展助力不大，产业集聚效应不明显。

3. 技术创新能力不强，科研成果产业化慢

北京绝大部分科技经费投入来自高校和科研机构，企业研究开发（R&D）支出偏低。在科技人员的分布上，北京有约 60％的科技人员集中于科研机构，企业所占比重仅约 20％，上海和深圳的科技人员均有一半以上集中于企业，深圳更是超过 80％。上海和深圳的科技活动都以企业为主体，经费和人员投入力度是各机构中最大的，尤以深圳最为明显。北京企业无论在经费还是人员投入上，与上海和深圳企业投入水平相比相差较大。企业科技研究开发的投入水平较低，资金和人员的匮乏抑制了企业的技术创新活动，使其远远没有发挥在研究开发活动中应有的主导作用，科研机构的研发效率和在技术创新活动中的作用不突出。技术成果少，新产品盈利能力较弱。大中型企业对信息产业发展没有起到应有的支撑作用，造成北京科研成果转化能力不强，科研产品产业化程度不高，速度不快。

4. 中小企业活跃不足，产业链建设不完善

北京电子信息产业的中小企业规模较小，活跃度较低，在整个产业链环节中发挥不出应有的作用。企业的产品加工制造能力不足，产业链不完善，出现头重脚轻的产业发展局面。高校与科研院所的核心技术和产业研发创新能力较强，但技术产业化缓慢，且缺乏上游原材料和中下游加工制造企业的支持，进一步制约了高新技术的产业化进程。

印度班加罗尔通过政府扶持和优惠政策，有效带动了一大批中小企业迅速成长，逐渐成为技术自主创新的主体，加速了技术的成果应用转化和产业化进程。在英国，政府通过税收、融资体系、人才培养、出口支持等扶持了一大批高技术含量的中小企业，这些企业逐步成为推动信息产业发展的核心力量，是创意、创新与科研成果转化的主导力量。

深圳 2008 年中小企业创造的 GDP 超过深圳全市 GDP 的 60%，中小企业获中国名牌数量为 60 个，占全市的 75%，上海也有为数众多的中小企业。相比较而言，北京中小企业规模差距十分明显，对产业发展的支撑作用也较弱。缺乏中小企业的支撑作用，北京和周围城市的合作互动也远低于长三角和珠三角地区，造成了北京电子信息产业难以形成规模效应，市场化程度不高的局面，许多科研创新成果无法得到规模化应用，产业化程度有待进一步提高。

5. 企业创新不足

创新是企业发展的动力，是企业的核心竞争力。目前北京信息服务市场，整体上企业创新意识不强，对信息资源的开发利用程度不高、广度不够。缺乏自主创新的服务内容和服务提供商，大量的企业都在相同或相近的领域进行重复建设，各服务提供商提供的服务项目和内容大同小异，创新性应用缺乏。创新不足具体体现在软件产品链上，表现为软件企业考虑到基础软件的研发设计由于开发周期长、技术复杂度高等特点，需要较大的企业规模、较高的管理水平和较多的投入，这是国内企业目前所难以胜任的，基于此，国内软件企业更倾向于"二次开发"，往往是接一个项目如一个软件或者是从事专门的软件外包服务，而开发出来的这种软件的通用性较差，难以移植到其他项目，导致企业低水平重复开发现象严重、成本高、长期利润薄弱、可持续发展能力差等问题；另外，关于软件外包服务，软件企业做的仅仅是代工，并不负责产品的设计，从而不享有产品的知识产权，使得我们的软件企业长期处于全球软件产业链的低端，严重影响北京软件产业积累和循环的能力，使北京软件产业的发展方向受制于人。一方面，由于信息内容服务同质化，形式千篇一律，导致市场对内容产品的需求不足，信息内容服务收费难以提高；另一方面，同质化的信息内容服务也极易引发价格战，抑制服务提供商盈利能力的增长，这也是造成北京信息服务业企业普遍规模偏小，影响产业发展的一大因素。

6. 金融体系尚不健全，融资模式有待完善

风险资本是创新企业成长的营养源，它不仅在高科技企业初期提供创业所需的天使资金，成熟的风险投资公司还为创新企业提供信息咨询、管理咨询、战略决策等多方面的服务，极大地提高了企业发展效率和质量。金融服务体系和中介服务体系不仅是企业技术创新体系的一部分，它们在整合各种创新要素、提高技术创新能力等方面起着重要作用。

硅谷成功的一个重要因素是得到了发达的风险资本和完善的金融服务体系支持。全美共有 600 多家风险投资企业，其中近半数将总部设在硅谷，硅谷的银行及纳斯达克市场为那里的企业提供了完善的金融服务，也为风险资本的退出提供了市场机会，加速了资本的流动和进一步的风险投资运作。完善的投融资体系和成熟的风险资本运作为硅谷的高新技术产业化和企业的成功提供了不可或缺的保障。

北京目前的金融服务体系还很不完善，风险资本也比较欠缺，对信息产业的支持力度不大。北京的银行等金融服务机构，各种中介服务机构包括人力资源机构、财务和法律服务机构及技术转让机构等，应该针对信息化企业不断创新服务方式，提高自身服务水平，使其工作更细节化、人性化，在支持和服务信息产业发展方面发挥更大的作用。应充分调动企业积极性，根据企业需求，进一步提高政府服务能力和效率，着力完善投融资环境，积极引导社会资源特别是金融、保险等机构投入到电子信息产业发展中去。

7. 政策引导初见成效，法规建设仍待加强

在产业发展过程中，政府的宏观调控和政策引导作用不容忽视，几乎所有国家在产业发展的政策措施方面，都做了大量工作，但效果各不相同。日本发展信息产业的许多政策措施，绝大部分都有法律依据和前提。日本在推动信息产业发展进程中，颁布了一系列法规，几乎所有政策的制定都落实到了法律上。法律化的产业政策和措施具有强大的执行力，在实施过程中能够得以顺利落实。

目前，包括北京在内的我国大部分城市，许多产业政策都未能够实现条文法律化。各种外在因素给政策的落实和实施带来了一定的负面影响，阻碍了政策的顺利执行，破坏了政策的延续性，也影响了企业利益，制约了产业的健康发展。作为国家的首都和国际化中心城市，信息产业在北京经济发展中的主导作用不断加强，政府产业政策的影响和示范作用日益凸显。为更好地发挥政府产业政策的引导作用，增强政策的执行力，保障政策的顺利落实，政府应不断强化对重大战略产业政策的法律化进展，以促进产业的健康和可持续发展。

第四节　北京信息服务业发展水平的实证分析

从目前我国的状况来看，我国信息服务业的增值在国民生产总值中占有较大的比重。2014 年上半年，我国服务业增加值达到 12.54 万亿元，增长 8%，占国内生产总值的比重达到 46.6%，同比提高 1.3 个百分点，服务业新增企业数量达到 129.06 万户，占新登记企业总数的 78.1%[①]。服务业增加值增速已经连续 6 个季度超过 GDP 和第二产业的增速，保持着增速三产最快、占比继续提高、结构进一步优化的良好势头。服务业的快速发展，特别是生产性服务业的迅速发展，对稳增长、促改革、调结构、惠民生发挥了重要作用。无论从长期还是短期来看，信息服务业的增值与 GDP 都有固定的比例关系。

表 7.1　信息服务业增加值对北京 GDP 的影响（单位：亿元）[②]

年份	信息服务业增加值	北京地区生产总值（GDP）
2006	721.5	8 117.8
2007	843.8	9 846.8
2008	1 047.0	11 115.0
2009	1 195.2	12 153.0
2010	1 307.7	14 113.6
2011	1 543.5	16 251.9
2012	1 703.0	17 879.4
2013	1 896.4	19 500.6

本节主要探讨北京地区信息服务业增加值与地区生产总值的关系。

模型依据

$$Y_i = \beta_0 + \beta_1 X_i + \mu_i \quad i = 1, 2, \cdots, n$$

Y_i 为被解释变量，X_i 为解释变量，β_0 与 β_1 为待估参数，μ_i 为随机干扰项

样本回归方程：$\hat{Y}_i = \hat{\beta}_0 + \hat{\beta}_1 X_i$

[①]　数据来源：中国统计年鉴（2014）。
[②]　数据来源：北京市统计年鉴（2014）。

总体回归方程：$E(Y_i/X_i) = \beta_0 + \beta_1 X_i$

1. 线性回归模型的基本假定

（1）随机误差项具有 0 均值和同方差。即 $E(\mu_i) = 0$，$\mathrm{Var}(\mu_i) = \sigma_\mu^2$。

（2）随机误差项在不同样本点之间是独立的，不存在序列相关。$\mathrm{Cov}(\mu_i, \mu_j) = 0$，$i \neq j$，$i, j = 1, 2, \cdots, n$。

（3）随机误差项与解释变量之间不相关。$\mathrm{Cov}(x_{ji}, \mu_i) = 0$，$j = 1, 2, \cdots, k$；$i = 1, 2, \cdots, n$。

（4）随机误差项服从 0 均值、同方差的正态分布。$\mu_i \sim N(0, \sigma_\mu^2)$，$i = 1, 2, \cdots, n$。

2. 最小二乘法公式：

$$\hat{\beta}_0 = \frac{\sum x_i^2 \sum y_i - \sum x_i \sum y_i x_i}{n \sum x_i^2 - (\sum x_i)^2}$$

$$\hat{\beta}_1 = \frac{n \sum y_i x_i - \sum y_i \sum x_i}{n \sum x_i^2 - (\sum x_i)^2}$$

$$\sum x_i^2 = \sum (X_i - \overline{X})^2 = \sum X_i^2 - \frac{1}{n}(\sum X_i)^2$$

$$\sum x_i y_i = \sum (X_i - \overline{X})(Y_i - \overline{Y}) = \sum X_i Y_i - \frac{1}{n} \sum X_i \sum Y_i$$

其中，(X_i, Y_i) 是一组样本值，$x_i = X_i - \overline{X}$，$y_i = Y_i - \overline{Y}$

$$\overline{X} = \frac{\sum X_i}{n}, \overline{Y} = \frac{\sum Y_i}{n}$$

$$\begin{cases} \hat{\beta}_1 = \dfrac{\sum x_i y_i}{\sum x_i^2} \\[2ex] \hat{\beta}_0 = \overline{Y} - \hat{\beta}_1 \overline{X} \end{cases}$$

3. 无偏及有效性

参数估计的无偏性：$E(\hat{\beta}_0) = \beta_0$，$E(\hat{\beta}_1) = \beta_1$

参数估计的有效性：

$$\mathrm{Var}(\hat{\beta}_1) = \mathrm{Var}(\sum k_i Y_i) = \sum k_i^2 \mathrm{Var}(\beta_0 + \beta_1 X_i + \mu_i) = \sum k_i^2 \mathrm{Var}(\mu_i)$$

$$= \sum \left(\frac{x_i}{\sum x_i^2} \right)^2 \sigma^2 = \frac{\sigma^2}{\sum x_i^2}$$

$$\mathrm{Var}(\hat{\beta_0}) = \mathrm{Var}(\sum w_i Y_i) = \sum w_i^2 \mathrm{Var}(\beta_0 + \beta_1 X_i + \mu_i) = \sum (1/n - \overline{X}k_i)^2 \sigma^2$$

$$= \sum \left[\left(\frac{1}{n} \right)^2 - 2\frac{1}{n}\overline{X}k_i + \overline{X}^2 k_i^2 \right] \sigma^2 = \left(\frac{1}{n} - \frac{2}{n}\overline{X}\sum k_i + \overline{X}^2 \sum \left(\frac{x_i}{\sum x_i^2} \right) \right) \sigma^2$$

$$= \left(\frac{1}{n} + \frac{\overline{X}^2}{\sum x_i^2} \right)\sigma^2 = \frac{\sum x_i^2 + n\overline{X}^2}{n\sum x_i^2}\sigma^2 = \frac{\sum X_i^2}{n\sum x_i^2}\sigma^2$$

$$\hat{\beta_1} \sim N(\beta_1, \frac{\sigma^2}{\sum x_i^2}) \qquad \hat{\beta_0} \sim N(\beta_0, \frac{\sum X_i^2}{n\sum x_i^2}\sigma^2)$$

4. 拟合优度检验

$$TSS = \sum y_i^2 = \sum (Y_i - \overline{Y})^2 \qquad 总体平方和（Total\ Sum\ of\ Squares）$$

$$ESS = \sum \hat{y_i^2} = \sum (\hat{y_i} - \overline{Y})^2 \qquad 回归平方和（Explained\ Sum\ of\ Squares）$$

$$RSS = \sum e_i^2 = \sum (Y_i - \hat{Y}_i)^2 \qquad 残差平方和（Residual\ Sum\ of\ Squares）$$

$$TSS = ESS + RSS \qquad 总离差平方和等于回归平方和加上残差平方和$$

$$R^2 = \frac{ESS}{TSS} = 1 - \frac{RSS}{TSS}$$

$$R^2 = \hat{\beta}^2 \frac{\sum x_i^2}{\sum y_i^2} = \frac{(\sum x_i y_i)^2}{\sum x_i^2 \sum y_i^2}$$

R^2 为（样本）可决系数/判定系数（coefficient of determination）。

R^2 越接近 1，说明实际观测点离样本线越近，拟合优度越高，说明样本回归方程对被解释变量的解释能力就越强。反之，判定系数的值越接近 0，样本回归方程对被解释变量的解释能力就越弱，模型解释变量以外的随机干扰因素对被解释变量的影响就越大。

5. 回归系数 $\hat{\beta_0}$，$\hat{\beta_1}$ 的显著性检验

$$\hat{Y}_i = \hat{\beta_0} + \hat{\beta_i} X_i \qquad \hat{\sigma}^2 = \frac{\sum e_i^2}{n-2}$$

$$t = \frac{\hat{\beta_0} - \beta_0}{\sqrt{\hat{\sigma}^2 \sum X_i^2 / n \sum x_i^2}} = \frac{\hat{\beta_0}}{S_{\hat{\beta_0}}} \sim t(n-2) \qquad S_{\hat{\beta_0}} = \sqrt{\hat{\sigma}^2 \sum X_i^2 / n \sum x_i^2}$$

$$t = \frac{\hat{\beta}_1 - \beta_1}{\sqrt{\hat{\sigma}^2 / \sum X_i^2}} = \frac{\hat{\beta}_1 - \beta_1}{S_{\hat{\beta}_1}} \sim t(n-2)$$

（1）对总体参数提出假设，H_0：$\beta_0 = 0$，$H_1 = \beta_1 \neq 0$。

（2）以原假设 H_0 构造 t 统计量，并由样本计算其值 $t = \dfrac{\hat{\beta}_1}{S_{\hat{\beta}_1}}$。

（3）给定显著性水平 α，查 t 分布表得临界值 $t_{\frac{\alpha}{2}}(n-2)$。

若 $|t| > t_{\frac{\alpha}{2}}(n-2)$，则拒绝原假设，接受备选假设，变量显著，反之亦然。

6. 实证分析

从表 7.2 可以看出，北京信息服务业增加值的平均值为 1 282.263 亿元，中位数为 1 251.45 亿元，最大值是 1 896.4 亿元，最小值为 721.5 亿元，标准误约为 412.78，偏度约为 0.108，峰度约为 1.78。北京地区生产总值的平均值为 13 622.26 亿元，中位数为 13 133.3 亿元，最大值是 19 500.6 亿元，最小值为 8 117.8 亿元，标准误约为 4 014.84，偏度约为 0.139，峰度约为 1.72。

表 7.2　北京信息服务业增加值与地区总产值相关数据

	北京信息服务业增加值 X	北京地区生产总值 GDP
平均值（亿元）	1 282.263	13 622.26
中位数（亿元）	1 251.450	13 133.30
最大值（亿元）	1 896.400	19 500.60
最小值（亿元）	721.500 0	8 117.800
标准误	412.779 7	4 014.844
偏度	0.107 800	0.139 354
峰度	1.783 886	1.719 084

从图 7.2 和图 7.3 可以看出，北京地区生产总值与信息服务增加值有明显的相关性，二者大体为线性关系，随着信息服务业产值的增加，北京地区生产总值也显著增长，具有显著的正相关性。

从图 7.4 可以看出，2006 年到 2013 年，北京地区 GDP 的残差逐渐减小，并趋于稳定。

（亿元）

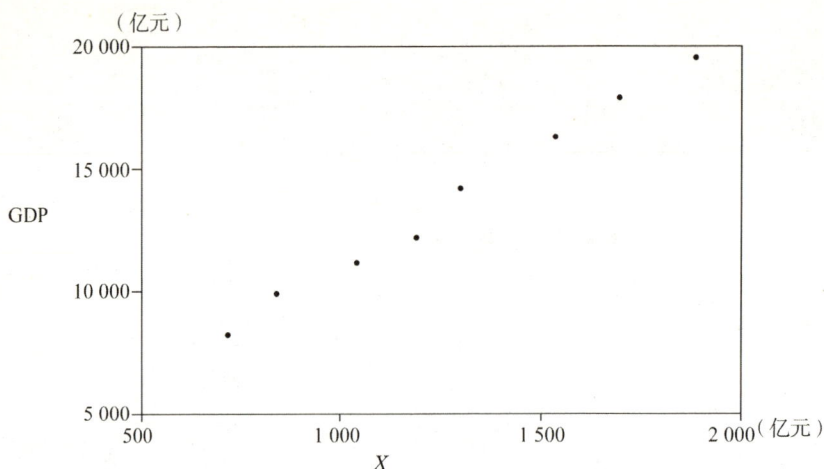

图 7.2 信息服务业增加值 X 与 GDP 的关系

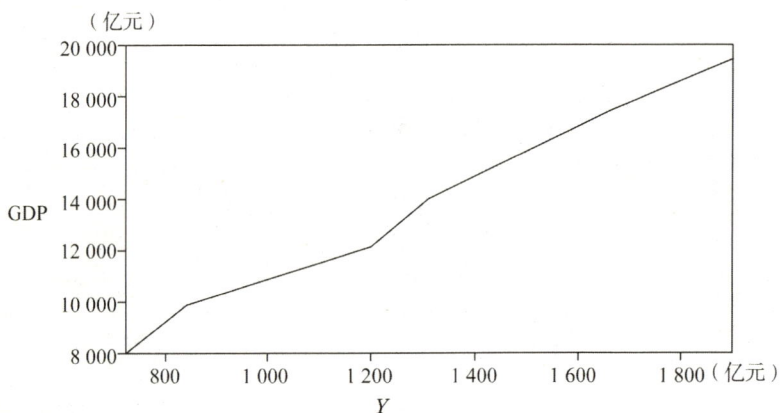

图 7.3 信息服务业产值 Y 与北京地区生产总值的关系

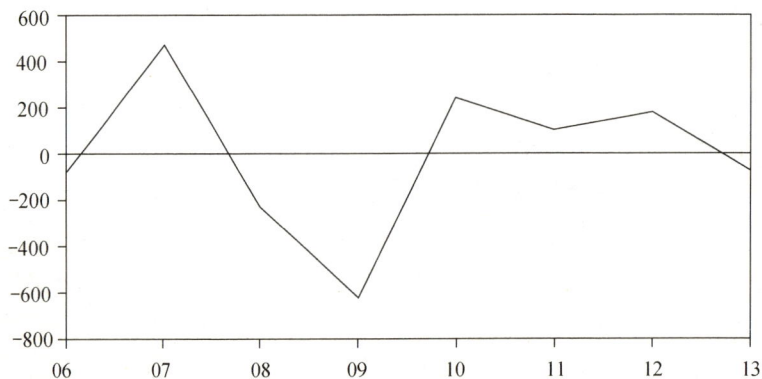

图 7.4 GDP Residuals（北京地区生产总值残差图）

表 7.3　GDP 自相关图

Date：07/15/15 Time：23：17						
Sample：2006 2013						
Included observations：8						
Autocorrelation	Partial Correlation		AC	PAC	Q-Stat	Prob
. | * * * * * .	. | * * * * * .	1	0.627	0.627	4.489 8	0.034
. | * * .	. * | .	2	0.282	−0.183	5.549 0	0.062
. | .	. * * | .	3	−0.033	−0.217	5.566 5	0.135
. * * | .	. * * | .	4	−0.283	−0.210	7.169 4	0.127
. * * * | .	. * | .	5	−0.401	−0.122	11.465	0.043
. * * * | .	. * | .	6	−0.404	−0.096	18.006	0.006

表 7.4　信息服务业增加值自相关图

Date：07/15/15 Time：23：22						
Sample：2006 2013						
Included observations：8						
Autocorrelation	Partial Correlation		AC	PAC	Q-Stat	Prob
. | * * * * * .	. | * * * * * .	1	0.622	0.622	4.426 0	0.035
. | * * .	. * * | .	2	0.262	−0.204	5.341 4	0.069
. | .	. * | .	3	−0.038	−0.182	5.364 0	0.147
. * * | .	. * | .	4	−0.236	−0.138	6.476 2	0.166
. * * * | .	. * * | .	5	−0.399	−0.237	10.714	0.057
. * * * | .	. * | .	6	−0.424	−0.092	17.891	0.007

从表 7.3GDP 自相关图和表 7.4 的信息服务业增加值自相关图来看，其自相关系数（AC）和偏自相关系数（PAC）趋于稳定，根据巴特雷特（Bartlett）公式，北京地区生产总值（GDP）和北京信息服务业增加值 X 的自相关系数应遵循均值为 0、方差为 1/8 的正态分布，由于样本自相关系数均落在了合理区间之内，因此在 5％的显著性水平下接受 ρ_k 的真值为 0 的假设，表明北京地区生产总值和信息服务业增加值这两个时间数列是平稳的。由此，可建立一元线性回归模型：

$$Y_i = \beta_0 + \beta_1 X_i + \mu_i$$

通过表 7.5 可建立北京地区生产总值与北京信息服务业增加值的一元线性函数关系：

$$GDP = 1\,193.67 + 9.69X$$

表 7.5 E-views 分析表

Dependent Variable：GDP				
Method：Least Squares				
Date：04/06/15 Time：21：00				
Sample：1 8				
Included observations：8				
Variable	Coefficient	Std. Error	t-Statistic	Prob.
C	1 193.669	441.963 8	2.700 830	0.035 5
X	9.692 706	0.330 036	29.368 59	0.000 0
R-squared	0.993 092	Mean dependent var	13 622.26	
Adjusted R-squared	0.991 940	S. D. dependent var	4 014.844	
S. E. of regression	360.436 9	Akaike info criterion	14.824 83	
Sum squared resid	779 488.4	Schwarz criterion	14.844 69	
Log likelihood	−57.299 31	F-statistic	862.514 3	
Durbin-Watson stat	2.303 910	Prob（F-statistic）	0.000 000	

（1）异方差检验

由于建立回归模型需要满足同方差假定，即所有随机误差项的方差相等，因此要进行异方差检验。本书采用怀特（White）检验法对模型的异方差进行检验：

表 7.6 异方差检验结果

White Heteroskedasticity Test：			
F−statistic	0.810 234	Probability	0.495 682
Obs * R−squared	1.958 131	Probability	0.375 662
Test Equation：			
Dependent Variable：RESID·2			
Method：Least Squares			
Date：08/20/15 Time：20：50			

续表

Sample：2006 2013				
Included observations：8				
Variable	Coefficient	Std. Error	t－Statistic	Prob.
C	－351 691.0	622 077.7	－0.565 349	0.596 3
X	878.868 9	1 013.098	0.867 507	0.425 3
X^2	－0.377 973	0.385 480	－0.980 525	0.371 9
R－squared	0.244 766	Mean dependent var		97 436.05
Adjusted R－squared	－0.057 327	S. D. dependent var		138 921.8
S. E. of regression	142 848.3	Akaike info criterion		26.856 95
Sum squared resid	1.02E＋11	Schwarz criterion		26.886 74
Log likelihood	－104.427 8	F－statistic		0.810 234
Durbin－Watson stat	2.985 520	Prob（F－statistic）		0.495 682

$\text{Obs} \times \text{R} － \text{squared} = 1.958 < \chi^2_{0.05}$ （2）$= 5.99$，所以模型不存在异方差。

（2）自相关检验

由于建立回归模型要满足随机误差项之间无序列相关性的假设，因此采用自相关的 LM 检验法进行检验。

表 7.7　自相关检验

Breusch－Godfrey Serial Correlation LM Test：			
F－statistic	0.132 814	Probability	0.730 437
Obs * R－squared	0.207 004	Probability	0.649 126
Test Equation：			
Dependent Variable：RESID			
Method：Least Squares			
Date：08/20/15　Time：21：11			
Presample missing value lagged residuals set to zero.			
Variable	Coefficient	Std. Error	t－Statistic	Prob.
C				

−22.607 33	481.852 0	−0.046 918	0.964 4	
X	0.018 813	0.360 543	0.052 180	0.960 4
RESID（−1）	−0.163 185	0.447 773	−0.364 436	0.730 4
R−squared	0.025 875	Mean dependent var		−1.46E−12
Adjusted R−squared	−0.363 774	S. D. dependent var		333.699 7
S. E. of regression	389.697 0	Akaike info criterion		15.048 61
Sum squared resid	759 318.8	Schwarz criterion		15.078 40
Log likelihood	−57.194 45	F−statistic		0.066 407
Durbin−Watson stat	2.152 190	Prob（F−statistic）		0.936 561

$n\mathrm{R}^2 = 8 \times 0.025\,875 = 0.207 < \chi^2_{0.05}\,(1) = 3.84$，所以原方程不存在 1 阶自相关。

由于要建立的数学模型，不存在异方差性和序列相关性，且北京地区生产总值和信息服务业增加值两组数列是平稳的，因此通过表 7.5 可建立北京地区生产总值与北京信息服务业增加值的一元线性函数关系：

$$\mathrm{GDP} = 1\,193.67 + 9.69\mathrm{X}$$

R-squared 为 0.993 092，调整的 Adjusted R-squared 也达到 0.991 940，说明方程的拟合程度很高，拟合效果很好。

给定显著性水平 0.05，$t_{\frac{a}{2}}(n-2) = t_{0.025}\,(6) = 2.446\,9$，变量的 t-Statistic 统计量为 29.368 59，常数项的 t 统计量为 2.700 830，所以 $|t| > t_{\frac{a}{2}}\,(n-2)$，包括常数项在内的变量都通过了显著性检验，说明回归模型的建立很有意义，解释变量对被解释变量具有显著性影响。

从模型参数估计量的符号来看，$\beta > 0$，意味着信息服务业增加值越高，北京国内生产总值越高。从模型参数估计量的大小看，$\beta = 9.69$，表示信息服务业增加值每增加一个单位，北京地区 GDP 增加 9.69 个单位。

2013 年信息服务业增加值为 1 896.4 亿元，将此数据代入一元线性回归模型：$Y = 1\,194 + 9.69X$，可得：$Y = 19\,570.116$，通过《北京市统计年鉴（2014）》得知，当年北京 GDP 值为 19 500.6 亿元，由此运用误差率公式：

$$误差率 = 误差 \div 实际值 \times 100\%$$

即求得误差率 = 0.36%，可见此模型可用于实际应用之中，与实际结果相符。通过表 7.1 数据，可计算信息服务业的增加值的年均增长率为：

$$(1\ 896.4/721.5)\ \hat{}\ (1/8)\ -1=13\%$$

由此可计算出 2015 年的信息服务业增加值为 2 167.4 亿元，根据回归方程可以算出北京 GDP 约为 22 196.26 亿元。

第五节　北京信息服务业的未来发展趋势分析

近年来，信息服务业以其对社会生产的巨大带动作用及与其他产业的高度关联性等，已经成为信息产业中发展速度最快、技术创新最活跃和增值效益最大的产业。随着社会经济的发展和科技的进步，信息服务业呈现出了为生产者提供专业信息增值服务的趋势。

一、全球信息服务业呈现出新的发展态势

(1) 新的技术进步使信息服务业的发展如虎添翼。 当前，互联网技术、IP组网技术、多媒体技术、高速传输技术等新技术日趋成熟，通信技术、计算机技术、广播电视技术不断融合和渗透，从而为信息服务业发展奠定了坚实的技术基础。最新的例证就是以用户为中心的互联网 Web2.0 技术，它使软件随着越来越多的人使用而不断更新，消化来自各个信息源的数据，从而建立起一个参与架构的网络效应，并传递给更多的用户。Web2.0 技术正在颠覆软件如何开发、信息如何在互联网上生成、共享和分发的传统概念，更重要的是它使博客、播客、移动博客、对等网络、社交网络、博采等业务更精彩。

(2) 新业务新模式推陈出新。 由于新技术的不断涌现，不可避免地摒弃、冲击老技术的同时，也培育出了新的市场空间，从而成为丰富信息资源模式的重要途径，互联网的发展就是最好的证明。互联网开放、共享、透明、平等的天性，带来了个性化需求的高速增长，从最初的电子邮件、BBS 到即时通信、电子商务乃至最新的网络电话、博客社区等，不断激发人们的文化需求和消费欲望，也形成了 B2B、B2C 电子商务与移动博客等新兴的商业模式，成为信息服务大产业的有机组成部分。

(3) 产业链日趋延长。 在产业分工细化的同时，产业链日趋延长已经是信息服务业发展的显著特点。例如，网络电视，是一种基于宽带互联网与宽带接入，以机顶盒或其他具有视频编解码能力的数字化设备作为终端，通过聚合信息服务的各种流媒体服务内容和增值应用，为用户提供多种交互式多媒体服务的宽带增值业务。网络电视的内容主要来源于广播电视节目运营商，通过宽带业务应用平

台整合,利用承载网把信息内容传送给用户。网络电视产业链的各环节分属于IT、通信、娱乐等不同行业,涉及设备供应商、系统集成商、宽带网络运营商、内容运营商、传统内容提供商、增值内容提供商、芯片及其他技术供应商、终端厂商等,随着网络和信息的发展,其产业链将不断延长。

(4) 服务是信息服务业的本质内涵。信息服务业极为强调"服务"的本质特征,这是社会综合化信息服务需求强烈的反映。随着信息化建设的广泛深入推进,社会各行业、各领域以及人们的信息需求越来越呈现出多元化、个性化、综合化、复杂化的特征,单一性形式的信息服务已经不能适应丰富多彩的社会需求,必须根据现实需求提供更加有效的支撑。我们可以看到电信正在突破原来概念和内涵的局限,向更加全面、丰富的综合信息服务转变,互联网业的发展催生了各种新兴业务;电子邮件、网络聊天、电子政务、电子商务等,人们所能预见到的新的电子业务还将不断涌现。在公司策略上,越来越多的公司定位于"服务"。

(5) 国家政策为信息服务产业发展助力。任何产业的发展都离不开国家政策的扶植。为了促进电信业与网络业、广播电视业等周边产业的融合,许多国家都对法律、机构、政策进行了适度调整,发展信息业、培植新的经济增长点也成为许多国家的国策。新加坡20多年来制定的第一个为期10年的信息化战略规划,就是希望通过新的科技手段实现"一个智慧的国家,一个全球化的城市,资讯科技无处不在"的目标。

世界信息服务业的发展呈现出全球化、软件化、多极化、网络化的发展趋势,同时世界信息产业的发展受到各国政府的高度重视,世界信息市场从单纯竞争走向竞争与合并并存。世界信息化的发展趋势是:由信息管理向知识管理发展、信息资源开发向知识资源管理转化,C/S网络结构(Client/Server,客户/服务器模式)发展为国际网结构。从全球信息服务业发展的特点可以看出,全球信息服务业正在高速地发展,它的高速发展为北京信息服务业的发展提供了一个良好的环境、背景,提供了一个历史的机遇,北京可以从其他国家吸取一些先进经验和技术。同时,由于北京信息服务业的发展在全球范围内看,并不领先,所以也面临着打破先发展者造成的技术和市场垄断,开拓市场的艰巨任务。

面对着高速发展的世界信息服务业呈现出的全球化、软件化、多极化、网络化的发展趋势,北京应顺势而为,积极参与信息服务业的发展,在积极吸收一些全球发达国家发展信息服务业经验的基础上,结合目前自身的实际情况和本地信息服务业的状况,扬长避短,大量引进和吸收、利用适宜本地区的先进技术和外资,以此促进北京信息服务业的高速发展。

二、北京信息服务业的未来发展趋势

1. 北京信息服务业将为生产者提供专业信息增值服务

（1）信息服务对象主要为生产者。我国《国民经济和社会发展第十一个五年规划纲要》中认为生产性服务业提供的是市场化的中间服务，即作为其他产品或服务生产的中间投入的服务，它具有专业化程度高、知识密集的特点，信息服务业是其中一种。信息服务业从信息制造业中分离出来，面向农业、制造业或商业用户提供专业服务，优化最终产品的生产过程。信息服务业逐步呈现出外部化和专业化的发展趋势，一些专业的信息公司，如汽车资讯网、商业信息网和工程咨询公司等都随着经济生活的深入和客户需求的细化而逐步产生和发展起来。在信息服务中，高科技和高知识是其重要特点，各种信息经过加工处理，形成特定的具有高知识附加值的产品或服务提供给用户。随着全球分工与产业链的延伸，制造业发展到一定阶段后，其利润必然会向研发、设计和咨询等附加价值高和盈利率高的生产性服务业转移，由此产生对生产性信息服务的需要，同时，信息服务业本身在发展过程中生产性服务化的趋势日益明显。加快发展面向生产的信息服务业，已经成为经济发展到一定阶段的必然要求。信息服务业适应新的经济发展形势，向生产领域延展，面向生产者。因而，未来信息服务业在提高国民生产总值、增强区域竞争力、提升企业创新能力及增加就业等方面将起着越来越重要的作用。

（2）信息服务内容主要为信息增值服务。信息增值服务是指针对不同用户的需求，通过对大量原始信息进行分类、加工、整理和分析，运用市场手段使信息的资产价值增加的服务方式。信息服务提供商能够从庞杂无序的信息中准确找到有效信息，并对其进行提炼和加工，使之成为适合人们需要的信息。正是针对和满足日益细分的市场需求，信息增值服务应运而生。传统信息服务提供的是简单的信息供给服务，因为信息的获取途径有限，信息的共享程度低，不同行业的信息交流程度较弱，这样信息咨询服务商可以依靠其行业先入为主的优势，以比较低的成本获得某些特定的信息，只是通过简单的信息生产和初级利用就能保持竞争优势。而今天信息的丰富化和信息利用技术的提高，使信息透明度大为提高，这样，信息咨询服务商只有充分挖掘专业人才和专业技术优势，才能将目标集中于对现有信息资源的充分利用上，以满足客户的多样化需求，即通过信息的增值服务才能保持竞争优势。所以，信息的增值服务是信息服务内容的提升与深化，是信息服务业的发展趋势。

（3）信息服务越来越专业化。信息服务业作为一种生产性服务业，从价值链分析的角度看，生产性服务的价值增值更多地体现在服务的专业化水平上，因此，对专业信息服务的需求，是市场细分的必然要求，也是信息服务业发展到一定阶段的结果。专业信息服务的发展是传统行业深入和信息技术应用逐渐成熟的一种表现。随着国际制造业向我国的转移，制造行业对于信息咨询、信息外包服务的需求将保持旺盛的增长态势。从需求来看，客户将更加关注那些对其所在行业提供的特有的、高水准和灵活性强的服务方案，所以，无论是软件服务，还是信息咨询，或者是互联网信息服务，其发展模式都是遵循先水平后纵向垂直的发展过程，在细分市场中寻求更加稳定的个性化需求，这是信息服务发展的必然趋势。

2. 北京信息服务业发展前景广阔

在"十三五"时期，北京信息服务业将会得到进一步发展。随着现代信息技术的应用渗透到国民经济的各个领域，北京信息服务业将呈现出更多的发展亮点，信息服务业内容和范围不断扩大，规模和数量大幅度提升，市场进一步细化，服务产品更加丰富，各种技术创新不断升级，民族文化更具特色，多元化发展进程加快，发展前景十分广阔。

（1）信息服务业发展规模进一步扩大。北京信息服务业的范围全面涉及政治、经济、文化、卫生、教育、交通等社会生活的方方面面。从北京信息服务业下一步发展的内容和范围上来看，企业信息服务将向更深入、更宽泛的方向发展，以带动企业进行信息化管理和发展。例如，在企业办公自动化基础上引入财务管理、人事管理、评估管理自动化系统，理顺企业管理流程，规范企业管理制度；同时还应引入企业资源计划管理、客户关系管理、企业应用集成管理等应用系统，丰富企业信息化内涵，深化企业信息化程度。这将极大丰富北京信息服务业的内容，增加企业效益，提高企业资源利用率，推动北京信息化进程。信息化服务使得公司行业地位不断稳固，竞争力得到提高。在消费者信息服务方面则将更加注重教育、交通运输、医疗卫生等与日常生活密切相关的方面。如进一步推进数字图书馆、数字博物馆等公共信息服务的建设；完善市政交通"一卡通"和"数字北京信息亭"的智能化与人文化；规范社会信息服务系统和社会保障信息系统等。北京信息服务业将从"以人为本"的理念出发，不断完善公益性质的信息服务领域，扩大服务范围，增加受益群体，为北京市民提供一种普遍的、大众的现代化信息服务。

（2）信息服务产品更丰富和个性化。目前，北京信息服务业产业发展定位不清晰。作为一个涉及范围广，包含内容丰富，立足于现代信息技术的新兴服务产业，北京信息服务业产业门类庞杂，涉及的相关行业部门多达数十家，不同行业领域的交叉及信息服务业与周边产业的相互渗透，使得北京信息服务业发展定位尚不清晰，直接影响了其市场细化和专业分工，导致信息服务同质化，技术创新不足。例如，目前北京信息服务业的服务范围主要集中在城市中心的几大区，服务对象多数为年轻群体，面向周边区县和农村中的其他年龄层的多层次服务体系尚未建立。又如，目前北京市场上的主要信息服务企业自主创新意识薄弱，服务质量与服务领域相近，导致产品服务的有效需求不足，企业规模偏小。因此，在下一步发展中，北京信息服务业将会更注重根据市场需求来定位自身发展，调整产业布局，探索区域定位。针对各社会阶层、各种类型企业、各种消费人群的不同需求，来划分服务市场，开辟服务领域，实现更加有针对性、个性化的信息服务。如针对百姓对政务公开的要求，实行的"电子政务"和"政务公开网"；针对年轻人需求的短信彩铃、网络娱乐项目的开发；针对周边生态景区开发的旅游信息化，电子网络导游；针对银行业经营安全开展的个人信用评级系统等，都是信息服务业分工、细化，为服务对象提供更丰富、更个性化的服务的表现。

（3）信息服务业主体多元化、产业市场化。作为社会主义市场经济的有机组成部分，北京信息服务业的投资主体也将呈现多元化的格局。除了国有和以国有为主的信息服务企业之外，会有越来越多的外资和民营资本进入信息服务业市场，将会出现国营、私营、外资、合资、独资等多种经营方式并存的局面。同时北京信息服务业还将加速推进传统信息服务业向现代服务业转型，坚持有偿信息服务与免费信息服务相结合，信息技术与文化、教育等相结合，信息服务与生产、科研、生活相结合，多元化发展的结果是，将会推进北京信息服务业的产业化、市场化进程。

在产业推进方面，要采取分类指导的产业推进政策。对于北京有竞争优势的软件产业，要优先发展，积极扶持，以产业化为导向，培育有实力、核心技术竞争力强的大型信息服务业企业集团，引导信息服务企业联合和重组，向集团化、规模化、网络化方向发展，创建服务品牌，快速促进市场壮大；对于日渐壮大的信息咨询业，则着力于改善发展环境，规范信息咨询行业守则，提倡公平竞争，并为信息咨询业培养和输送大量优秀专业人才；要正确引导大力扶持互联网信息服务业等新兴的信息服务业态，强调市场调节，鼓励创新，以促进新的经济增长点；与此同时，大力培育专业信息服务外包企业，也能为传统产业改造提供技术支撑和优质服务。

在市场化建设方面，北京将进一步加快市场化建设，构建完善规范的现代服务市场体系。加快垄断行业改革，突破体制障碍，积极推进非基本服务行业的资源配置由政府为主向市场为主转变；深化行政审批制度改革，放开市场准入领域，降低市场准入标准，引入竞争机制；进一步加快社会建设，整合完善现代服务业的社会化服务。积极推进北京信息服务业的城镇化建设，把加快发展现代服务业与实施城镇化战略有效结合起来，以逐步缩小城乡信息服务业水平差距。

第六节　北京发展信息服务业的路径选择

推动北京信息服务业发展的关键是坚持信息化作为经济建设服务的战略方针，针对目前北京信息服务业存在的问题，应广泛利用现代信息技术，不断开拓新的服务领域，促进新的信息经济增长点的形成和快速发展，使信息服务现代化、市场化和国际化。同时，必须紧跟世界信息化的步伐，加大改革力度，尽快构建起北京信息服务业体系，加快信息立法，加快产业政策的实施，加大培养和建设信息服务业人才的力度，拓展产业资本来源，提高管理和服务水平，以促进信息服务业的技术创新。

一、构建北京现代信息服务业体系

北京软件服务业的快速发展，促进了相关软件产业基地的建设，形成了"核心引领、多点支撑"的软件服务格局，正以其高附加值、强渗透性、低耗能、高收益等独特优势逐步成为支持北京经济发展的龙头产业。同时，北京优惠政策待遇和完善的用人机制，吸引了大批专业人才来北京创业，以人为本营造了"搞软件在北京"的国际氛围，这些都为加快北京以软件服务业为龙头、以信息咨询业为支柱、以互联网信息服务业为基础的现代信息服务体系建设的步伐奠定了坚实的基础。

1. 利用软件服务业的发展优势，进一步扩大信息咨询业市场

目前，北京拥有众多的信息咨询知名企业，信息咨询业发展处于全国领先水平。2006 年信息咨询业市场规模达到 167.7 亿元，年营业额在 100 万元以上的公司已近二百家，其中超过 1 000 万元的有 50 多家，并成长出一批实力雄厚的咨询骨干企业。但是在北京信息咨询业发展中仍存在着一系列的问题，主要表现为：自身发展不规范，市场竞争秩序有待加强；业务范围、市场定位不明确，行业标准和资质不统一，咨询业相关的法律法规不完善；服务的专业化水平及从业

人员业务素质不高，高级分析人才及高水平咨询管理人才缺乏，手段落后，咨询项目付诸实施的能力差，处理大型项目的能力不足，短期行为较普遍，诚信度不够，咨询业在市场经济环境中的问题和原因尚缺乏深入专门的调研与研究等，产业层次较低，地区分布不平衡，咨询业企业主要集中在城北区域。针对北京信息咨询业发展中存在的问题，必须依托最先进的技术和手段，以掌握丰富专业知识和高级信息处理技术的人才为核心，完善咨询业市场。而龙头产业软件服务业的发展可以促进现代信息技术的发展和信息服务业从业人员素质的提高，将为北京信息咨询业市场的壮大提供有力支撑。一方面，北京软件服务业的发展带动了相关信息技术的更新换代，加快了信息的传递速度，扫除了传统信息传递方式的技术障碍，打破了信息资源的垄断壁垒，使得信息资源的容量扩大，成本降低，附加值提高。而信息咨询业作为能有效整合信息资源、高效利用信息资源和利用信息资源增值的产业无疑会从中受益。另一方面，北京传统服务业的发展促进了相关从业人员数量的增多和素质的提高。更多的信息专业技术人员会壮大信息咨询业的人员队伍，而软件从业人员强调的整体综合素质更是为信息咨询业提供了强大的智力保障。除此之外，经济的快速发展也给信息咨询业发展带来了旺盛的市场需求。借助上述优势，加快信息咨询业的发展，势必能把北京信息咨询业培育为信息服务业中的支柱产业。

（1）加强对北京信息咨询业的研究。对信息咨询业的成长规律及作用进行专题研究，明确咨询业在国民经济发展中所处的地位、所扮演的角色，以应对全球一体化、中国咨询业国际化，为咨询业参与北京经济建设提供理论上的证明与实践上的支撑。

（2）建立北京信息咨询业协会。如制定行业的管理办法，明确信誉机构的认定、咨询师资格的认定、规范收费的合理性以及客户的投诉处理等，代替政府进行行业监管和行业规划职能，加强行业的联合与协作，完善行业自律，提高整体竞争能力，改变目前该行业中的一些条块分割与业务活动参差不齐的情况。只有这样，企业才能更好加强自身的自律行为，明确自己的发展战略，准确市场定位。这个协会的主要功能应包括：加强行业的联合与协作，提高整体竞争能力，即对各咨询行业、单位和人员进行组织和协调，最终形成一个系统网络；传递情报信息，交流业务经验，沟通与政府及其他方面的联系；组织和进行咨询人员培养与考评，促进咨询业务水平的提高；大力宣传咨询业绩，扩大咨询影响，提高咨询业和咨询人员的社会地位，拓展国内外咨询市场。

（3）重点发展优势领域。调查显示，北京信息咨询企业认为未来最有发展潜力的领域主要集中在专业咨询和管理咨询两个方面，比例分别为 61.8％ 和 41.2％，其后依次为决策咨询、技术咨询和工程咨询。专业咨询由于涉及众多与企事业单位、个人和社会经济密切相关的业务领域，如经济贸易咨询、投资与工商咨询、财会咨询、资信服务、企业和个人信用管理服务、企业形象策划与设计、公共关系服务等众多服务门类，未来具有广阔的市场发展空间。管理咨询主要以企业经营管理为主，目的是为企业经营管理做出评价、建议，为企业提供改善管理的手段，也被称为"企业诊断"。企业管理咨询包括组织机构、企业制度以及计划、生产、市场、销售、技术、质量、财务、劳动、人事、设备、仓库、安全等方面的管理咨询，市场前景广阔。该类咨询服务企业的典型代表如麦肯锡、毕马威、艾森哲等。

（4）建立完善有力的信息管理系统。信息是咨询工作的最重要支撑条件之一。信息的完整性和有效性是企业科学管理和决策的基础。如何及时准确地获取、处理和利用信息是当前企业管理中最重要的问题之一。目前，信息缺乏和收集困难是北京咨询业颇感为难的大问题。尽管已经建立的数据库不少，但其中自然科学的居多，经济、商业等社会科学方面的数据库与国外相比无论规模还是数量都远远不足。因此信息系统，特别是数据库的尽快建成，也是咨询业现代化的必备条件。

2. 凭借软件服务业的技术优势推进互联网信息服务业全面创新

作为全国互联网应用水平高的北京拥有发展互联网信息服务业的先天优势，整体呈现出产业规模快速增长，产业结构日趋合理的趋势。随着北京软件服务业的开发和信息咨询业的发展，网络媒体作为信息资源开发与传播中介的作用越来越重要，它对人们思想的辐射和对整个社会的影响越来越大。借助软件服务业先行的高新技术优势，不断提高自主创新能力，拓宽服务领域，优化服务质量，增加服务类型，实现服务内容多元化，就能真正发挥北京信息服务业的基础产业的作用。

信息资源的开发是信息资源管理的重要组成部分，是与依赖资源的信息服务相交叉的一个概念，信息资源开发的成果是信息产品，而信息产品又是信息服务的基础。所以，发展互联网信息服务业关键在于开发资源，要逐步实现信息资源的整合和技术创新。北京互联网信息服务业要以现代信息技术为依托，加强网络数据库技术、数据仓库技术、数字图书馆技术、搜索引擎技术及智能标引、自动分类、数字版权管理等多项技术的利用和创新，探索网络信息服务的新技术途径，通过数据模型对信息进行规范化管理，使信息对象格式化和多格化，提高数据操作的直观性和灵活性，加快网络信息技术的创新步伐，以满足不断变化、发展迅速的网络信息服务需求。

二、促进北京信息服务业技术创新

由于现代信息服务业需充分依托计算机、通信和网络等现代信息技术对信息进行生成、收集、处理加工、存储、检索和利用，信息产品及其服务，尤其像网络教育、电子商务服务、网络游戏、移动内容服务等新兴数字内容产业更要依托信息传输网络。因此，信息技术对信息服务业的支撑作用尤为重要。我们要大力发展信息服务技术，研发出自主核心技术，以此带动信息服务各产业的高速发展。

1. 完善技术创新机制

技术是产业发展的动力。北京信息服务业技术发展近些年来取得了一定的成绩，为了进一步确立和完善北京信息服务技术政策的统一性和权威性，促进国家有关部门的通力配合，应该结合北京信息服务业的实际状况和国际信息服务业的发展趋势，对技术发展政策进行适当的调整，逐步建立和完善相关技术创新政策体系。

（1）突出信息服务业发展的方向和重点。当前，要明确北京信息服务业面临的国际竞争环境和国内的技术发展存在的问题，明确适合北京信息服务业发展的方向，充分利用北京的比较优势，制定相对完善的配套政策法规，并根据新的发展动向及时做出调整。

（2）发挥自我创新的重要作用。迎接科学技术突飞猛进和知识经济兴起的挑战，最重要的是创新。只有拥有自己的关键技术，才能保证信息服务业的可持续性发展，才能保证信息服务业以及信息服务业企业的国际竞争力不断增强。掌握信息服务业发展的主动权，必须坚持自主创新，要在重视原理创新、技术创新的同时，重视概念的创新，不断形成新思想、新理论、新技术和新工艺，增加持续的创新能力。

（3）重视技术成果的保护。对于取得的科研成果，要重视运用知识产权制度保护其合法权益。对于政府财政资金支持信息服务技术项目，要充分运用知识产权信息资源，选准高起点，避免低水平重复建设研究；对于知识产权的发明人、设计人、作者以及主要实施者，要给予与其实际贡献相当的报酬和股权收益。

2. 注重选择核心技术

目前，由于资源、人才、资金等的限制，发展北京信息服务技术时，要坚持

"有所为有所不为"的原则，选准突破口，集中有限资源，在三个方面取得重点突破：一是攻克关系到国家信息安全和增强综合国力的核心技术；二是突破制约我国信息技术和产业跨越式发展的关键技术；三是开发涉及产业结构调整与升级、以信息化带动工业化、改造和提升传统产业、促进新兴产业发展和创新出信息化建设急需的应用技术。要密切跟踪以数字化、网络化为核心的国家信息服务技术发展的主流，通过积极引进和消化吸收，努力掌握数字技术、软件工程技术、光电转换技术和微电子技术等核心技术，大幅度提高技术集成与创新能力。选择一批重大的关键性和共性技术进行攻关，突破一批制约产业结构优化的技术瓶颈，着力发展一批高新技术产业化项目。

三、完善产业政策

大力发展北京信息服务业，必须大力推进信息服务业发展的产业政策，以信息资源的开发利用为核心，大力发展信息服务业，使北京成为全国乃至全世界的信息服务业的产业重心。软件服务业、信息咨询业和互联网信息服务业的产业政策方面将各有侧重点。

1. 重点加强软件服务业产权保护

在促进软件服务业发展方面，我们首先要净化技术市场。目前，制约北京软件服务业发展的一个重要的因素是盗版问题。近年来，北京虽然十分重视对知识产权的保护，包括建立和完善法律、法规，通过行政手段打击软件盗版行为，以及运用司法审判保护软件企业和软件权利人的利益，尽管如此，软件盗版现象仍然存在，而且很严重。所以，加大打击力度是净化国内市场环境，扶持国内企业的一个现实举措。同时，从事软件服务业的企业应增加产品链的深度和广度，从而提高企业的市场竞争力，减少因盗版带来的损失。其次，要建立软件联盟，培育大型软件企业。由于目前北京软件企业规模小，所以，政府应该鼓励软件开发企业之间的收购兼并，或者其他形式的协作与联合。利用现有资源，寻求与自身软件产品有互补性或具有延伸产品应用的企业间的联合，提高产品的科技含量，扩大产品的应用范围，提高产品的市场竞争力。对有一定资产规模和良好发展前景的软件企业，政府应主动扶持其股票上市；鼓励民营软件企业对上市的国有企业进行股权并购；对国有股份采取委托经营、股权重组等多种措施，形成良好的经营机制和管理机制。从而培育出更有聚集效应，将技术改造、资产重组与产业结构优化紧密结合起来的大型软件企业集团，带动北京整个软件产业的发展。再次，要走国际化路线。一是产品质量要符合国际标准，二是产品市场要盯住国际市场，三是企业管理要符合国际化标准。同时，北京软件企业应进一步注意跟踪国际软件市场动向，了解产品面临的国际环境，掌握先进的开发技术，及时调整市场策略。

2. 加速转变信息咨询观念

在扶持信息咨询业发展方面，首先，要强化社会的咨询服务宣传力度，培养人们的信息咨询意识。咨询服务业的发展必须面对大量的现实用户，没有用户的咨询需求，咨询服务业就没有存在的意义。因此，北京应加强咨询知识的宣传力度和普及水平，让人们了解一定的咨询基础知识，改变"事事不求人"的旧观念，树立起"万事皆咨询"的新观念，感受到咨询在事物决策中的作用，做到许多事情要早咨询、多咨询，从而提高人们的咨询意识，使许多潜在用户转变成现实用户。其次，要重视培养咨询人才。为了加快发展北京信息咨询服务业，提高咨询服务质量，必须注重咨询服务业中的人才培养，培养咨询人才要有目标、有计划、多渠道、多层次地进行，要求政府、协会、高校和咨询机构互相配合，互相补充，形成一套完整的咨询人员的培养体系。再次，还要加强对网上信息资源的研究，建立咨询服务网络。信息网络由于可提供大容量的信息资源，并可借助信息网络传播，从而缩短用户与信息咨询机构的距离，所以，咨询人员应改变过去手工方式的被动咨询观念，增强网络条件下的竞争意识。为此，必须加强网上信息资源的研究，特别是应该熟悉科学的信息知识方法，并加以应用，逐渐在网络新服务行业中形成统一的、系统的信息分类方法；同时应研究信息检索的科学方法，形成一个信息检索的方法标准，以利于资源的共享。在加强对外网上信息资源的开发利用的同时，还要重视对网络技术的应用，通过互联网完成对各类信息资源的采集和交换，参与信息资源网的建设，加快信息咨询业的网络化进程，尽快缩小同发达国家的差距。在这方面得到北京市政府的认可，对增加信息咨询投资力度尤为重要。

3. 提升互联网信息服务业市场竞争力

在推动互联网信息服务业方面，应从企业制度、企业规模、产品服务等方面着手，提升北京互联网信息服务业的市场竞争力。首先，加快互联网信息服务企业的现代企业制度的建设，应按照现代企业制度的原则，以股份制方式组建，在利润最大化的驱动下，实现自我发展，实现资源的优化配置，只有这样，北京互联网信息服务业才有求生存、求发展的压力和动力，形成市场活动的独立主体。其次，推动互联网信息服务业同行业的兼并合作，走信息企业集团化经营的道路，这是互联网信息服务业的发展趋势。与国外竞争者相比，国内的网络信息服务业力量比较薄弱，如果能够联合起来，利用各家在技术、产品、市场及服务等方面的优势形成规模，则可以达到相互间紧密合作和优势互补的目的，从而大大增强自我发展能力，在激烈的市场竞争中占据有利地位。再次，实施品牌战略。互联网信息服务企业和产品的品牌占据越来越重要的地位，具有高附加值的名牌信息产品具有更大优势，而品牌的建立取决于企业在短期内创造全新的互联网信息服务产品和机制，并且迅速占领市场。网上信息产品除了在质量上和数量上占有优势之外，还应该在产品的特性上具有不可替代性。网上用户对新型服务系统往往情有独钟，一旦接受新的信息服务，特别是好的信息服务，不会轻易放弃。强大的品牌效应可以提高公司的可信度，一些新型网络信息服务公司，如Yahoo、Amazon都在品牌塑造方面投入巨大，以达到广而告之的效果。

四、建立健全信息服务业法律法规

近年来，北京围绕信息化建设，制定发布了一系列法规标准。制定的相关政策法规主要有《北京市政务与公共信息化工程建设管理办法》（市政府第67号令）、《北京市人民政府关于加快政务信息化建设的意见》《北京市党政机关计算机网络信息安全管理办法》《北京市计算机信息系统集成资质认证管理暂行办法》《首都之窗管理办法》《北京市信息系统工程监理管理办法（试行）》等。发布的地方标准主要有《首都信息化标准化指南》《首都信息化标准体系》《政务公开网站通用安全技术要求》《北京市党政机关信息系统安全测评技术规范》《市民卡技术规范》《市政交通一卡通技术标准》《北京市政府网站建设标准规范》《市民基础信息数据元素目录规范》《市民基础信息数据交换规范》等。随着社会经济生活的日益复杂化，北京信息服务业必然深入发展，反映出来的问题也会越来越多，现行的法律法规环境需要适当做出调整，以适应信息服务业发展所需要的法律环境，所以，为了促进和保障北京信息服务业的快速健康发展，必然将建立一个规范的行业法律法规体系，并依据经济形势变化不断健全和完善。

1. 针对重点领域制定法律法规

信息服务业立法是一整套行业法律体系，应根据信息服务业行业活动各个环节的特点，重点在以下几个领域分别制定相关的法律、法规。

（1）信息服务业机构管理。信息服务机构是实现信息服务活动和行为的部门，为使信息服务业沿着健康的方向发展，就应该在信息服务机构的资格、职责、权利及义务和规章制度等方面做出严格的法律规范，用法律的手段来规范管理信息服务机构，并对信息服务机构的监管部门做出明确的法律界定。

（2）信息市场管理。信息市场是信息服务活动的实现场所，也是市场体系中不可缺少的有机整体。但是，信息商品及其交易的特殊性，使信息市场呈现出形态的多元性与隐蔽性、市场交易方式的便捷性与多样性等特有的形势与规律。因此，建立一个完善的市场管理体制和运行机制，才能保证信息服务业在一个公平、有序的市场竞争环境下健康发展。

（3）信息安全保障。信息化的深入和互联网的迅猛发展也进一步加速了信息服务业的发展，但新的信息技术同时也带来了新的问题。信息安全已经成为信息化建设中日益突出的问题。因此信息安全方面的法律内容应包括国家信息安全管理机构及其职能、信息资源的保密级别的明确界定、保护信息安全的法律责任等几个方面。

（4）信息获取和信息公开制度建设。信息资源的获取是保证信息服务业发展的重要环节，因此国家应该从法律制度上保证公民、组织机构等获取国家公开的公共信息资源的权利，建立起我国信息公开的法律制度。

（5）规范对信息服务人员的管理。信息服务人员是保证信息服务活动质量的重要因素，在整个信息服务业立法的框架中，要从信息服务人员的资格认定、培训、考核出发，制定信息服务人员资格认定方法及考核的标准，提高信息服务人员的职业道德水平。用法律制度明确信息服务人员的权利、义务、行业准则以及信息服务人员的法律责任，从而提高信息服务活动的质量与效果。

2. 重视国际借鉴与合作

相比较而言，发达国家无论在产业发展还是法制建设方面都比我国经验丰富，我们在制定信息服务业发展的产业法律法规时既要充分考虑我国国情、北京自身的情况，又要借鉴发达国家的立法经验，研究产业发展趋势，并加强国际合作与协调，尽可能使国内规则与国际规则保持一致。因特网是一个跨国界的网络，所以政府在制定有关网络经济的法律法规时，注意国内法规与国际法规的接轨问题，避免走弯路，以此促进产业快速发展。

3. 健全知识产权保护法律制度

信息服务业法规体系的核心是完善和规范知识产权法规体系。在信息服务业中，企业的竞争力主要依赖于无形资产的积累，特别是知识产权。信息服务业的脆弱就在于这些高技术、高知识的无形资产很容易被剽窃。以往对知识产权保护的法律对于知识产权的侵权行为惩罚过于软弱，造成了企业间侵害知识产权的恶劣行为得不到有力的制止，严重地损害了积极进取的企业，助长了市场投机取巧之风。政府应当从严处理企业间的知识产权侵权案，以保护信息服务市场的公正与诚信。比如，增加促进知识产权服务化应用的规定，引导知识产权向服务部门转移；简化知识产权手续，适度降低申请费，建立补贴机制和鼓励机制，鼓励专利申请，实现知识产权法的可执行性。协调知识产权法与其他相关法律法规如《科技进步法》《科技成果转化法》《反不正当竞争法》等，促进知识产权的体系化。

　　总之，经济全球化不断深入、信息化不断普及，全球范围内信息产业结构调整和梯次转移日趋明显，为北京信息服务业创造了良好的发展机遇。在实现信息服务业跨越式发展，全面建成小康社会，构建和谐社会和建设创新型社会的关键时期，发展信息服务业，是北京突破自然资源束缚，转变经济增长方式的必然选择。北京信息服务业发展全国领先，前景看好，其信息产品日渐丰富，投资主体呈现多元化趋势，产业也开始走上市场化道路。但北京信息服务业进一步发展也面临国际企业的技术垄断、自身未成体系等问题的严峻挑战。为此，北京要做好并落实发展信息服务业长远发展规划，制定出切实可行的促进信息服务业发展的政策措施，重点保护软件知识产权，加强民众咨询意识，提升互联网络信息服务的国际竞争力，为信息服务业发展创造出更好的环境，力争形成规模大、附加值高的信息服务产业体系。

第八章　北京发展信息服务业的战略目标与政策措施

第一节　北京发展信息服务业的基本原则与指标体系

一、北京发展信息服务业的指导思想与基本原则

1. 指导思想

深入贯彻落实科学发展观，按照"人文北京、科技北京、绿色北京"重大战略构想，以建设中国特色世界城市为目标，以打造国际活动聚集之都、世界高端企业总部聚集之都、世界高端人才聚集之都、中国特色社会主义先进文化之都、和谐宜居之都为着力点，积极迎接信息化向高端发展，促进经济社会转型带来的机遇和挑战，以科学发展为主题，以加快转变经济发展方式为主线，以推动创新引领为重点，发挥首都优势，以电子政务发展为先导，加强体制机制创新，加快提升信息基础设施建设水平，加速资源共享与整合，充分释放信息化在持续增强自主创新能力、转变经济发展方式、提高市民生活品质、创新社会服务管理、优化城市运行模式、提升城市文化魅力、构筑城市安全屏障等方面的巨大能量，为推进北京迈入信息社会奠定坚实的基础。抓住我国加快经济发展方式转变和结构调整、推进信息化和工业化深度融合、培育和发展战略性新兴产业的重大契机，以市场驱动、应用牵引、创新支撑、融合扩展为主线，以促进软件和信息技术服务业做大做强、提高对经济社会发展的支撑服务能力为目标，注重政府引导与市场机制结合，进一步优化发展环境，促进产学研用结合，大力培育龙头企业，着力增强产业自主创新能力，推进产业链协同发展，不断提高产业规模化、创新化、高端化和国际化发展水平。

2. 基本原则

（1）市场主导、创新发展。发挥市场机制的基础性作用，强化企业的市场主体地位，加强政府推动与市场机制的结合，进一步完善市场环境，培育市场需求，规范市场秩序。加快培育以企业为主体、市场为导向、政产学研用相结合的创新体系，以技术能力、产业能力、市场能力、服务能力融合为主要方法，构建

符合国情和产业特征的自主发展模式，集中力量突破基础软件、新型网络化高端软件等核心关键技术，形成一批拥有自主知识产权、市场地位领先的技术、产品和标准，初步建立安全可靠的产业技术体系。

（2）应用牵引、融合发展。坚持以用立业、以用兴业、以用强业，以应用带动软件技术、服务模式和商业模式创新，提升软件对业务的支撑服务能力，形成应用、技术、产业良性互动的发展格局。把握信息化和工业化深度融合的市场机遇，营造良好的应用环境，拓展市场空间，促进面向生产的信息服务业发展，大力发展社会民生领域的软件和信息技术服务。加快推进软件与硬件、软件与网络、产品与服务、软件与业务之间相互融合，推动行业间横向和纵向整合，扩展产业发展空间。

（3）培育龙头、协同发展。充分发挥企业的主体作用，政府积极引导，重点扶持，加快做大做强龙头企业。鼓励企业兼并重组，实现优势联合，提高企业技术创新能力、市场拓展能力、经营管理能力和国际竞争能力，在具有国际市场竞争潜力的重点领域培育扶持一批龙头企业。强化整机和系统对软件核心技术和产品的牵引带动作用，促进技术、产品、应用和服务的一体化协同发展。发挥龙头骨干企业的引领作用，构建产业链上下游良性互动、大中小企业协作发展的产业生态系统。

（4）优化布局、集聚发展。突出区域比较优势，推进产业差异化发展，加强区域合作，促进资源共享，实现优势互补，加快形成特色明显、布局合理的区域一体化发展格局。加快中国软件名城、软件和信息服务业示范基地建设，依托重点地区、重点园区，汇聚优势资源，发挥产业集聚效应。

（5）依法推进，创新引领。坚持信息化依法建设发展，健全完善相关法规制度，加大执法力度。推动信息化体制改革和机制创新，推动原始创新，加强集成创新，增强引进消化吸收再创新能力，实现经济社会发展创新驱动，全面提高北京市信息化水平。

（6）统筹规划，市场运作。全面统筹城乡、区域、行业信息化发展，加强政府引导，鼓励社会力量参与，统一规划、统一标准、分工合作、互补互利，推动集约化建设。遵循市场经济规律，充分发挥市场资源配置作用，面向有效需求，取得较好的经济效益和社会效益。

（7）需求主导，以人为本。不断适应政府、企业和公众日益增长的实际需求，深化信息化应用。把信息化建设的重点从铺网络、建系统转移到使信息化在促进经济社会发展、加强城市管理、提高市民生活品质上发挥实实在在的作用。以人为本，惠及全民，营造广大群众用得上、用得起、用得好的信息化发展环境。

（8）绿色低碳，安全可信。坚持低碳绿色、绩效导向的发展理念，探索成本低、实效好的信息化发展模式，推进节能降耗，持续提高信息化的绩效。高度重视信息安全和诚信体系的建立，防范各种新技术、新应用带来的新问题和新挑战，建立可信的发展环境。

二、指标体系的构建

1. 指标体系的构建原则

评价指标的选择和量化是为进一步建立评价模型并对信息服务发展水平进行评价的基础，也是决定评价结果优劣进而决定能否最终提出适合正确对策建议的关键。因此，要科学准确地分析信息服务发展并建立评价体系，其评价指标的选择应遵循以下的原则。

（1）系统性原则。科学合理的信息服务评价系统应该涵盖多因素和多目标，建立评价指标体系应从系统论的观点出发，既要反映系统内部的机构与功能，又要正确评估与外界环境的关联，注重各个环节联系，全面反映研究对象的现有状况、发展潜力和发展趋势，力求全方位、完善地反映信息服务业的综合情况。

（2）客观性原则。指标体系建立的最终目的是提供正确的发展对策建议，各指标数据的准确真实是评价的基础，在进行评价指标选择的时候要保证评价资料的内容相关、全面可靠、科学合理，尽力避免或减少可能出现的误差。

（3）定量性原则。在综合评价信息服务发展水平时应综合考虑影响信息服务水平的定量和定性指标，以定量指标为主，对定性指标要明确其含义进行量化，通过对各项因素值设置权重值，实现对定性指标的定量分析，纳入评价体系进行计算。

（4）可比性原则。分析和评价信息服务发展水平，需要从时间和空间上进行比较，任何一个时间点和空间点上的孤立测算值和评估判定都是片面和无实际意义的。应该通过纵向比较反映信息服务的发展变化过程，通过横向比较反映同一时间点下相似城市间的信息服务发展水平差异。因此应该选取对于不同时期和不同城市都具有代表性的指标，并且计算计量的范围和口径必须保持一致。

（5）可操作性原则。可操作性表示指标的易于理解和数据收集的可得性，选取指标要立足客观现实，尽可能简便可采集。指标在数量上少而精，使地区可以根据自身特点和实际情况进行运用，具有可操作性和有效性。

三、北京信息服务业发展的评价指标体系的建立

1. 评价指标的设计

为全面客观评价信息服务业的综合发展水平，遵循上述评价指标体系的构建原则，从经济规模、经济效益和发展潜力等方面，选择了若干指标对北京市信息服务业发展水平进行综合评价（表8.1）。

表 8.1　评价指标体系

	一级指标	二级指标
信息服务业发展的主要指标及影响因素	经济规模	产业增加值（亿元）
		产业增加值占 GDP 比重
		固定资产投资比重
		从业人口比重
	经济效益	劳动生产率（万元/人）
		投资产出率
		人均固定资产投资额（万元/人）
	行业成长力	增加值增长率
		固定资产投资增长率
		产业增加值占 GDP 比重增长率
	市场占有能力	市场占有率：区县信息服务业销售收入/全市总计信息服务业销售收入
		产业外向度：信息服务业出口收入/信息服务业销售收入
		产值利税率：信息服务业利税总额/信息服务业产值
	生产盈利能力	成本费用利润表：信息服务业营业利润/信息服务业成本费用总额
		产业劳动生产率：信息服务业增加值/信息服务业从业人员年末数
		流动资产周转率：信息服务业主营业务收入/信息服务业流动资产平均余额

	一级指标	二级指标
信息服务业发展的主要指标及影响因素	产业发展规模	产业增加值率：信息服务业增加值/信息服务业总产值
		产业平均规模：信息服务业总产值/信息服务业企业数
		职工平均工资：信息服务业职工工资总额/信息服务业从业人员年末数
	技术投入强度	技术人员占从业人员比重：信息服务业技术人员年末数/信息服务业从业人员年末数
		研发投入占总产值比重：信息服务业研发经费/信息服务业总产值

2. 评价指标的阐释

（1）经济规模。经济规模是构成城市信息服务发展水平的最直接因素，反映了信息服务业的基本生产能力以及在国民经济发展中的地位。

①信息服务业产业增加值。产业增加值指信息服务业总产出减去中间投入后的余额，反映了信息服务业对国内生产总值的贡献。

②固定资产投资。固定资产投资指信息服务业建造和购置固定资产的经济活动，即固定资产再生产活动。反映了固定资产投资规模、速度、比例关系和使用方向的综合性指标。信息服务业固定资产投资反映了该城市信息服务基础设施的投入和建设力度。

③从业人口。从业人口指从事信息服务业的人数。该指标数值反映了从事信息服务及相关行业的人数多少，间接反映了一个地区信息服务业的发展规模和供给能力的大小。

（2）经济效益。①劳动生产率。劳动生产率是指从业人数的人均信息服务业产值，反映了信息服务业的增长能力，劳动生产率＝信息服务业增加值/从业人口数。②投资产出率。投资产出率反映的是固定投入产出比，投资产出率＝信息服务业增加值/固定资产投资额。③人均固定资产投资额。人均固定资产投资反映的是信息服务业的投入能力，人均固定资产投资额＝固定资产投资额/从业人口数。

3. 发展潜力

发展潜力考察的是信息服务业发展前景以及可持续发展的能力。

（1）增加值增长率。反映了信息服务业增加值变化程度，增加值增长率＝

（本年产业增加值－上年产业增加值）/上年产业增加值。

（2）固定资产投资增长率。反映了固定资产投资额变化程度，固定资产投资增长率＝（本年固定资产投资额－上年固定资产投资额）/上年固定资产投资额。

（3）增加值占GDP比重增长率。反映了信息服务业在国民经济中的地位变化，增加值占GDP比重增长率＝（本年增加值占GDP比重－上年增加值占GDP比重）/上年增加值占GDP比重。

第二节　北京信息服务业的分类

一、《北京市信息服务业统计分类》制定的主要背景

2006年3月，全国人大通过的《国民经济和社会发展第十一个五年规划纲要》指出要积极发展信息服务业，2007年3月，国务院发布的《关于加快发展服务业的若干意见》（国发〔2007〕7号）再次明确要求积极发展信息服务业，同年，北京市委市政府印发的《关于进一步促进服务业发展的意见》（京发〔2007〕25号）进一步提出提升信息服务业发展水平的重要内容。为及时跟踪监测信息服务业的发展状况，准确获取信息服务业统计数据，为全面规划和促进信息服务业发展提供基础依据，北京市统计局、国家统计局北京调查总队组织了信息服务业统计分类的研究工作，制定了《北京市信息服务业统计分类》。

二、目的和作用

为贯彻落实国家和北京市积极发展信息服务业的要求，北京市统计局、国家统计局北京调查总队联合制定了《北京市信息服务业统计分类》。统计分类的制定，旨在规范北京市信息服务业标准，为开展信息服务业监测、研究和评价工作提供科学、统一的分类依据。

三、概念和范围

《北京市信息服务业统计分类》在制定过程中广泛参考了国内外关于信息服务业的理论研究和发展实践，将信息服务业明确界定为以信息资源为基础，利用现代信息技术，对信息进行生产、收集、处理、输送、存储、传播、使用并提供信息产品和服务的产业。北京市信息服务业统计分类涉及《国民经济行业分类》（GB/T 4754－2002）中信息传输、计算机服务和软件业，文化、体育和娱乐业2

个行业门类、6 个行业大类、17 个行业中类和 28 个行业小类。根据信息服务业的概念和活动性质，并进一步从产业链角度入手，将信息服务业划分为信息传输服务、信息技术服务和信息内容服务三大领域。其中，信息传输服务是信息服务业的连接枢纽，主要包括电信、广播电视和卫星传输服务；信息技术服务是信息服务业的辅助环节，主要包括以硬件为基础的各种软件及计算机系统服务；信息内容服务是信息服务业的最终环节，也是信息服务业的最主要部分，主要包括互联网信息服务、电信增值服务，也包括广播影视、新闻出版与图书、档案等内容。

四、分类原则

（1）政策性。北京市信息服务业统计分类参考了我国"十一五"规划纲要和北京市"十一五"时期服务业发展规划的有关提法，力求与国家和北京市有关政策性文件保持一致。

（2）衔接性。北京市信息服务业统计分类与国家统计局发布的《统计上划分信息相关产业暂行规定》相衔接，分类中所涉及的内容全部包含在国家统计局规定的信息产业中。

（3）可比性。北京市信息服务业统计分类参考了联合国相关分类标准和国内其他地区提出的信息服务业统计办法，力求与国际国内有关标准相衔接，有利于北京市信息服务业与国内各省市及国际进行横向对比研究。

（4）操作性。北京市信息服务业统计分类以国家标准《国民经济行业分类》（GB/T 4754－2002）为基础，结合统计工作调查实际，注重统计数据的可获得性，有利于信息服务业统计数据的收集、开发和监测。

五、分类方法

以信息服务业的内涵和外延为依据，参考联合国"信息业""信息与通信技术"分类标准和国家统计局《统计上划分信息相关产业暂行规定》，以《国民经济行业分类》为基础，结合信息服务业相关主要活动和过程，采用定性的方法，将《国民经济行业分类》中属于信息服务业的行业纳入本分类范围，并对行业小类进行了重新组合。

六、主要依据

（1）国家和北京市服务业发展规划。北京市信息服务业统计分类参考了我国

"十一五"规划纲要和北京市"十一五"时期服务业发展规划的有关提法，力求与国家和北京市有关指导性文件保持一致，满足政府和相关部门管理的需要。

（2）国家统计局发布的信息产业分类标准。国内外普遍认为信息服务业是信息产业的有机构成。国家统计局于2003年发布了《统计上划分信息相关产业暂行规定》，该规定包含了信息设备制造、销售和服务内容。北京信息服务业统计分类在制定过程中考虑了与国家统计局《统计上划分信息相关产业暂行规定》中有关内容的衔接，分类中所涉及的内容全部包含在国家统计局规定的信息产业中。

（3）国际国内相关标准。北京信息服务业统计分类参考了2002年联合国制定的"信息业""信息与通信技术"分类标准及国内其他地区提出的信息服务业统计办法，力求与国际国内有关标准相衔接，有利于北京市信息服务业与国内各省市及国际进行横向对比研究。

（4）《国民经济行业分类》（GB/T 4754—2002）。北京信息服务业统计分类从信息服务业的内涵和外延入手，结合信息服务业相关主要活动的特点，从信息服务活动的全过程综合考虑，以《国民经济行业分类》为基础，根据信息服务业务活动的性质，将《国民经济行业分类》中属于信息服务业的行业纳入本分类范围，并对行业小类进行重新组合。

七、北京市信息服务业统计分类表

表8.2 北京市信息服务业统计分类表

类别名称	国民经济行业代码
一、信息传输服务	
1. 电信	
固定电信服务	6011
移动电信服务	6012
2. 广播电视传输服务	
有线广播电视传输服务	6031
无线广播电视传输服务	6032
3. 卫星传输服务	
卫星传输服务	6040

续表

类别名称	国民经济行业代码
二、信息技术服务	
1. 计算机服务	
计算机系统服务	6110
数据处理	6120
计算机维修	6130
其他计算机服务	6190
2. 软件业	
基础软件服务	6211
应用软件服务	6212
其他软件服务	6290
三、信息内容服务	
1. 电信增值服务	
其他电信服务	6019
2. 互联网信息服务	
互联网信息服务	6020
3. 其他信息内容服务	
新闻业	8810
图书出版	8821
报纸出版	8822
期刊出版	8823
音像制品出版	8824
电子出版物出版	8825
其他出版	8829
广播	8910
电视	8920
电影制作与发行	8931
电影放映	8932
音像制作	8940
图书馆	9031
档案馆	9032

八、信息服务业与其他产业的关系

《北京市信息服务业统计分类》与《北京市生产性服务业统计分类标准》《北京市文化创意产业分类标准》同是《国民经济行业分类》的派生分类，是根据各自的研究领域和需求，从不同的角度对《国民经济行业分类》进行重新组合形成的分类标准，三种分类之间有交叉重合，在总量上各产业数据不能相加使用。

第三节　北京发展信息服务业的战略目标与重点领域

一、战略定位

北京市作为全国政治、文化中心，应以建设"世界城市"为目标，紧紧围绕"人文北京、科技北京、绿色北京"的城市发展定位，充分利用北京的智力资源，大力发展"绿色、环保、低碳"产业，发展以高端研发设计、文化内容、信息服务、总部经济为依托的新型信息产业。全面推进自主创新能力，使信息技术更为深入地渗透到制造业、服务业等传统行业，充分发挥信息技术在增强社会安全保障、改善人民生活水平、提高工作生产效率方面的积极作用。努力提高自主创新能力，加快专业园区建设和产业链不断完善，促进产业集聚发展，进一步发展新兴产业，不断培育新的经济增长点，逐步把北京建设成为亚太地区信息中心城市，成为具有全球创新活力、市场竞争力和产业辐射力的电子信息产业基地。

1. 成为引领全国、聚集高端要素的创新中坚力量

北京应引领全国，大力聚集全球高端创新要素，探索人才、资金、资源、技术等创新要素有效利用的新模式；与此同时，成为体制改革、科技创新的带头者，积极推进自主创新机制体制改革，努力探索构建自主创新动力机制、活力机制和激励机制的新模式，走出一条中国特色的自主创新制度文化环境建设之路，成为全国深化改革、转变发展方式以及提高自主创新能力的示范城市，成为引领国家科技创新的中坚力量。

2. 放眼全球，倡导开放合作

北京应放眼国际，以建设"世界城市"为契机，以信息服务业为突破口，围绕建设具有全球影响力的科技创新中心的需要，大力推进企业、产业和创新要素的国际化，增强整合利用全球创新资源的能力；同时，进一步融入全球创新网络，积极参与国际科技创新合作，带动提升我国自主创新能力，并以自主创新提高经济科技竞争力，努力建设成为集厚重历史文化底蕴与现代化信息科技于一体的国际中心都市。

二、发展目标

"十二五"期末，北京信息产业要实现"规模较快增长、结构不断优化、创新能力提升、产业可持续发展"的预期目标，成为首都经济的支柱产业和战略高地，为"世界城市"的首都功能定位和"人文北京、科技北京、绿色北京"的城市发展定位提供保障。自主创新能力要显著提升。充分发挥高等院校、科研院所、高新技术企业等创新资源密集的独特优势，加大改革创新力度，深入推进股权激励、科技金融、政府采购等改革试点工作，努力培养和聚集优秀创新人才特别是产业领军人才，着力研发和转化国际领先的科技成果，做大做强一批具有全球影响力的创新型企业，培育一批国际知名品牌，全面提高以中关村科技园为载体的产业自主创新和辐射带动能力，推动北京市信息产业自主创新能力再上一个新台阶。产业实现绿色可持续发展，信息产业提升"绿色北京"城市功能建设，实现全面协调可持续发展。基本形成节约资源能源和保护生态环境的产业结构、增长方式、消费模式，努力实现节约发展、清洁发展、安全发展、可持续发展，促进经济社会发展与人口资源环境相协调。具体目标是：

（1）产业规模保持较快增长。"十二五"期间北京市信息产业增加值复合增长率要保持 12％以上，2015 年业务要收入突破 4 万亿元，占信息产业比重达到25％，年均增长 24.5％以上，软件出口达到 600 亿美元。信息技术服务收入超过2.5 万亿元，占软件和信息技术服务业总收入比重超过 60％。

（2）技术创新。基本形成以企业为主体的产业创新体系，软件业务收入前百家企业的研发投入超过业务收入的 10％。拥有自主知识产权的基础软件、业务支撑工具和核心技术取得重大突破，自主发展能力显著提升。技术水平和产业化能力进一步提高，具备主要应用领域安全可靠解决方案的提供和实施能力。基本形成软件和信息技术服务标准体系，各类技术和服务的标准、规范得到普遍推广。

（3）产业组织。培育一批具有国际竞争力的龙头企业，扶持一批具有创新活力的中小企业，打造一批著名软件产品和服务品牌。2015 年要培育十家以上年收入超过 100 亿元的软件企业，产生三到五个千亿级企业。

（4）人才建设。调整和优化人才队伍结构，创新人才培养模式，拓宽人才引进渠道，营造有利于优秀人才脱颖而出的成长环境，着力培养一批高端领军人才，形成结构合理、满足产业发展需求的高素质人才队伍。到 2015 年，从业人员超过 600 万人。

（5）区域布局。产业集聚度进一步提高，创建若干软件和信息服务业示范基地，形成充分利用区域资源优势、能够发挥区域协同效应的产业发展格局，有力支撑城市经济社会转型和可持续发展。到 2015 年，培育两到三个产业收入超过 5 000 亿元的产业集聚区。

（6）产业结构不断调整优化。到 2015 年，信息产业与传统产业进一步融合，产业结构进一步软化，成为首都经济和产业结构调整的重要引擎，成为北京城市功能提升的重要支撑，成为发挥北京高端辐射作用的重要载体。

三、产业布局

产业布局是一个国家或地区产业各部门、各环节在地域上的动态组合分布，是国民经济各部门发展运动规律的具体表现。产业布局理论是人类社会的进步和生存空间的扩展，以及生产活动的内容和生产空间拓展到一定程度的必然产物。

北京要重点建设以中关村科技园区和北京经济技术开发区为主要载体的信息产业集群格局。举全市之力建设中关村国家自主创新示范区，深刻认识中关村国家自主创新示范区在建设创新型国家和首都经济社会发展全局中的重大战略意义，探索有利于自主创新的体制机制，营造更好的创新环境，在中关村产生和转化一批国际领先的科技成果，培养和聚集一批优秀创新人才，特别是产业领军人才，做大做强一批具有全球竞争力的国际化企业，培育一批国际知名品牌，全面提高中关村自主创新和辐射带动能力，使中关村成为全球高端人才创新创业的集聚区、世界前沿技术研发和先进标准创制的引领辐射区、国际性领军企业和高技术产业的发展区、国家体制改革与机制创新的试验区。推动中关村的科技发展和创新再上一个新台阶，成为具有全球影响力的科技创新中心。

继续推进经济技术开发区高端要素集聚，支持开发区由信息产业产品制造向研发和销售升级，由工业园向生态产业园升级。招商引资方面，招商引资重点由制造企业向跨国企业研发总部、营销总部倾斜；重点产业选择要有前瞻性，结合本市优势，重点发展数字电视产业、集成电路产业等；注重与中关村国家自主创新示范区的合作，做好中关村研发成果转化的配套工作，加大对科研成果中试和产业化的支持力度；鼓励外资在北京研发的成果在北京注册专利，推进科研成果在本地产业化。

四、发展思路与重点领域

1. 发展思路

以建设"世界城市"为目标，围绕"人文北京、科技北京、绿色北京"的城市职能，充分挖掘北京首都和国际大都市的城市职能，依托全国集中度最高的教育、科研、文化等软件优势，重点发展高科技创新类产业、文化创意类产业和环保节能类产业，体现首都职能，打造有特色的首都信息产业发展模式。

坚持高端标准，以更宽的视野，在经济、文化、科技等领域，进一步加强与国际最高水平的企业、经济组织、文化创意组织、科研机构等的交流与合作，不断提高对外开放水平和国际化程度。要深刻认识国际金融危机给世界带来政治、经济大转折的机遇，把自主创新放在更加重要的位置，大力推动产业升级，发展高端产业。

以人民群众的工作与生活需求为导向，不断加快北京的信息基础设施改造与升级建设，不断实现信息产业服务经济、服务人民、服务社会的整体发展目标，促进信息产业与社会的协调发展。

重点发展以战略新兴技术为代表的现代信息产业，发展一批具有较强国民经济发展拉动作用和促进经济增长方式转变的新技术、新产品，形成一批高科技含量、高市场附加值和积极社会影响的重点产业，打造新的产业经济增长点。

不断强化产业自主创新能力，以中关村产业园、北京经济技术开发区和首都各大高校、科研院所为依托，不断提高信息产业的基础研发与科技创新能力，从技术核心入手，抢占信息产业发展制高点。

不断优化产业结构，大力提高集成电路、平板显示、数字电视等重点细分产业的发展速度，提升产品研发能力，加强技术与成果转化，培育与扶持重点龙头企业，促进产业链完善，实现首都信息产业"多极支撑"的新局面。进一步调整产业布局，加快"一带双核多点"的产业空间规划建设，使产业布局结构不断趋于合理化、专业化和特色化，更有效地发挥产业园区集聚效应，提高产业核心竞争力。

2. 发展重点

（1）巩固移动通信、软件、文化创意产业优势地位，不断突破核心技术，加快产业链升级，推动产业集群化发展

①移动通信。a. 整体目标：在"十二五"期间，北京移动通信产业技术实力和产业规模已处于国内领先地位，要继续保持全国移动通信技术、标准和产业化的优势地位，推动 3G 健康快速发展。b. 鼓励 3G、LTE 关键技术标准研发与

产业化。支持 TD-SCDMA 和后续标准 TD-LTE 研发和自有核心技术的产业化，促进移动通信产业升级。c. 促进商业模式创新。加强制度建设，营造公平的竞争环境，创新商业模式，积极开发新的移动通信增值服务。d. 促进产业集聚。鼓励中央信息技术企业、通信运营商和跨国公司等共同参与，继续推动移动通信专业园区的发展。引导移动通信整机企业、设计企业及相关零部件企业的集聚，加大北京移动通信产业基地建设。e. 重点发展领域：基于 TD-SCDMA 和后续 TD-LTE 标准的系统和移动终端设计、关键技术产业化、移动增值服务、手机电视等。

②软件产业。加强基础软件核心技术研发，重点支持高可信服务器操作系统、安全桌面操作系统、高可靠高性能的大型通用数据库管理系统等基础软件的开发应用，加快突破网络资源调度管理系统和移动互联环境下跨终端操作系统研发和产业化，着力打造新型计算模式和网络应用环境下的安全可靠基础软件平台。面向新型网络应用需求，加快研发新一代搜索引擎及浏览器、智能海量数据存储与管理系统、云计算平台等网络化关键软件，加快培育新兴网络化高端软件，创新应用与服务模式。加强非结构化数据处理技术和产品的开发及产业化。支持开源软件开发和应用推广，加快形成基于开源模式的产业生态系统。

a. 整体目标：以软件产业基地为重点，大力发展软件产业，将北京市建设成为全国的"软件之都"、国际软件研发与服务中心之一。b. 完善软件发展环境。实施针对软件产业的普惠政策，加大软件产品的知识产权保护力度，继续通过政府采购等方式支持国产软件的发展。c. 加大软件外包出口。依托国家软件出口基地，加快软件产业国际化的步伐，推进本地资源与国际品牌资源的同化；加大对跨国公司以及日本、韩国、美国、欧洲等软件外包市场的开拓力度。d. 加强对外合作与交流。加大国际合作，促进世界知名软件龙头企业尽快落户北京。e. 重点突破关键技术。加大对嵌入式软件、中间件、信息安全和数字内容等领域关键技术的关注和支持。f. 加快软件产业基地建设。以中关村软件园为核心，积极推进中关村软件园二期的建设，整合上地信息产业基地、用友软件园等资源，打造软件产业基地，为北京市软件产业的专业化集聚提供新空间。g. 重点发展领域：基于开放标准的基础软件平台、重点行业应用软件、嵌入式软件、信息安全软件、数字内容软件、软件服务外包业务。

③文化创意产业。a. 整体目标：结合具有丰富历史文化资源的本位优势，积极促进信息技术与文化创意产业的融合，充分发挥信息技术对文化产业的促进发展作用，增强城市文化氛围，并通过新型产业与传统产业的结合发展新型业务

与模式，从而进一步带动经济发展、扩大内需消费；同时，积极发展新闻出版、广播、电视、电影、音像等信息相关的服务业，繁荣首都文化建设，增强文化创意产业对 GDP 的贡献作用。b. 利用软件、通信服务、多媒体技术等信息技术充分带动教育、旅游、文化、会展等产业的发展。c. 发展数字内容、动漫、工业设计、研发设计等创意行业，不断完善产业链条。d. 研发演艺智能仿真虚拟舞台技术，集成推广多媒体渲染等技术，推动设计创意等行业的发展。e. 发展双向传输有线电视技术，如按需视频点播、生活服务、在线电子商务服务等，使信息技术有效丰富、便捷人民生活。f. 培育出版发行、影视音制作、印刷复制等信息相关服务业，加快传统纸介质出版业向多种介质形态出版物的数字出版产业转型、扩大影视制作、发行、播映和后产品开发，满足多种媒体、多种终端对数字内容的需求。

（2）适度发展计算机与互联网、集成电路、数字电视、平板显示产业，集中优势资源推动重点细分领域精细化发展，塑造产业特色

①计算机与互联网。a. 整体目标：重点发展新型计算机产品，推动特种计算机产品在交通、商业、金融、财税等行业应用。发展基于下一代互联网的商务应用，积极对接国家级驻地网建设，推动互联网传输协议版本升级。积极探索基于下一代互联网的特色应用软件，鼓励远程医疗、远程教育、电子商务、网络电视等服务业态的发展。b. 继续支持龙头企业做大做强。鼓励大型计算机企业跨国并购重组，坚持"两头在内、中间在外"的发展模式，增强企业的核心竞争力。c. 推动具有自主知识产权的关键技术和标准的研发和产业化。加快 3C 产品（Computer 计算机、Communication 通信、Consumer Electronics 消费类电子产品）的产业化步伐，积极支持高性能计算机的研发与行业应用，提升计算机产业的创新能力和技术水平。d. 打造基于 IPv6 的下一代互联网产业链。强化下一代互联网产业联盟，搭建应用示范平台，推动包括网络设备、终端产品以及应用服务等在内的产业链的形成。e. 重点发展领域：笔记本电脑、3C 产品、高性能服务器、下一代互联网产品。

②平板显示。a. 整体目标：重点支持高世代 TFT-LCD（薄膜晶体管液晶显示）生产线建设，对现有生产线进行升级改造。突破 TFT-LCD 生产线的关键核心技术，打造相对完整的 TFT-LCD 产业链和规模较大的产业集群。b. 围绕龙头企业促进高世代平板显示产业链的形成。继续推动京东方 TFT-LCD 生产线项目，进一步缩小与国际先进水平的差距。发挥京东方的辐射和带动作用，鼓励龙头企业和中小企业、科研机构共同创新和技术研发，完善 TFT-LCD 产业链。

c. 注重消化、吸收和二次创新。支持龙头企业进行开放式技术创新，促进以显示屏制造为突破口，引进所需配套环节和技术，在技术引进的基础上进行消化、吸收和二次创新，逐步实现产业配套的本地化和国产化。d. 加大政策扶持力度，规范市场竞争，加速本土企业自主创新与产业化。提高对京东方等本土重点企业的自主创新政策扶持力度，鼓励本土技术产业化。加大实验室建设、核心人才培育等领域的投入，为本土核心技术研发与产业化奠定基础。规范市场竞争，对高世代线重复建设和国外企业采取适当干预政策，保护自主知识品牌。e. 重点发展领域：大尺寸 TFT-LCD 面板和材料，包括六代线以上液晶面板、液晶材料、玻璃基板、彩色滤光片、偏光片、ITO 玻璃、背光模组、驱动 IC 等。

③集成电路。面向通信网络、消费电子、工业装备、信息安全等领域的应用需求，提高高端通用芯片设计能力，开发网络通信芯片、数模混合芯片、信息安全芯片以及重点领域专用集成电路产品，形成系统方案解决能力。完善集成电路设计公共技术服务平台，发展覆盖集成电路设计全流程的高端工具和开发环境，提升集成电路设计产品测试、认证、标准、专利等服务能力。

a. 整体目标：以 IC 设计为重点突破口，以高端制造和测试为支撑，以材料和装备为补充，逐步形成比较完整的高端集成电路产业链。b. 保持 IC 设计的优势地位。重点发展中芯国际、中国华大、大唐微电子、中星微电子、中电华大电子等 IC 设计领域龙头企业，塑造北京作为中国 IC 设计领域领头羊的品牌形象。c. 以上游设计企业市场优势为依托，稳步提升集成电路制造业水平，着力完善集成电路设计服务支撑体系。积极对接国家重大科技专项，在设计、装备、工艺和材料等领域实现关键技术突破。推进骨干企业工艺升级。鼓励封装和测试企业研发新技术，提升产业配套能力。形成集设计、制造、封装、测试、装备、材料于一体的完整产业链。d. 规划集成电路专业集聚区。在现有的集成电路设计园的基础上，规划若干集成电路产业专业集聚区，进一步建设空间布局相对集中、产业纽带关系密切的集成电路研发园、设计园、生产园，拓展和改善北京集成电路产业发展环境。e. 重点发展领域：智能卡、电子标签、CPU、DSP、存储器、多媒体处理芯片、数字电视芯片、汽车电子芯片、基带和射频芯片、核心路由和交换芯片、安全芯片等。

④数字电视。a. 整体目标：重点实施"交互式高清数字电视转换工程"，在全国率先大规模普及高清晰数字电视。b. 加快网络基础设施建设。不断增强全市交互式数字电视网络覆盖力度，加快交互式数字电视整体转换工作。c. 强化应用创新，推动产业升级。建设一流高清数字电视产业园，持续推动数字电视应

用创新。把握新型消费类电子行业的发展趋势，不断普及电视上网、视频点播、电视回看、互动游戏等新型消费，推进数字视听产业升级。d. 不断促进数字电视产业链完善。积极鼓励运营商、增值服务商和片源商共同建设交互式数字电视服务平台，整合数字电视产业资源，形成标准、芯片、软件、节目制作、信号处理、前端设备、发射与接收、增值服务互动发展的产业链。e. 以交互式数字电视项目建设为基础，大力推动数字内容产业化发展。以歌华有线公司等龙头企业为依托，不断推动数字内容产业的高科技化、融合化、专业化和生活化。加速数字电视内容产业对通信、网络、娱乐、媒体、旅游及传统文化艺术等各传统制造业、出版业和娱乐业的带动与辐射作用，促进数字电视产业的可持续发展。

　　（3）积极推进物联网、云计算等以战略性新兴技术为代表的新型信息产业，加快政策扶持与市场培育，推动产业结构不断升级

　　①物联网。a. 整体目标：充分依托北京在标准化、技术创新与研发领域的优势地位，积极开展物联网关键技术研发工作，不断整合已有基础资源，努力打造以研发、制造、生产、运营与服务为一体的大产业整体发展模式，以行业应用为先导，不断推动物联网产业的持续快速增长，建设以物联网技术为核心的"高效、智能、便捷"的"感知新北京"。b. 依托北京行业标准化基础优势，积极参与制定物联网相关行业和技术标准。积极参与制定物联网网络体系架构与协议、技术标准，深度参与国际标准化组织，努力推动物联网在信息传输、交换、处理、运营方面的标准化工作，不断拓展物联网行业应用的广度和深度。c. 发挥北京自主创新与研发优势，大力开展物联网关键技术研发工作。主要包括：以新型传感器技术、射频与基带芯片技术、嵌入式软件与操作系统等核心技术为主的传感节点技术；以传感器组网、节点间信息交互、网络安全与可靠性，以及物联网与基础网络互联为主的物联网组网与互联技术；以感知信息处理技术、系统软件、应用软件及平台技术、传感网应用抽象及标准化等关键技术为主的应用技术。d. 利用北京行业总部资源优势，以行业应用为契机，推动物联网产业链整体发展。大力发展传感器和 MEMS 产业、集成电路产业、系统集成产业和传感器服务业。积极推进物联网在智能交通、物流、电力、医疗、金融等领域的持续快速发展，努力建设以物联网技术为核心，面向大众、辐射全国的"感知新北京"。

　　②云计算。a. 整体目标：充分挖掘北京既有 IT 信息技术基础研发与技术创新优势，通过政策扶持和市场引导，积极推动具有实力的重点企业和研究院所建立"云"计算信息服务中心，不断提升高性能计算的信息化服务能力，为北京信

息产业的健康发展提供有力支持。b. 不断加强"云"计算产业链的完善，一方面通过政策扶持和重点攻关，通过电信、移动、联通等运营商建立公共信息服务"云"；另一方面积极加快研发大型高性能计算机和服务器，建立自主知识产权的"云"计算核心软硬件设备，为推动北京"云"计算产业和迎接新一轮的基于"云"的信息服务与计算机制造业发展提供坚实基础。c. 重点产品：高性能计算机、海量存储服务器、虚拟服务中心、系统软件。

（4）积极开展信息系统集成服务，信息技术咨询服务、数字内容加工处理和服务外包等工作

①做大做强信息系统集成服务。完善信息系统集成资质管理，重点发展信息系统设计、集成实施、系统运维等服务，提高信息系统的综合集成、应用集成能力。以集成拉动整机、整机拉动软硬件协同发展，提高信息系统安全可靠水平，满足重点部门和重要领域信息化发展需要。大力培育高水平的专业化信息系统集成企业，支持专业化支撑工具开发，鼓励信息系统运维模式、机制创新。以软件技术为核心，以信息技术服务为主线，推动软件技术、产品和服务的一体化协同发展。

②提高信息技术咨询服务水平。发展业务咨询、信息化规划、企业架构规划、信息技术管理、信息系统工程监理、测试评估、信息技术培训等服务，增强高端咨询能力、设计规划能力。引导支持信息技术服务企业加强知识库建设，不断提升咨询服务水平。以咨询服务为牵引，加强与信息系统集成服务和软件产品研发应用间的互动，促进软件产品和信息技术服务的应用推广。

③积极发展数字内容加工处理服务。加快开发支持虚拟现实、三维重构等技术的内容制作系统和基于互联网、移动互联网的内容管理平台，重点在动漫、游戏、数字影音、数字出版、数字学习、空间地理信息等领域支持自主知识产权的数字内容加工处理技术开发和产业化。促进信息网络、数字内容和智能终端的融合发展，拓展数字影音、数字动漫、健康游戏、网络文学、数字学习等生活领域的内容服务，大力发展生产经营领域的数字内容服务。加强数字文化教育产品开发和公共信息资源深化利用，构建便捷、安全、低成本的数字内容服务体系，进一步推进人口、地理、医疗、社保等信息资源深度开发和社会化服务。面向日益增长的数据处理需求，积极发展数据编辑、整理、分析、挖掘等数据加工处理服务。

④积极拓展服务外包业务领域。重点发展软件开发、软件测试、系统租赁、系统托管等信息技术外包（ITO），扶持基于信息技术的业务流程外包（BPO），

推动工业设计、研发服务、知识产权服务等知识流程外包（KPO），促进业务向规模化、高端化方向发展。积极承接全球离岸服务外包业务，提升服务外包企业承接和交付能力、管理能力与国际市场开拓能力。探索并推动云计算模式下服务外包模式创新。

⑤积极开展新兴信息技术服务。依托新一代移动通信、下一代互联网、数字广播电视网、卫星导航通信系统等信息基础设施，大力发展数字互动娱乐、数字媒体、数字出版、移动支付、位置服务、社交网络服务等基于网络的信息服务。加快培育下一代互联网、移动互联网、物联网等环境下的新兴服务业态，着力推进云计算等业务创新和服务模式创新。积极发展电子商务服务。鼓励电子商务企业与相关企业加强合作，促进信息服务、交易服务和物流、支付、信用、融资、保险、检测和认证等服务协同发展。鼓励集交易、电子认证、在线支付、物流、信用评估等服务于一体的第三方电子商务综合服务平台建设，培育一批骨干电子商务服务企业。

第四节　北京发展信息服务业的政策措施

北京市在信息产业的重点发展方向上，要落实一批重大工程，突破关键核心技术，拓展信息产业应用领域，完善重点方向产业链，培育产业核心竞争力。重点实施第三代移动通信研发及产业化，加强软件和信息服务业培育，推广计算机及互联网产业开发，对平板显示产业进行升级改造，加快集成电路产业链建设，普及交互式高清数字电视，培育文化创意产业，推广物联网产业应用示范和公共服务平台建设等信息产业重大专项。

一、发展政策

（1）发挥首都前瞻性产业政策先试先行等优势，通过政策、财政、税收等多种手段支持产业发展。北京市具有明显的财政优势，要充分发挥政策、财政、税收等多种手段支持产业发展。加强与相关国家部委互动，积极推动国家层面的产业规划和布局，抑制部门区域的无序竞争。以平板显示和集成电路为例，必须从国家层面上严控产能，兼顾公平与效率，改善投资环境，为真正有实力的企业提供更公平的发展环境。积极学习先进国家和地区产业政策，制定符合本地资源禀赋的政策，勇于进行产业政策创新，前瞻性产业政策先试先行。市财政每年预算安排一定的资金，主要用于国家电子信息产业扶持资金配套、重大专项建设、公共服务平台建设、公共技术平台建设、产业基地（园区）建设、市场开拓补贴等；制定和落实相关企业税收、个人所得税等相关财税优惠政策。对具有较高科技含量的电子信息产品制造企业，积极推荐其认定为高新技术企业，促使其享受高新技术企业的优惠政策。针对电子信息产品制造企业特有的科技创新、投资风险、成本结构特点，在购买高端设备、中高级技术，收取管理人员的个人所得税等方面进行具有针对性的税收优惠等，以鼓励企业的科技创新。

（2）发挥北京市区域市场优势和国际化市场辐射能力，出台政策促进战略性新兴产业自主创新项目的示范推广。出台相关政策支持技术先进、自主核心技术比重高的产品应用示范推广。协调相关部门，推动重点产品的应用示范工程建设。北京市企业或科研机构生产或开发的试制品和首次投向市场的产品，经认定，具有较大市场潜力并需要重点扶持的，政府进行优先采购。建立认定标准和评价体系。由相关部门按照公开、公正的程序对自主创新产品进行认定，确定政府采购自主创新产品目录，并对该目录实行动态管理。建立有效程序，使北京市拥有自主知识产权的新技术、新产品进入政府采购目录。

（3）发挥北京产业和金融资本市场优势，出台支持企业做大做强的产业投融资政策，充分发挥资本市场对电子信息产品制造业的催化剂和倍增器作用。加大北京市产业投融资体系对信息产业的扶持力度。产业投融资对于促进信息产业发展至关重要，加大北京市产业投融资体系，如产业投资基金、种子基金等对信息产业的支持，从而以产业投融资为驱动力促进北京市信息产业的快速发展，支持企业快速扩张，通过转型升级，提升产品的附加值和技术含量，支持企业做大做强。

（4）发挥北京市城市品牌优势，出台优惠政策，吸引、留住具有国际化视野的高端管理和技术人才。加大信息产业科技领军人才引进和培养，对符合条件的信息产业高端人才，推荐、批准成为科技领军人才，使其享受相应优惠政策。加强对高端人才的个性化服务，重点在居住环境服务（购房、租房补贴）、子女入学服务、本人及家属入户补贴、交通补贴、个人所得税等方面予以政策优惠，以弥补开发区在居住、教育、交通等城市配套方面的不足。信息产业所属企业自行开发的新技术、新产品、新工艺等高新技术成果产业化后，成果完成人可以享受适当的技术折股奖励，可以评估作价入股，也可按照技术成果产业化成功后，为企业创造的新增税后利润折股部分折价入股。

（5）发挥北京市高新技术集聚优势，通过政府正确引导鼓励园区、央企、社会资本投入信息技术产业化和信息产业集聚区域建设，增强关键产业、重大项目配套能力和服务水平。树立重视产业发展的社会环境、生态环境的思想观念，充分重视提升社会环境竞争力，实现经济与社会的均衡发展和相互促进。强化城市发展规划，提高城市管理水平；加快园区信息化建设，完善城市服务功能；加强社会治安综合治理，改善生活居住环境；加快智能型交通的发展，提高物流效率，改善外资企业服务水平；对重大项目要建立项目生成、分析评判、接洽谈判、快速决策、专项服务的引进机制，尽快促使重大项目落户。

二、保障措施

1. 成立高水平科技研发中心和成果转化推进联盟，通过合理有效的横向合作与纵向联合机制，加快科技成果产业化

支持企业开展与高校、科研院所、国外企业共建联合研发中心，加快新兴技术的研发。激发高校与企业的自主创新热情，逐步实现技术、资本、人才和专业机构的集聚。鼓励企业"走出去"，支持企业建立海外研发基地和海外分支机构，对外进行并购重组。促进北京市信息产业相关技术的国际转移和成果转化，争取成为国际技术合作示范地，争取国际知名经济技术交流中心的支持，建立国际技术合作示范基地，积极吸收国内外先进技术。

不断理顺科研成果的转化流程，实现产学研共赢共进。建立科研成果信息通报与发布机制，建立政府、学校、对口院系科研信息联系通报机制，形成定期更新的科研成果目录，在政府门户、园区平台、产业联盟等渠道内发布；实施科技特派员计划，高校、科研院所选派科研人员入驻企业，解决企业生存和发展中的科技问题，形成一批具有自主知识产权的重大创新产品；采取成果转化双向激励手段，对积极与科研机构合作，并较好地实现科研成果市场化的企业进行政策、扶持资金等方面的倾斜，对积极与企业合作，参与科研成果市场化的科研人员进行奖励与宣传，树立产学研成功合作样板工程。

2. 搭建政府、企业等各方共同推动的多层次公共服务体系建设，成立由产业链各方企业共同参与的产业联盟，切实发挥产业集群效应

政府牵头，成立具有实际意义的由产业链各方共同组建的产业联盟，挖掘各方优势资源，加强公共服务体系对产业链的支撑作用，共同推动产业集群效应的发挥。加强公共信息服务平台建设，通过产业引导、专项资金扶持、购买服务等方式推动平台建设；以市场推动的激励措施充分调动和发挥产业联盟的作用；采取企业化运作的模式，由平台运营商推动平台的建设、运营和维护。建立公共信息服务平台，加强产学研各界的沟通交流，突出沟通交流、产业统计、信息发布等方面的职能。通过信息汇聚、市场关联，发挥产业链上下游企业的聚合效应，充分挖掘中小企业的资金、人员、产品等优势，以产业链竞争为导向，保障市场不断良性健康发展。

3. 完善市场资本运作机制，通过多种投融资方式加快本地企业实现快速规模扩张和跨越式发展

推动产业与资本的融合是促进产业跨越式发展和科技创新的重要抓手，北京市发展信息产业要创新发展思路，充分利用北京市资本市场的优势，加强投资机构对本地企业的支持力度，缓解企业融资难问题，促进本地 IT 企业实现快速扩张和跨越式发展。

逐步建立起以政府资金为引导、企业投入为主体、金融机构为辅助、社会资本和风险投资支持的多元化投融资体系。根据企业金融生命成长周期理论，即种子期、初创期、成长期和成熟期有不同的资金需求，重点设立种子基金、创业风险投资引导基金、担保贷款、股权投资基金，建立起多元化、多层次的投融资体系。

加大政府投资，采取补助、贴息、资本金注入、跟进投资、奖励等多种形式，对企业技术改造、产业结构调整、自主研发及产业化和园区基础设施建设等方面给予资金支持。研究建立市级电子信息产业投资基金，支持建设重大产业化项目。在中小企业创业投资引导基金中，加大对电子信息企业的支持力度。扩大中关村代办股份转让试点规模，支持电子信息企业上市直接融资，对于改制、代办系统挂牌和境内外上市的企业给予资金补贴。鼓励银行加大对中小电子信息企业的信贷支持力度，利用担保、再担保方式扩大融资担保规模。在中关村开展无形资产质押贷款、信用贷款试点，并积极尝试向全市推广。支持符合条件的企业发行短期融资券、中期票据、公司债券和可交换公司债券等，支持中小电子信息企业集合发债，提高融资能力。

建立企业分级推进扶持机制，将企业按照发展阶段划分为初创期、成长期、发展期三个层次，对处于不同发展阶段的企业落实相关扶持政策。初创期企业以政策优惠、资金扶植为主线；成长期以优化投融资环境、塑造品牌形象为主线；发展期企业以做好配套服务、优化政策环境为主线。

4. 加强人才引进机制建设，实施引才、引智的"走出去"战略，加大高层次人才引进力度

实施引才、引智的"走出去"战略，加大引进高层次的海外留学人员和顶尖人才的力度。结合北京市信息产业发展需求，扩大引进相关领域内具有影响力的专家、学者或团队，并在落户、住房、配偶安置、子女入学、出入境等方面给予政策支持。建立产学研互动的人才培训机制，开展企业与高校对应用型人才的合作培养，架起企业和高校、科研院所之间人力资源交流的桥梁。组织企业和高校建立固定的联谊制度，出台相关措施，鼓励企业加大对员工的培训投资。优化人才成长平台，留住人才。建设有利于人才成长的生活居住、工作选择、价值创造、信息沟通、知识交流等条件环境，对企业员工的专业化认证培训、出国进修与企业发展直接相关的业务培训提供学习补贴。通过激励、吸引、培养等手段，进一步培育电子信息产业人才。在中关村科技园区开展股权激励和科技成果转化奖励的试点，实施股权、期权奖励，技术入股、分红权等多种激励政策。

强化财税、金融、科研、创业、管理和服务等综合支持手段，健全医疗、科研、住房、户籍、职称、奖励等人才政策，建立和完善期权、股权、技术入股、业绩等分配制度和激励机制，建立高层次人才的创业与创新支持体系、人才评价体系、管理与服务保障体系，营造有利于高端人才脱颖而出的人才发展环境。推动建立多层次的软件和信息技术服务人才培养体系，创新培养模式。引导发挥社会教育与培训机构的作用，鼓励企业与高等院校及培训机构合作培养人才，建立企业实习培训机制，建设实践实训基地，积极开辟海外培训渠道，加强品牌企业认证培训。制定领军人才梯队培养计划，依托中国软件名城、软件和信息服务业示范基地创建工作，开展领军人才滚动培养。加快软件和信息技术服务业海外高层次人才的引进，鼓励海外留学人员特别是海外高端人才回国就业、创业。

5. 借助重大专项提升产业链整体研发实力

一方面，信息产业的某些细分产业领域，如计算机产业已经逐渐形成相对成熟的产业竞争格局，进入了一个盈利能力比较弱的阶段，企业之间的低价竞争削弱了产业整体盈利空间，企业的盈利能力削弱已经逐渐压缩企业的研发投入，这类相对成熟的产业领域亟待在产业链高端，如计算机的高性能服务器领域实现突破；另一方面，信息产业的一些新兴产业领域，如移动通信、平板显示、数字电视、半导体照明以及国家新兴战略性产业领域的信息产业相关产业，应成为北京市信息产业发展的战略重点，这也是国家重大专项支持的重点。北京市应整合地区科技资源优势，在重点产业领域承接一批国家重大科技专项。重大专项应抓住龙头企业，同时让一些产业链关键环节的中小企业做配套，通过重大专项带动整个产业链研发能力的提升。

6. 全面贯彻落实产业政策，鼓励企业创新发展

加快推动出台《国务院关于印发进一步鼓励软件产业和集成电路产业发展若

干政策的通知》（国发〔2011〕4号）相关配套措施和实施细则，完善产业政策环境。积极推动软件和信息技术服务业相关立法进程。加快实施软件和信息技术服务业知识产权战略，提升知识产权创造、运用、保护、管理和服务能力。进一步推进软件正版化工作，制定相关技术标准和规范，探索建立长效机制。推动完善相关制度，积极推进安全可靠软硬件在各个行业的应用。鼓励各地因地制宜出台支持产业发展的政策法规，积极落实相关配套政策，支持有条件的地区开展软件和信息技术服务业政策创新试点。

发挥市场机制的基础性作用，加强政策引导和资金扶持，鼓励企业承担国家重大科技专项，着力提高基础软件的自主创新能力，重点攻克系统软件核心关键技术。强化创新引领，鼓励企业在云计算、物联网、移动互联网等重点和新兴领域开展创新研究，推动企业技术中心建设。探索创新合作机制，鼓励企业间建立以产业链为基础的多层次合作机制，支持以龙头企业为引领建立产学研用结合的技术、标准和应用等各类联盟，实现联合创新和应用推广，充分激发中小企业的创新活力，在基础软件、应用软件、软件服务方面实现协同发展。推动软件企业技术改造，对企业的研发环境、测试环境、质量保障体系予以支持，提高企业研发、生产和服务能力。

7. 加快拓宽应用市场，强化标准体系建设与推广

适应信息化和工业化深度融合和经济社会信息化建设需要，加快面向重点领域拓宽应用和市场，形成应用与产业发展的良性互动与协调发展。面向船舶、机械、汽车、石化、钢铁、电子制造、轻工、通信、流通、物流、能源等重点行业，开展基于自主知识产权的工业软件和行业解决方案的试点示范与应用推广工作。在信息服务、知识产权、检验检测等领域进一步开放市场准入，充分发挥非公有制企业的作用，增加市场供给。结合国家改善民生相关工程的实施，加强软件和信息技术服务在科技、教育、医疗、就业、社保、交通、环保和安全生产等领域中的应用。鼓励政府部门、事业单位、国有大中型企业将信息技术服务外包给专业企业，积极培育信息技术服务市场。鼓励大中型企业将其信息技术研发应用业务机构剥离，成立专业软件企业，为全行业和全社会提供服务。支持少数民族地区的软件开发和应用推广。

顺应产业发展与技术创新的趋势，完善有利于应用的标准化机制，以市场立标准，以应用支撑标准，促进标准与自主知识产权的结合，推进产业标准体系建设。加快基础软件、面向服务体系结构（SOA）、中文办公软件文档格式规范（UOF）、版式文档、少数民族语言文字软件、工业软件和测试评估等重点软件和服务标准的制定和实施。完善信息技术服务标准（ITSS）体系，加快信息系统运行维护等重点标准的研究制定，开展标准验证和应用试点示范，建立标准符合性评估体系，强化标准培育服务市场、提升服务能力、支撑行业管理的作用。加强对云计算、物联网等相关标准的跟踪研究，及时推动相关标准的制定和实施。积极参与国际标准的制定，提升在国际标准领域的话语权。

8. 完善产业投融资环境，加速产业国际化进程，加强产业管理工作

落实国家鼓励软件和信息技术服务业发展的投融资政策，推动各类产业投资机构和担保机构加大对软件企业的支持力度，通过出口补助、贷款贴息等方式支持软件出口、服务外包和境外并购。鼓励地方设立支持软件企业发展的风险投资基金和股权投资基金，建立投资风险补偿机制，引导社会资金特别是国内风险投资基金投资软件和信息技术服务业。积极支持软件企业进入境内外资本市场融资，努力为企业境内外重组并购创造更加宽松的金融、外汇政策环境。鼓励金融创新，探索开展软件企业股权质押、知识产权质押、合同质押、信用保险等试点，提高金融机构对软件企业的服务能力和水平。

推进建立多层次的国际合作体系，加快建立和完善软件和信息技术服务业国际合作与交流平台。逐步建立以专业化、市场化为导向的海外市场服务体系，拓宽海外市场渠道，提高企业国际市场拓展能力。各级政府应努力营造良好的政策环境，鼓励骨干企业在境外设立公司、组建营销网络和研发中心、开展跨国并购等。鼓励外商投资软件和信息技术服务业，鼓励跨国软件企业在我国设立离岸服务中心、研发中心、经营总部，着力提高利用外资的质量和水平。巩固软件开发离岸外包，支持软件和信息技术服务出口。

各级主管部门应加强对行业的指导、监管和服务，充分发挥部省市合作机制的作用，加强部门间、区域间协调配合。加大内地与港澳台地区产业交流与合作的力度，推动建立软件和信息技术服务业协作机制。加强行业统计和运行监测分析工作，建立健全相关工作体系，逐步完善行业统计指标体系和运行分析系统。充分发挥中介组织的桥梁纽带作用，注重发挥中介组织在市场调研、人才培训、行业运行分析、政策研究、诚信建设、资质认证、知识产权运用与保护、标准推广等方面的作用。建立公平竞争的市场环境，规范市场秩序，反对恶性竞争，加强资质认证、市场准入、价格管理、反垄断、反倾销、反盗版等工作，形成良好的行业规范。完善网络环境下消费者隐私及企业秘密保护制度，促进软件和信息技术服务向网络化发展。

三、对策建议

根据北京市信息服务业发展存在的问题，北京市要立足现实，着眼未来，认真剖析国内外发达城市或地区信息服务业发展的成功经验，从提升信息服务业经济效益和行业成长力两个角度出发，探索出一条适合北京市信息服务业高效、可持续发展的有效途径。

1. 加强信息服务基础设施建设，构建高效的信息服务发展平台

信息服务业的发展需要相应的基础设施的支持。因此，为提升北京信息服务发展水平，进而提高北京的经济运行质量和经济核心竞争力，必须要进一步加大信息服务基础设施建设力度。

（1）加强共性支撑技术体系建设，增强信息资源的开放和利用能力。紧密围绕与信息服务领域相关的重点专项，继续加大对共性支撑投入力度。一是要充分利用现有无线资源，引导运营商多渠道、多方式投资建设覆盖全市的无线宽带网络，加快发展有线宽带网络、光纤到户和下一代通信网络建设，为信息服务企业发展提供通信基础设施和技术保障；二是构建信息服务业领域公共服务信息平台和公共技术服务平台，加快软件库、工具开发库、动漫素材库、媒体素材库等公共资源库建设，为企业创新发展提供便捷、廉价的公共技术和资源服务；三是探索"有限经营，授权经营"等创新模式，引入专业性信息资源经营主体，促进公共信息资源的市场化和商业化经营，增强对公益性信息资源的开放共享以及对商业性信息资源的开发利用。同时积极推进电子商务建设，发挥企业主体作用。

（2）加快重点园区和基地建设，打造区域强势品牌。近年来，在政府的规划引导下，北京信息服务业初步形成了集聚发展的态势，但是这些产业集群规模不大，产业集群的综合效益还没有充分发挥出来。因此，未来北京应重点推进中关村软件园、国家网络游戏和动漫产业发展基地、中关村创意先导基地、石景山数码娱乐产业基地等专业性园区和产业基地建设，建立数字出版、数字音视频、动漫游戏等专业孵化器，推进专业园区服务体系配套建设，同时适应信息服务业发展趋势，超前规划建设新的专业性园区，强化信息服务业的集聚效应。

2. 完善政府政策支持和保障职能，营造良好的市场环境

（1）加强相关法律法规体系建设，完善市场竞争秩序。政府在信息服务产业发展的过程中，应该加强立法和司法工作，不断完善各类相关的法律法规政策，加大对信息服务市场的监管和整治，极力营造一个公平、公正、公开的市场环境，以此来促进信息服务业的健康发展。首先，信息服务业属于关联性很强的社会性行业，涉及信息安全、个人隐私、商业秘密、知识产权保护等问题。需要对信息的经营、交易、流通、服务、权益等做出明确的规定，切实保护信息商品的知识产权和所有者的合法权益；其次，要培育信息服务业的市场机制和竞争机制，规范信息服务企业竞争行为，打破行业垄断以及行政垄断，实现公平竞争，适当放开市场准入，保证信息服务业的健康有序发展。

（2）注重信息服务人才的引进和培养，提升竞争力。信息服务业是智力密集型的现代服务业，足够数量和结构合理的专业人才是信息服务业持续和高速发展的保证。政府应该完善鼓励企业培养、引进、培训、使用人才的各项政策，建立人才引进和培养专项基金，对信息服务企业人才培养费用给予补贴，鼓励信息服务业企业与大专院校、各类教育培训机构通过共建人才培训机构和实训基地等途径开展人才培养；加强信息服务业管理人才、复合型人才和国际型人才的培养和引进，促进国际人才交流与合作。政府部门要做好长期规划，从人才的数量、质量、结构等方面来保证信息服务业高速发展所需的各类人才，同时探索和发展与国际接轨的专业人才从业资格认证度。

（3）完善融资服务支撑体系，有力支持产业发展。建立和完善风险投资机制和体系，发挥种子资金的引导和放大作用，吸引民间资金和国外风险投资资金介入产业发展；拓宽直接融资渠道，鼓励和扶持重点企业通过产权交易、上市融资等多种途径获取发展所需资金；通过贴息、担保等方式鼓励商业银行加大对信息服务业企业的贷款力度，大力发展与融资有关的中介和担保机构，为信息服务业企业获取间接融资提供有力支持。加大科技项目对信息服务业企业的技术、知识产权和标准创新的支持，支持自主产品和服务取得更大的市场。

3. 优化信息服务产业结构，提升信息服务业竞争力

（1）进行跨越式的产业链选择，实现高端产业突破。围绕促进产业结构优化升级和经济增长方式，积极主动地选择攀升价值链上具有高附加值的上游产业，大力发展现代信息服务业。贯彻"做大做强，高端突破"的总体战略，加快应用高新技术和先进适用技术改造传统信息服务业，增强现代信息服务业的自主创新能力，鼓励信息服务业的产品创新、品牌创新、技术创新、管理创新和营销方式创新，抓住重点领域、关键环节，在信息经济的国际循环中谋取高端利益。同时积极吸引具有高端产业的国际大企业进入，通过利用外资实现资产重组和技术进步、结构调整，进一步提高产业竞争力。

（2）加强对信息服务企业的引导，打造信息服务龙头企业。规模化的信息服务企业能给用户提供更专业、更全面的服务。北京的信息服务市场要通过政府部门的合理引导，通过兼并、收购、联营等市场手段，引导信息服务业向集约化方向发展，大力培育具有一定规模的大型信息服务企业，充分发挥竞争力较强的优势企业的核心作用，实现资源优化配置。打破行业界限、地区界限，通过各种形式的合作形成品牌产品、品牌服务，带来规模效益，促进各部门共享利益。

参考文献

[1] 孙大岩. 信息服务业概念界定 [J]. 合作经济与科技，2006 (23).

[2] 李南南，孙秋碧. 信息服务业的概念及范围初探 [J]. 现代情报，2007 (12).

[3] 邬华明，熊俊顺. 信息服务业及其指标体系研究 [J]. 浙江统计，2006 (10).

[4] 哈进兵，陈双康. 构建现代信息服务业发展水平指标体系 [J]. 图书馆理论与实践，2007 (1).

[5] 匡佩远. 信息服务业：定义和统计框架 [J]. 统计教育，2009 (5).

[6] 王冬艳，蒋丽艳. 信息服务业供应链管理模式的理念研究 [J]. 图书馆学研究，2003 (9).

[7] 熊凡. 采用供应链管理模式增加信息服务业的经济效益 [J]. 湖北教育学院学报，2006 (6).

[8] 何绍华. 信息服务业质量管理体系研究 [J]. 图书情报知识，2001 (4).

[9] 何绍华，杨帆. 我国信息服务业的绩效评估方法研究 [J]. 情报科学，2005 (4).

[10] 吴晓燕. 信息服务业可持续性发展的探讨 [J]. 中国信息导报，2004 (3).

[11] 徐建平，汤兵勇，熊励. 信息服务业大系统的协调发展控制模型研究 [J]. 情报杂志，2005 (12).

[12] 姜雪榕. 浅析我国信息服务业发展现状与对策 [J]. 情报探索，2005 (5).

[13] 赵民. 我国信息服务业的现状问题与发展对策 [J]. 科技信息，2008 (31).

[14] 张俊明，郭东强. 我国信息服务业的发展现状与对策 [J]. 市场周刊：理论研究，2008 (2).

[15] 李敏. 安徽信息服务业发展战略研究 [J]. 科技广场，2006 (6).

[16] 曹汝贤. 关于发展我国信息服务业的战略思考 [J]. 科技管理研究，2002 (4).

[17] 王九云，韩桂云. 核心竞争力——我国信息服务业发展的战略选择 [J] 商业研究，2002 (19)：147-148.

[18] 吴风华. 数字环境下信息服务业发展的思考 [J]. 科技情报开发与经济，2005 (7).

[19] 关晓红. 信息市场对我国信息服务业发展的影响 [J]. 情报理论与实践，2003 (4).

[20] 张春英. 知识经济对信息服务业的影响及对策 [J]. 河北建筑科技学院学报（社科版），2002 (2).

[21] 张成武. 我国信息服务业法制建设研究 [J]. 现代情报，2008 (1).

[22] 中国信息服务业的现状、问题与对策研究 [J]. 中国信息界，2003 (13).

[23] 匡佩远. 我国信息服务业发展政策研究 [J]. 中国电信, 2009 (4).

[24] 金荣学, 何蕾. 现代服务集聚区形成和发展的动态机制探讨 [J]. 当代经济, 2010 (19).

[25] 田杰. 安徽省现代信息服务业集群模式研究 [D]. 安徽财经大学, 2012.

[26] 王文颖. 山东省现代信息服务业现状及对策研究 [D]. 山东理工大学, 2013.

[27] 高飞. 信息服务业中小企业竞争力评价研究 [D]. 合肥工业大学, 2013.

[28] 夏晨芳. 信息服务业对中国产业结构转型升级的促进机制研究 [D]. 北京邮电大学, 2013.

[29] 朱宗尧. 上海现代信息服务业发展研究 [D]. 东华大学, 2012.

[30] 夏琼. 中部地区现代信息服务业绩效评价及对策研究 [D]. 南昌大学, 2010.

[31] 陶思远. 辽宁省现代信息服务业发展水平评估研究 [D]. 东北财经大学, 2010.

[31] 史秋云. 上海信息服务业对经济增长的贡献 [D]. 上海社会科学院, 2011.

[32] 周文静. 论湖北软件及信息服务业公共服务平台构建 [D]. 华中科技大学, 2011.

[33] 王正. 现代信息服务业区域发展模式研究 [D]. 吉林大学, 2012.

[34] 吴迪. 河北省信息服务业竞争力评价研究 [D]. 燕山大学, 2012.

[35] 熊文娟. 北京信息服务业发展趋势探究 [D]. 首都师范大学, 2009.

[36] 王茜. 现代信息服务业成本与收入问题研究 [D]. 山东经济学院, 2010.

[37] 王龙. 广州信息服务业集群竞争力研究 [D]. 广东商学院, 2010.

[38] 张茜. 北京市信息服务业发展水平评价研究 [D]. 北京邮电大学, 2011.

[39] 许晶晶. 上海市信息服务业的现状和发展策略研究 [D]. 上海师范大学, 2011.

[40] 俞进华. 信息服务业研究 [D]. 广东工业大学, 2002.

[41] 李穆南. 北京软件和信息服务业发展模式研究 [D]. 首都经济贸易大学, 2012.

[42] 张珺. 京津冀信息服务业发展水平评价研究 [D]. 河北经贸大学, 2013.

[43] 华平澜. 发展现代信息服务业提升首都现代化水平 [J]. 北京观察, 2007 (8).

[44] 赵弘, 汪江龙. 比较视角下的北京信息服务业竞争力分析 [J]. 中国科技论坛, 2009 (7).

[45] 杨博, 张德, 张杰军. 金融危机背景下北京信息服务业发展面临的问题与机遇 [J]. 科技信息, 2009 (14).

[46] 倪光南. 软件与信息服务业是北京的优势产业 [J]. 科技潮, 2009 (7).

[47] "软件名城" 试点城市北京——软件和信息服务产业的标杆与旗帜 [J]. 软件和信息服务, 2010 (11).

[48] 王能岩, 梁梦远, 等. 北京新兴信息服务业发展模式研究 [J]. 科技管理研究, 2014 (2).

[49] 邢志俊. 近年来北京信息服务业走势判断 [J]. 投资北京, 2012 (12).

[50] 北京加快软件和信息服务业发展步伐 [J]. 信息系统工程, 2010 (9).

[51] 温宗勇. "智慧北京" 空间信息服务的实践与探索 [J]. 地理信息世界, 2013 (1).

[52] SASSEN S. The Global City: New York, London, Tokyo [M]. Princeton, NJ: Princeton University Press, 1991.

[53] SCOTT AJ. Multimedia and Digital Visual Effects: An Emerging Local Labor Market [J]. Monthly labor review, 1998, 121 (3): 30—38.

[54] RICHARD HEEKS. India's Software Industry [M]. Sage Publication, 2001: 165—169.

[55] K. L. KRIS INADAS. Econmy, WarJitters Dampen India's Software Industry [J]. EETtimes, 2002 (6): 19.

[56] SASSEN S. Global Cities and Global City—regions: A Comparison. In Scott A. ed., Global City—Regions [M]. New York: Oxford University Press, 2001: 78—95.

[57] PORTER. Clusters and the New Economics of Competition [M]. Harvard Business, 1998.

[58] CHARLES. J. Information Resources and Economic Productivity [J]. Information Economics and Policy, 1983 (1).

[59] ARORA, A, ARNNACHALAM, V. S. ASNNDI, FERNANDES. R. The Indian Software Services Industry [M]. Research Policy, 2011.

[60] 植草益. 信息通讯业的产业融合 [J]. 中国工业经济, 2001 (2).

[61] 泰勒尔. 产业组织理论 [M]. 北京：中国人民大学出版社, 1997.

[62] 亚当·斯密. 国富论 [M]. 北京：华夏出版社, 2005.

[63] 王有刚. 我国信息服务业发展模式探讨 [J]. 特区经济, 2005 (12).

[64] 许欢, 侯大悷. 我国信息服务业发展战略模型 [J]. 情报科学, 2005, 23 (6).

[65] 杨蒙达. 中美信息政策模式比较研究及对我国的启示 [J]. 图书情报工作, 2009, 53 (4)

[66] 李东业, 王志立. 中日国家信息政策比较研究 [J]. 兰台世界, 2009 (2).

[67] 李雪英. 美、日、中信息政策比较分析 [J]. 情报资料工作, 2006 (2).

[68] 纪玉山. 网络经济学引论 [M]. 吉林：吉林教育出版社, 1998.

[69] 陈禹, 等. 信息经济学教程 [M]. 北京：清华大学出版社, 1998.

[70] 李悦. 产业经济学 [M]. 北京：中国人民大学出版社, 1998.

后 记

本书是在首都经济贸易大学科研规划项目"信息服务业对首都经济的带动作用研究"（2014XJG002）的基础上完成的。在课题研究过程中，曾在《经济研究参考》杂志，发表了阶段性论文成果"大力发展信息服务业是北京实现科技创新的必然选择"（2014 年第 65 期，总第 2625 期）。本书是对《北京构建现代产业发展新体系研究》（知识产权出版社，2013 年 7 月）"北京重点行业发展策略研究"专题的深化和具体化，对于北京如何充分发挥信息服务业的支撑作用，做了进一步深入、系统的研究和阐述。

研究生部主任张军教授以及张玉放等老师，对本书的出版给予了鼎力支持。

科研处、城市经济与公共管理学院领导和区域经济系章浩主任、赵文副教授等也给予了热情帮助。

知识产权出版社李瑾编辑为本书的编校、出版付出了辛勤劳动。

有关部门负责人及相关人员周立恒、王玉环、田孝灵、周华、袁建设、周燕、贾荣良、周青等同志参与并支持了本书的撰写工作。

硕士研究生邱坦、蔡培收集整理了部分数据资料。

在此，对关心、支持本书出版的领导、老师、同事和朋友表示衷心的感谢！

周 伟

2015 年元月